수정 증보판

훈민정흠 창제원리와 기능성한글

- 한글창제원리와 옛글자 살려 쓰기 -

한글창제원리와 옛글자 살려 쓰기 【증보판】

훈민정음 창제원리와 기능성한글

반재원·허정윤 지음

도서출판 역락

추천사

　훈민정음 연구가인 반재원 선생을 관심 있게 보아왔다. 한글 연구뿐
아니라 부인 허정윤 선생과 더불어 태극기 이론가로서 여러 권의 저서를
출판한 것으로 알고 있다. 저자는 교직에 몸담고 있으면서 묵묵히 이러
한 일련의 연구 활동과 더불어 30여 년의 세월을 보낸 분이다. 그런데도
선생의 이론에 특별히 주목하는 이는 그리 많지 않았다.

　그러나 저자는 남다르다. 하나의 주제도 완성하기가 쉽지 않는데 저자
는 국학분야에서 서너 가지의 주제에 정통하다. 훈민정음과 태극기연구
그리고 단군역사연구와 땅이름연구 등이다. 그 중에서 한글 창제 연구와
태극기 연구와 단군연구는 지금껏 그 열정을 멈추어 본적이 없는 것으로
알려져 있다. 얼마 전 두툼한 원고를 들고 필자를 찾아왔다. 지금까지의
한글연구를 총 마무리한 것이라면서 검토를 부탁하는 그 눈빛을 나는 보
았다. 원장실에서 단둘이 얘기하는데도 마치 언론의 취재에 응하여 대담
을 나누듯이 강단 학계와 정부 단체에 하고 싶은 말들을 일일이 메모한
쪽지를 꺼내 들고, 행여 한 항목이라도 빼먹을세라 하나하나 짚어가면서
아직 밝혀지지 않은 훈민정음 창제원리와 한글 국제 공용화에 앞서 해결
해야 할 선결과제와 국가 기관이 나서서 해야 할 시급한 언어정책에 이
르기까지 조목조목 필자에게 하소연하였다.
　학문에 있어서 중요하지 않는 것이 어디 있으랴 만은 국학분야에서 한
글 창제 연구보다 더 중요한 것이 또 있겠는가. 학계에서는 이미 한글 창
제에 대한 원리가 의문 없이 다 밝혀진 것으로 알고 있다. 그러나 이 책
을 읽어보면 그것은 큰 착각이었다는 사실을 알 수 있을 것이다. 옛 글자

의 음가 복원, 한글의 국제 공용화, 그리고 문자가 없는 많은 민족에게 글자를 제공해줄 수 있는 바탕이론이 될 외국어표기 활용 예와 더불어 여기에 밝혀 놓은 한글 창제원리는 여태까지 논의되지 않았던 부분임을 알 수 있다. 이번에 밝혀지는 창제 이론은 세계의 석학들이 이구동성으로 극찬하여 마지않는 한글의 위상을 한 단계 더 높혀 줄 것이다. 이런 일을 하고 있는 반 소장과 허정윤 선생 같은 분이 바로 묻혀 있는 진주이다. 앞으로 학계에서 주요 주제로 논의되어야 할 것으로 보인다. 신선한 충격이다.

2007. 8.

국립국어원장

이상규

격려사

필자가 <(사)한국어 정보학회>를 창립하여 국제 학술대회를 치른 지도 어언 12차례가 넘는다. 2007년 7월초 중국 연길에서 북녘학자와 중국학자 그리고 중국 내의 소수민족을 비롯하여 많은 학자들이 참석하여 '다국어 정보처리 국제 학술 대회'를 성황리에 마쳤다. 이 중에서 한글의 국제 공용화를 위해서 정음 4글자의 음가를 복원하여 컴퓨터 자판에 살려 넣자는 제의가 만장일치로 결의되었다. 이 논의는 2004년 겨울 중국 심양에서 열린 국제 학술대회에서 발표한 반재원 선생의 제안으로부터 기원한 것이었다. 그 후 2005년 중국 하얼빈 공업대학의 국제 학술 발표에 이어 이번 발표대회에서는 4글자의 자판 삽입에 대한 구체적인 토론이 있었다. 그 결과 현 자판의 ㅊ위에 △(여린ㅅ), ㆆ위에 ㆅ(여린ㅎ), ㅋ위에 ㆁ(여린ㄱ), ●(깊은소리)는 ㅣ위에 넣는 것으로 결론을 얻었다. 그 이유는 정음 28자를 다 사용해야 외국어 등 다양한 발음을 표기 할 수 있기 때문이다. 또 쪽글판(휴대폰)에서는 1번에다 4자를 배치하는 한편, 정음 아스키 3벌식 부호체계와 연결되면 정음한글의 정보화, 세방화世方化에 커다란 진보가 있을 것으로 기대된다.

이번에 반소장이 30년 가까이 연구해온 한글 창제원리를 총 정리하여 책으로 출판한다고 하니 참으로 기대되는 바가 크다. 저자가 늘 '대한민국 사람 중에 훈민정음의 우수성을 모르는 사람도 없지만 그 참 이론을 아는 사람도 없다'라고 말해 왔는데 그 내용들이 이 한권의 책에 소롯이 담겨 있음을 확신한다. 사실 한글과 정음은 서로 같고 다른 점이 있으니 없어진 정음 4자에서 갈래가 다르며, 소리말의 정격 표음기호인데 비해 한글은 정음으로 표기된 한국어 글자에 불과하다. 한글에 쓰지 않는 글자라도 영어나 중국어, 일본어 등 다른 나랏말을 적는 요긴한 표음기호이므로 정음한글의 정보화, 세방화를 생각한다면 옛글자의 복원은 반드시 짚고 넘어가야 할 과제이다. 그럼에도 옛 글꼴을 벗어나 새로운 글꼴을 만들어 세방화를 시도하는 경우가 대부분인데 국제표준에 통용되지도 않아 오히려 세방화의 걸림돌이 되고 있다. 따라서 훈민정음의 옛 글꼴을 벗어나지 않는 온고지신의 바탕위에서 옛글자를 활용하고 이의 음가를 복원하여 언어정보처리의 기준으로 삼아야 한다. 나아가 이런 연구결과를 반영한 정음의 무한 가능성에 대하여 언젠가는 학교교육에도 반영되어야 할 것이다.

정음은 지구상 모든 무문자 민족들에게 문자를 만들어 줄 수 있는 탁월한 가능성을 지니고 있다. 세계인의 문맹과 컴맹을 동시에 퇴치하자면 오직 정음이 가장 효과적이라는 사실은 잘 알고 있지만 정음 4자의 역할이 필수적이라는 사실을 아는 이는 드물다. 이 책을 보면서 반 소장과 공저자 허정윤 선생은 이런 작업을 위하여 태어난 사람이 아닌가 하는 생각을 해본다. 얼마 전 태안 앞바다에 묻혀있는 800년 전의 고려청자를 끌어올린 어부에 대한 신문기사를 읽은 적이 있다. 옛 글자를 길어 올린 이들이야말로 진정한 문화를 낚는 어부가 아니겠는가! 더욱 정진 있기를 기대한다.

2007. 9.
경희대 정보통신대학원 원장
경희대 교수
(사)한국어정보학회 회장

진용옥

격려사

THE SECRETARY-GENERAL

손재원 소장님께,

2.1자 서한과 저서 "한글창제원리와 옛 글자 살려 쓰기" 감사히 받아 보았습니다.

한글 창제 연구와 태극기 연구에 평생을 바쳐온 두분의 전문적인 지식과 한글에 대한 열정이 고스란히 배어있음을 느낄 수 있었습니다. 영어교육을 위한 해외유학이 열풍인 이때, 국립국어원장의 추천사 말씀대로 신선함을 불러 일으키는 훌륭한 저서라고 생각합니다.

최근 대한민국 국보 1호 숭례문이 어처구니없는 방화로 사라진 것을 보면서 너무나 가슴 아팠습니다. 우리 선조들이 남긴 훌륭한 유산을 자긍심을 갖고 소중히 여기지 않는다면, 세계화 시대에 아무리 우수한 기술력을 갖추고 있다고 할지라도 그 근본이 건강하다고 하기 어려울 것입니다.

한국인들에게는 여전히 낯선 아랍어의 경우, 유엔에 와서 보니 아랍권 국가들이 아랍어에 대해 가지는 자긍심이 얼마나 대단한지 알 수 있습니다. 자신들의 언어와 문자를 바로 자신의 정체성과 동일시하기 때문입니다. 이런 점에서 훈민정음의 창제원리를 밝히고 한글 국제공용화를 위해 헌신의 노력을 기울여 오신데 대해 깊은 경의를 표합니다.

영어의 한글 발음 표기 부분과 태극·음양오행이 한글 창제의 바탕이론이 된 것을 제시하는 내용을 흥미롭게 읽어 보았습니다. 보내주신 서적 일부는 한국 문화원에서 운영하는 뉴욕 한인 도서관에도 보내 해외에서 살고 있는 교민 자녀들도 볼 수 있도록 하겠습니다.

이 기회를 빌어 늘 저를 성원해 주고 계신 반 재원 소장과 부인 허 정윤 여사께 깊은 감사의 말씀을 전합니다. 금년 한 해도 늘 건승하시고, 뜻 하시는 바 모두 이루시기를 기원합니다.

반기문

2008. 2. 19.

유엔 사무총장

격려사

한글은 세계에서 유일하게 창제일, 창제자 그리고 창제의 기본원리가 알려져 있는 우수한 문자입니다. 특히 한글의 창제원리는 매우 단순하고 시각적이며 과학적인 체계를 지니고 있어, 인류가 만든 가장 위대한 지적 산물 중의 하나임에 틀림이 없습니다.

그럼에도 외국인들의 경우 한글을 배우기 어렵다고 토로하는 사람들이 많고, 우리나라 학생이나 일반인들조차도 창제원리를 제대로 설명하지 못하고 있는 것이 현실입니다. 이는 그동안 한글 창제원리에 대한 교육이 제대로 되지 않아서 나타나는 문제들입니다.

저는 2007년 제17대 국회에서 대정부질문과 토론회 등을 통해 한글 창제원리의 중요성을 알렸고, 제20대 국회에서는 교육문화체육관광위원회에서 활동하며 국정감사 등을 통해 한글 창제원리의 교육과 활용의 중요성에 대해 역설하였습니다. 그동안 저를 포함한 많은 분들의 노력으로 한글의 보존과 확산을 담당하는 한글 박물관 설립, 훈민정음 창제원리의 초등학교 국어교과과정 반영, 국립한글박물관에서 '훈민정음 표준해설서' 한국어판·외국어판이 제작되는 등 다양한 성과가 있었습니다.

이러한 성과에도 불구하고 여전히 한글 창제원리에 대한 교육은 크게 미흡한 실정이며, 4차 산업혁명 시대를 맞아 발전을 거듭해가는 외국의 언어 산업에 비해 우리 한글 산업은 매우 뒤처져 있는 상황입니다. 지금이야말로 학계, 정부, 산업계 등이 모두 나서서 한글의 가치를 높이기 위한 연구와 정책들을 뒷받침해야 할 때입니다.

특히 현재는 사용하지 않고 있는 4글자(·, △, ㆆ, ㆁ)의 쓰기 방식 등에 대한 연구가 지속되어야 할 것입니다. 이를 바탕으로 한글을 이용한 외국어 표기가 용이해지고, 한글을 활용한 디지털 산업에도 크게 활용될 수 있을 것으로 전망합니다.

10년 만에 반소장님이 <한글 창제원리와 옛글자 살려 쓰기>의 내용을 수정하고, 22개 외국어 표기법을 보강하여 <훈민정음 창제원리와 기능성 한글>이라는 제목으로 책을 출판한다 하니 한글 발전에 관심이 큰 저로서는 반갑기 그지없는 일입니다. 이번 출판을 계기로 반소장님의 탁월한 이론이 한글 창제원리의 교육과 언어 산업 발전에 적극 활용되기를 기대해 봅니다.

2017. 6.

국회의원 강길부

격려사

　제프리 샘슨 Geoffrey Sampson은 한글을 》인류의 큰 지적 업적 중의 하나 one of the great intellectual achievements of humankind 《 라고 불렀다(Writing Systems: A linguistic introduction, Standford 1985, p. 144). 옳은 말이다. 그러면서 그는 한글 즉 훈민정음의 연구가들 중 한글이 '천문학의 astrological' 이론과 관련이 있다고 주장하는데 이것은 원래 훈민정음과는 아무 관계가 없기 때문에 따로 언급하지 않겠다는 말도 하였다(p. 130).

　서양인의 입장에서 보면 훈민정음의 바탕사상인 음양 오행설을 천문학의 이론으로 삼는 것은 전혀 맞지 않을 수도 있을 것이다. 왜냐하면 서양에서 성리학과 천문학은 전혀 별개로 보기 때문이다. 그러나 그가 음양오행 이론의 근원이 천문학에서 비롯되었다는 사실을 정확하게 알았더라면 아마도 동의했을지 모른다.

　한글이 인간의 가장 큰 업적 중의 하나라고 본인은 확신한다. 본인은 한글과 음양오행의 관계를 연구하면서 한글 문자를 구성하는 글자의 숫자가 원래 28자인데 이 숫자는 우연한 것이 아니라고 생각하게 되었다. 28이라는 숫자는 수학적으로도 매우 특별한 숫자이며 음양 오행설에도 깊은 뜻이 있으리라 짐작하기 때문이다. 하지만 훈민정음에 대한 많은 문헌 중에 그에 대한 답을 찾기는 힘들었다.

　지난 5월 19일에 강길부 국회의원님의 초청으로 국회의원회관에서 국립국어원과 국립한글박물관이 주최한 세종 탄신 620돌 기념 <한글 어떻

게 가르치고 활용할 것인가?>라는 대토론회가 있었다. 거기에서 훈민정음연구소 반재원소장님의 <훈민정음 창제원리와 기능성한글의 필요성>에 대한 주제발표를 들었다. 이 발표를 듣고 처음으로 오래 동안 풀지 못한 한글이 28자로 만들어진 이유에 대한 설명을 듣게 되었다. 그것은 다름 아닌 한글 28자가 동양천문도인 <28수천문도>에서 비롯하였다는 주장이었다. 이런 힌트를 반갑게 받아들였고 계속 모색할 길이 열렸다. 물론 확고한 사실이 될 때까지 여러 학자의 노력, 비판과 토론이 필요하겠지만 일단 어디에도 나와있지 않는 그 설명이 참으로 고마운 것이었다.

이런 뜻에서 반재원소장님이 지금까지 연구해온 논문과 저서를 종합정리하여 <훈민정음 창제원리와 기능성 한글>이라는 제목으로 책을 내시는 것을 진심으로 축하드리면서 이 연구가 한국 겨레에 귀한 보배인 한글에 대한 연구 발전에 큰 기여가 되기를 바란다.

2017. 7.

Bonn대학교 명예교수(한국어 번역학과)
독일 라인강에서 허배 **Albrecht Huwe**

머리말

한글 국제공용화를 위한 기능성 한글

한글이 세계에서 가장 우수하고 과학적인 문자라는 것은 세계의 언어학자 사이에서도 이견이 없다. 소리글자로서 발성기관의 모양을 본떴기 때문에 과학적인 글자이며, 배우기가 쉬워서 우수한 글자라고 한다. 그러나 소리 나는 대로 적는 글자만은 아니며, 글자의 모양으로 보면 변별력이 좋은 글자도 아니며 글자의 공간 처리가 미흡하여 시각적으로 아름다운 글자꼴만은 아니다. 한 예로 쪄시아 극동대학의 한국어학과 중간 탈락자가 거의 절반에 가깝다. 물론 우리말이 어려운 탓도 있을 것이다.

그럼에도 불구하고 독일의 언어학자인 에카르(r)트 박사(P.Andre Eckardt)는<이하 외국어 표기는 단원Ⅵ. 3. 2)합용병서법의 원용 참조> '그 나라의 문자로 그 민족의 문화를 측정하기로 한다면 한국 민족이야말로 단연코 세계 최고의 문화민족이다.'라고 하였다. 또 영국의 언어치료사 A · M 벨(Alexander Melville Bell, 1867년)은 '지구상에서 가장 과학적인 글자는 발성기관의 모양을 본뜬 글자가 될 것이다.'라고 하였다. 그는 15세기에 그렇게 만든 한글이 이미 존재하는 줄도 모르고 때늦은 예언을 하였다. 또 <1446년 한국의 언어 개벽>의 저자이자 미국 컬럼비아대학 교수인 게러(r)레드아르(r)드(Gari Ledyard)는 '한글은 세계문자 사상 가장 진보된 글자이다. 한국 국민들은 그 무엇과도 비교할 수 없는 문자의 사치를 누리고 있는 민족이다.'라고 극찬한바 있다. 영국 서식스대학 언어학교수인 제스프(f)러(r) 샘슨(Geoffrey Sampson)은 1985년 자신의 저서 『문자체계(Writing Systems)』에서 '한글은 가장 독창적이고도 훌륭한 음성문자로서 한국민족

뿐 아니라 전 인류의 업적으로 평가되어야 함은 의심할 여지가 없다.'라고 하였다.

메 러(r)랜드(Maryland) 대학교의 언어학 교수인 로(r)버트 램(r)지(Robert Ramsey)는 그의 『한국의 알파벳』에서 '한글이 위대하듯 세종도 위대하다. 한글은 그가 남긴 최고의 유산이다.'라고 하였다. 그는 또 미국 워싱톤 한국대사관의 563돌 한글날 기념 강연에서 '한글은 세계의 알파벳이다. 한글 창제는 어느 문자에서도 찾을 수 없는 위대한 성취이자 기념비적인 사건이다.'라고 하였다. 프랑스(France)의 동양학 연구소 교수인 파브르(Fabre)는 '한글을 창제한 세종대왕 뿐 아니라 이러한 일을 해낸 한국 사람의 의식구조를 한번 분석해 볼 필요가 있다.'라고 하였다. 독일 햄브르(r)그(Hamburg)대학 교수와 한양대학교 석좌교수를 지낸 쎄(w)르너 삿세(Werner Sasse)(독일어의 W는 영어의 V발음이다)는 '한글은 세계에서 가장 배우기 쉬운 독특한 글자이다. 20세기에 완성된 서양의 음운 이론을 세종대왕은 그보다 5세기나 앞서 체계화 했다. 한글은 한국의 전통철학과 과학 이론이 결합된 세계최고의 문자이다.'라고 하였다.

네델(th)란드(Netherlands) 라이덴(leiden)대학 교수이자 언어학자인 프(f)리츠 포(v)스(Frits Vos)(네델란드어에서 V도 대부분 영어의 F발음이다)는 '한국인들은 세계에서 가장 훌륭한 알파벳을 발명하였다. 한국의 알파벳은 간단하면서도 논리적이며 고도의 과학적인 방법으로 만들어졌다'라고 평하였다. 또 미국의 제럴(r)드 다이어몬드(Jared Diamond) 교수는 그의 『올바른 필기』라는 글에서 '세계에서 가장 합리적인 문자는 한글이다. 한글은 인간이 쓰는 말의 반사경이다. 한글은 간결하기 때문에 한국의 문맹율이 세계에서 가장 낮다.'라고 하였다.

또 미국의 소설가이자 노벨문학상 수상자였던 퍼럴(r)벅(Pearl Syden-stricker Buck)은 한글을 일러 '가장 단순한 글자이면서도 세계에서 가장 우수한 문자이다. 세종대왕은 한국의 레오날드 다쎈치(Leonardo da Vinci)(이딸리아어의 r은 ㄹ에 가깝다)이다.'라는 평을 하였다.

또 미국 시카고대학 교수이자 세계적인 언어학자 제임스 멕콜리(J.D. McCawley)는 '한글은 지구상의 문자 중에서 가장 독창적인 창조물이다. 한국인들이 1440년대에 이룬 업적은 참으로 놀라운 것이다. 500년이 지난 오늘날의 언어학적 수준에서 보아도 그들이 창조한 문자 체계는 참으로 탁월한 것이다.'라고 하였다. 그는 한글날에는 휴강을 하고 학생들과 파티를 열어 세종을 기린 인물이다. 한글이 여러 가지 단점을 가지고 있으면서도 세계의 석학들로부터 이러한 찬사를 받고 있는 이유는 무엇인가? 우리는 누구나 한글의 우수성을 말하지만 막상 외국인들에게 '한글이 왜 우수한가?'라는 질문을 받는다면 우리는 과연 그들에게 고개를 끄덕일 만한 대답을 해 줄 수 있을까? 아마도 발성기관의 모양을 본떴기 때문에 과학적인 글자이며, 배우기가 쉬워서 우수한 글자라는 정도의 대답을 넘어서지 못할 것이다. 그러나 그 정도의 설명으로는 결코 시원한 대답이 될 수 없다. 적지 못하는 발음이 없다고 하지만 영어의 f, v, r, z, θ, ð와 일본어의 ん, 중국어의 권설음 zh, sh, ch 등을 표기할 수 없다. 더구나 컴퓨터라는 매체를 떠나서는 한글의 세계화를 이야기할 수 없다. 우수한 글자라는 것만으로는 넘어야 할 세계의 벽이 결코 만만치가 않다는 이야기이다. 그렇다면 세종이 과연 어떠한 이론을 창제의 바탕으로 삼았기에 세계의 석학들로부터 이러한 찬사를 받고 있는 것일까?

그것은 바로 한글이 발성기관의 모양과 15세기에 우리의 차원 높은 동양천문도에 이론적인 바탕을 두고 창제한 자연에서 찾아낸 문자(成於自然)이기 때문이다. 그 천문이론은 천부경을 회통하고 있으며 격물치지格物致知의 이론이다. '격물치지'는 사물의 이치를 궁구하여 그 원리를 알아내는 것을 뜻한다. 즉 사물의 이치를 꿰뚫는 직관력을 말한다. 격물치지가 대학의 3강령 8조목의 하나인 줄로만 알고 있으나 『홍사한은』의 기록에 의하면 대학의 3강령 8조목이 6세 달문 단군 때부터 이어오던 우리의 오랜 정치덕목 중의 하나였다.

훈민정음도 그 바탕이 된 천문도를 창제기원으로 파악하지 못하고 19세기 후반에 정립된 서양 언어학의 잣대로 연구하다보니 세종의 창제 원리를 놓치고 말았다. 중성과 초성의 배열순서도 <하도>와 <낙서>라는 동양천문도에 이론적인 배경을 두었기 때문이며, 28자로 만들어진 이유도 <28수 천문도>에 바탕을 두었기 때문이다.

세종은 명나라의 하늘에서 벗어나 '조선의 하늘'을 가지고자 하였다. 세종13년(1431년)에 이순지, 김담 등에게 새로운 역법연구를 명하였으며 세종14년에는 간의簡儀 제작을 명하고 세종17년에는 간의대와 앙부일구를 설치하고, 소간의를 제작하였다. 이어서 세종18년에는 혼의渾儀와 혼상渾象을 제작하고 세종20년에는 일성정시의日星定時儀를 제작하고 세종21년에는 흠경각欽敬閣을 설치하고 세종23년에는 측우기를 제작하고 수표를 설치하였다. 이처럼 10여 년 동안 강행군의 작업 끝에 세종24년(1442년)에 드디어 『칠정산내외편』을 완성함으로써 명나라 대통역을 '중국역'으로, 우리 역을 '본국역'으로 구분하는 쾌거를 이루어 비로소 조선의 하늘을 가지게 되었다. 그 자주정신의 연장선상에서 세종28년(1446)에 조선의 문자인 훈민정음을 완성하였다. 세종의 수많은 치적 중에서도 대표적인 치적은 조선의 하늘을 찾은 '칠정산의 완성'과 '훈민정음 창제'이다.

천문도! 그것은 바로 한글의 설계도가 들어있는 비밀의 문을 열고 벅찬 감동의 보물을 움켜 쥘 수 있는 열쇠인데도 우리는 이 열쇠의 가치를 너무나 소홀히 취급해 왔다. 이 열쇠로 한글 창제의 자물쇠를 열지 않고서는 한글의 우수성을 온전히 설명할 수 없으며 한글세계화의 실마리를 풀 수 없다. 또 한글이 우수한 이유는 우리말이 우수하기 때문이며 우리말이 우수하다는 것은 우리겨레의 머리가 우수하다는 것이다.

지금 한글 세계화를 추진하고 있는 단체들의 주장이 가히 춘추전국시대를 방불케 하고 있다. 단체마다 서로 다른 표기법으로 한글 세계화 사업이 추진되고 있다. 570여 년이라는 세월이 흐르면서 발음도 많이 변하였다. 그러나 훈민정음의 사라진 4글자와 합용병서법의 틀 안에서 원용하면 충분히 세계의 모든 언어를 표기할 수 있는데도 자꾸 엉뚱한 자형字形를 만들어내는 것은 자신의 총명이 세종을 능가한다는 오만일 뿐이다. 이러한 사실을 알면 대다수의 국민들은 아마도 한글 국제공용화 정책을 정부가 주도하여 국책사업으로 추진하지 않고 있는 것에 대하여 의아해 할 것이다. 무슨 일이든지 첫 단추를 잘 못 끼우면 나중에 바꾸기가 참으로 어렵다. 지금은 한글 국제공용화의 첫 단추를 끼우기 시작하는 중요한 시기이다.

  한글 국제공용화 사업의 선행과제는 지금의 한글이 외국어 발음을 정확하게 표기할 수 있는 <기능성 한글>로 거듭 나는 일이다. 그것은 바로 없어진 글자를 살려 쓰는 일과 세종 당시의 초성의 합용병서법을 선택적으로 원용하는 일로써 세종이 바라던 홍익정신의 실현이다. 자기네 말을 정확하게 표기할 수 없는 문자를 어느 나라에서 채택하겠는가? 또 아무리 한글이 훌륭하다 하더라도 나라마다 자신의 전통문화에 대한 자존심이 있고 외교문제가 따르므로 문자를 바꾸는 일은 결코 쉬운 일이 아니다. 그러나 <기능성 한글>을 보급한다면 자기나라의 글자가 없는 국가들은 사용가능성이 높다. 따라서 정부에서 현 실정에 맞는 외국어 표준 표기법을 국책 사업으로 추진해야 한다. 자판도 우리 사투리입력에도 오류가 나는 지금의 완성형에서 합용병서를 비롯한 어떠한 초, 중, 종성도 조합이 가능한 조합형 자판으로 바꾸어야 한다. 2007년에 <한글 창제원리와 옛글자 살려쓰기>를 낸 후 10여 년 만에 내용을 수정, 보강하여 <훈민정음 창제원리와 기능성 한글>이라는 제목으로 출판하게 되었다. 다소 낯선 표현이기는 하지만 <옛글자 살려쓰기>보다는 <기능성 한글>이 이 책의 특성을 더 구체적으로 전달할 수 있을 것 같아서이다. 외국어 표기도 9개 외국어 표기에서 이번에는 22개 외국어 표기 예를 모두 다루었다. 또 2008년에 출간한 『21개 외국어 회화 표기 예』에서는 세밀한 외국어 발음까지 자세하게 표기하여 전문 학자들에게는 좋은 연구 자료가 될 수 있었겠으나 옛글자가 너무 다양하게 사용되어 일반인에게는 혼란을 줄 수 있었다. 그래서 이번에는 표기법을 많이 간소화 하였다. 이번 표기법도 필요하다면 더 간소화시킬 수 있을 것이다. 그러나 너무 간소화시키면 정확한 표기가 어려워질 수 있다. 이 책은 크게 <훈민정음 창제원리>부분과 <사장된 4글자를 포함한 합용병서법의 원용 예>와 <22개 외국어 발음표기 예>의 3부분으로 구성되어 있어서 『훈민정음』창제이후 세종의 정신을 오늘에 되살리는 첫 종합증보판의 역할을 해낼 것이다.

조선총독부는 한일합방 직후인 1912년 보통학교용 언문철자법을 제정하면서 자기네 글자보다 훨씬 적은 한글 24자와 종성 10자만 사용하게 하고 옛글자와 순경음과 합용병서의 사용을 금지시켰다. 어떠한 발음도 다 적을 수 있는 훈민정음의 우수성을 간파하고는 한글의 기능을 축소시켜 모국어만 표기할 수 있는 일본문자 수준으로 격하시키기 위한 의도적인 작업이었다고 본다. 그 뒤 1930년에 조선총독부는 경성제국대학 교수 오꾸라신뻬이 등 일본인 5명과 한국인 최현배, 권덕규, 정열모, 이세정, 심의린, 신명균, 이완응, 장지영, 김상회 등 9명이 한글 24자와 종성 21자를 사용하는 언문철자법을 다시 만들었다.

또 1933년 10월 29일 정인섭, 이극로, 이희승 등 한국인 18명이 모여 한글 24자로 된 <한글 맞춤법 통일안>을 제정하였지만 앞의 조선총독부 언문철자법을 그대로 따라 '외국어표기에는 옛글자를 쓰지 아니한다'라고 다시 대못을 박았다. 이번에는 한국인만 참여하였지만 오꾸라신뻬이의 입김이 그대로 작용하였던 것이다.

그러자 1년 후인 1934년 7월 박승빈을 비롯하여 윤치호, 최남선, 지석영, 이병도, 권병훈 등 112여명의 이름으로 한글 24자로는 우리말과 글

Ⅶ. 22개 외국어 발음 표기 예 _ 255

1. 몽골어 발음 표기의 예 __ 256

2. 중국어 발음 표기의 예 __ 260

3. 일본어 발음 표기의 예 __ 265

4. 영어 발음 표기의 예 __ 268

5. 퍼시아어 발음 표기의 예 __ 273

6. 쓰랑스어 발음 표기의 예 __ 278

7. 독일어 발음 표기의 예 __ 281

8. 힌디어 발음 표기의 예 __ 285

9. 베트남어 발음 표기의 예 __ 288

10. 태국어 발음 표기의 예 __ 293

11. 미얀마어 발음 표기의 예 __ 298

12. 네델란드어 발음 표기의 예 __ 303

13. 루마니아어 발음 표기의 예 __ 309

14. 터키어 발음 표기의 예 __ 313

15. 슬로째끼아어 발음 표기의 예 __ 317

16. 인도네시아어 발음 표기의 예 __ 320

17. 체꼬어 발음 표기의 예 __ 323

18.(19) 브라질[뽀르뚜깔]어 발음 표기의 예 __ 326

20. 스뻬인어 발음 표기의 예 __ 329

21. 이딸리아어 발음 표기의 예 __ 333

22. 아랍어 발음 표기의 예 __ 336

Ⅷ. 결론 _ 343

기능성 한글과 세종의 홍익정신 __ 343

부록

훈민정음 해례본 번역 / 349

훈민정음 해례본 / 381

후기 / 450

찾아보기 / 458

참고문헌 / 466

〈국문초록〉

천문도에 바탕을 둔 훈민정음 창제원리와
한글의 기능적인면의 활용방안

　본고에서는 한글 창제 원리와 <하도천문도>와 <오행방위도>, <오행방위낙서천문도>, 그리고 <28수천문도>와의 관계에 대해 살펴보았다. 그간 학계에서 훈민정음 창제원리를 여러 시각에서 연구해 왔으나 동양천문도와 연관시킨 연구는 없었다. 간혹 <하도>와 연관시킨 연구 중에서도 <하도>를 천문도로 파악하고 접근한 연구나 논문은 없었다. 또 <낙서>와 초성을 연관시킨 연구는 더욱 없었다. 훈민정음을 <태극도>, <28수천문도>와 연관시킨 연구도 없다. 또 ㅋ ㅌ과 ㅊ ㆆ 의 가획모양이 서로 다른 것이 <28수천문도>에 의한 것이라는 연구도 없었다. 여기서는 <하도>와 <낙서>가 역易의 기본 이론이자 별자리를 나타낸 천문도라는 관점에서 훈민정음 창제원리를 살펴보고자 한다. 그래서 훈민정음의 초성과 중성의 배열순서가 지금과 다른 이유, 훈민정음이 28자로 창제된 이유, 그리고 초성 ㅋ ㅌ 과 ㅊ ㆆ 의 가획 모양이 서로 다른 이유를 천문도를 통하여 분석하였다. 이 연구를 통하여 다음과 같은 결론을 얻을 수 있었다.

　『훈민정음』에 기록되어 있는 중성의 제자 원리는 <하도천문도>에 근원하고 있다. <중성도>는 <하도천문도>에 한점과 두점을 더한 것으로서 <하도>와 서로 불가분의 관계를 가지고 있다.

　『훈민정음』의 중성 배열순서가 지금과 다르게 되어 있는 것도 또한 <하도천문도>의 오행 상생순서에 이론적인 바탕을 두었기 때문이다.

『훈민정음』의 초성 배열순서가 지금과 다르게 되어 있는 이유는 천문도인 <오행방위낙서>와, <오행 방위도>에 이론적인 바탕을 두었기 때문이다.
　『훈민정음』이 모두 28자로 만들어진 이유는 <28수천문도>에 이론적인 바탕을 두고 만들었기 때문이다.

　초성 중에서 ㅋ, ㅌ과 ㅊ ㅎ 이 획을 더한 모양이 서로 다르다. 즉 ㅋ, ㅌ 은 ㄱ, ㄷ에 획(一)을 더하고, ㅊ ㅎ 은 ㅈ, ㆆ 위에 각점(▪)을 더 하였다. 그 이유는 ㅋ, ㅌ은 천문도의 음도陰道의 영역에 속하고, ㅊ ㅎ 은 천문도의 양 도陽道의 영역에 자리 잡고 있기 때문이다.

　훈민정음은 28자로 창제되었는데 지금의 한글은 24자만 사용하고 있으며 초성의 합용병서법이 폐지되었기 때문에 세종이 의도한 다양한 소리를 적을 수 있는 길이 막혀있다. 쓰지 않고 있는 ·, △, ㆆ, ㆁ 과 합용병서법을 원용 하여 그 기능을 추가해주면 우리말뿐 아니라 세계의 모든 언어를 정확하게 표기할 수 있는 명실상부한 세계의 문자로 거듭 날 것이다.

　주제어 : 훈민정음, 하도천문도, 태극도, 오행방위도, 오행방위낙서천문도,
　　　　　28수천문도, 합용병서.

〈Abstract〉

The study for the inventive principle of Hunmin Jeongeum based on Astonomic graph and functional utilization of Hangul

Ban, Jae Won

This study is studied for relationship of the inventive principle of Hunminjeongeum(훈민정음) and Ha-Do CheonMunDo(하도 천문도), Ohang Bangwido (오행방위도), Ohang Bangwi NakSeo CheonMunDo(오행방위낙서 천문도), 28 Su CheonMunDo(28수 천문도).

Till now, there were many studies for the inventive principle of Hunminjeongeum(훈민정음) at various aspects, but were not the study for relationship of Hunminjeongeum(훈민정음) and TaegeukDo(태극도) and 28 Su CheonMunDo(천문도).

Especially Ha-Do(하도), NakSeo(낙서) is the basic principle of the Book of Changes(역학) and CheonMunDo(천문도) that is expessed of location of stars.

In this point of view, it is studied the inventive principle of Hunminjeongeum(훈민정음).

So this study is analyzed all this reason that arranged order of vowels and consonants of the original edition of Hunminjeongeum(훈민정음) is different from now, Hunminjeongeum(훈민정음) is invented of 28 letters and ㅋ ㅌhas different method of adding strokes from 大, 古.

The conolusion of this study is like this as follows.

Vowels graph is originated from Ha-Do CheonMunDo(하도 천문도). It was made adding one dot and two dots on Ha-Do CheonMunDo(하도 천문도). Therefore, It is indivisible relationship with Ha-Do CheonMunDo(하도 천문도).

According to the original edition of Hunminjeongeum(훈민정음), the order of vowels when they were first made was different from as we use now. This is because was created by applying the Principle of Ha-Do Cheon-MunDo(하도 천문도) which explains oriental astronomy.

According to the original edition of Hunminjeongeum(훈민정음), the order of consonants when they were first made was different from as we think now. This is because Hunminjeongeum(훈민정음) is based on the Principle of Ohang Bangwido(오행방위도) and Ohang Bangwi NakSeo CheonMunDo(오행방위낙서 천문도) from oriental astronomy.

Hunminjeongeum(훈민정음), the Korean alphabets are made up of 28 characters because it was invented by using the Principle of 28 Su Cheon-MunDo(28수 천문도)(the Principle of the Diagram on 28 Constellations).

ㅋ and ㅌ has different method of adding strokes from ㅊ and ㅎ among consonants. ㅋ, ㅌ add to line to ㄱ, ㄷ. but ㅊ, ㅎ add to dot to ㅈ, ㆆ. It is because ㅋ, ㅌ are put in the section of Um(음)(Yin, shadow) of CheonMunDo(천문도), but ㅊ, ㅎ are put in the section of Yang(양)(light) of CheonMunDo(천문도).

Hangeul was created 28 letters but Today it is used olny 24 letters. So there is not anyway to express various sounds correctly.

If we restore all 4 letters which disappeared after the reign of Se-Jong the Great and Habyong beongsea(합용병서) chosen, it is so helpful to express correctly not only K orean but also foreign words.

keyword : Hunminjeongeum(훈민정음), Ha-Do CheonMunDo(하도 천문도), Tae-geukDo(태극도), Ohang Bangwido(오행방위도), Ohang Bangwi Nak-Seo CheonMunDo(오행방위낙서 천문도), 28 Su CheonMunDo(28수천문도). Habyong beongsea(합용병서).

일러두기

해방 후 훈민정음 원본이 공개됨으로써 이정호의 『역주풀이 훈민정음』에서 개론적인 창제원리는 훌륭하게 밝혀졌다. 그 후로는 더 이상 밝힐 창제 원리가 없는 것으로 알고 학계에서 관심을 기울이지 않았다. 그러나 지금까지 각론 부분은 고스란히 묻혀있었다고 해도 과언이 아니다. 훈민정음 창제의 이론적인 배경이 된 역 철학이 바로 천문과학인데도 그 연관성을 파악하지 못하였기 때문이라고 보아야 할 것이다. 또 역학은 중국 것으로 잘못 알고 있는 경우가 대부분이다. 역은 중국 것이 아니라 원래부터 우리의 천문학이자 단군의 천부경 사상이다. 이 책은 바로 그러한 입장에서 훈민정음 창제원리에 대한 각론을 전개함으로써 지금까지 남아 있던 미완성 분야를 해결해 줄 것이다. 그럼으로써 훈민정음 창제가 모방이라거나 세종의 작품이 아니라는 유언비어도 함께 사라질 것이다. 세종 때에도 우선 이두吏讀가 있었고 토착吐着이 있었다. 세종도 당연히 녹도문을 비롯하여 1363년에 행촌 이암이 지은 것으로 알려진 『단군세기』의 가림토문加臨土文 등을 열람하였을 것이다.

가림토문과 산수가림다문과 산스크리트어가 서로 별개의 것이 아니다. '가림다'는 원래 '산수가림다'였다. 『심당전서』에는 '산수가림다删修加臨多'로 기록되어 있는데 이것이 여진족의 발음으로 산수그림토가 되고 그것이 2000년 후에 인도로 넘어가면서 산수그리토→산스크리트로 변형된 것으로 보인다. 세종의 훈민정음 창제도 바로 이 산수가림다문에 뿌리를 둔 것으로 보는 것이다. 그런데도 자꾸 일부에서 산스크리트어나 아히루 문자를 본떴다고 주장하는 것은 할아버지가 손자를 닮았다는 말과 같다. 또 성리학의 논리를 도입하여 나중에 짜 맞춘 것이라느니, 그래서 한글과 음양사상의 대입이 현대 어문학으로 보면 무리가 있다느니, 또는 『징심록』의 가림토문자를 취했다느니, 신미대사의 작품이라느니 운율을 잘 아는 박연의 작품이라느니 하면서 자꾸만 세종의 창제가 아니라고 하는 주장은 이제 그만 두어야만 한다. 박제상의 『징심록』이나 신미대사의 기록이나 『단기고사』의 기록들이 모두 『단군세기』의 가림토문을 뛰어넘지 못하기 때문이다. 훈민정음 창제는 문종과 양녕대군, 정의공주 등 가족들만 조교로 참여시킨 은밀하고도 비밀스러운 작업이었다. 한편의 논문을 쓰는 데에도 수많은 관련 자료를 참고하지 않으면 안 되는데 하물며 새로운 문자를 창제하는데 있어서랴! 창제과정에서 당연히 여러가지 고 문자를 참고할 수도 있고 다른 이의 도움을 받았을 수도 있었을 것이다. 그렇더라도 이 책의 전편을 흐르고 있는 <하도천문도>와 <낙서천문도>, 그리고 <28수천문도>와 훈민정음과의 뗄 수 없는 관계를 어떻게 설명할 것인가? 전체를 보지 못하는 근시안적인 주장일 뿐이다. 아래의 최만리 상문을 보더라도 세종의 단독작품임을 알 수 있다.

'모든 절차를 열에 아홉은 덜고 정무도 정부 부처에 다 맡겨버린 마당에 훈민정음 연구 자료는 눈병이 나서 요양을 하러 떠나는 행재소까지 한 보따리 싸가지고 가시니, 그게 뭐라고 그 연구에만 골몰하십니까?'

날씨가 흐린 날이나 그늘진 곳에서는 지팡이를 짚어야 걸을 수 있을 만큼 체력과 시력이 나빠진 상태에서도 세종이 훈민정음 창제에 얼마나 몰두하였는지 짐작할 수 있는 대목이다. 세종실록 세종24년(11월18일)에 창덕궁에서 3일 동안 간간히 백관들의 곡성이 들렸다. 이는 세종이 죽은 줄 알고 곡을 할 만큼 병이 위중했다는 내용이다. 또 훈민정음이 집현전 학사들의 도움으로 창제하였다거나 집현전이 한글창제의 산실이었다는 말도 터무니없는 주장이다. 집현전이 참여하였다면 집현전의 실무책임자인 집현전 부제학 최만리가 왜 반대상소를 올렸겠는가! 신숙주와 성삼문이 황찬을 만나러 요동을 왕복한 것도 창제 후 그 당시 국제공용어인 중국발음을 정확하게 알아서 우리글로 표기하기 위한 것이지 훈민정음을 창제하는데 자문을 구하기 위한 것이 아니었다. 왜냐하면 신숙주와 성삼문이 통역관 손수산과 함께 황찬을 처음 만난 것은 훈민정음이 다 만들어진 세종 25년인 단기3776년(1443년) 겨울(癸亥 冬)보다 1년 2개월 후인 1445년 1월 세종 27년이었기 때문이다. 또 신숙주가 집현전 학사로 들어온 시기가 그가 25세 때인 세종 23년(1441년)이었고 세종 25년(1443년) 2월 21일에 27세의 나이로 일본 통신사 변효문의 서장관書狀官으로 일본에 갔다가 8개월 만인 10월 19일날 돌아오는 등, 그 시기에 훈민정음 제작에 참여할 시간이 없었다는 점이다. 성삼문의 나이도 그때 아직 26세의 청년에 불과하였다. 따라서 신숙주는 세종의 명을 받아 이미 만들어놓은 한글로 언문 서적을 편찬하는 일에 참여하였을 뿐, 훈민정음 창제에 대한 전문지식은 없었던 것으로 보는 것이다. 그것은 1449년에 펴낸, 신숙주의 최고 업적중 하나라고 할 수 있는『동국정운』을 편찬할 때 세종이 일일이 신숙주의 번역 내용을 꼼꼼히 검토한 후 통과가 되어야 다음 내용을 번역할 수 있었던 것을 봐도 알 수 있는 일이다.

그리고 '세종대왕이 문자를 창제하였다.'라고 하면 유구한 역사를 지닌 우리민족이 그 이전까지는 문자 없이 살아온 민족처럼 비치기도 하지만 그런 말이 아니다. 세종이 문자를 처음으로 창제한 것이 아니라 이미 사용하고 있던 앞의 여러 문자를 참고하여 훈민정음이라는 문자를 새로 창제한 것이다. 세종 때에도 지금의 서글(한자)을 문자文字라고 하였다.

ㆁ. <일러두기>의 순서는 소리가 여린 순서인 ㆁ ㄱ ㅋ ㄴ ㄷ ㅌ ㅁ
ㅂ ㅍ ㅅ ㅈ ㅊ ㅇ ㅎ ㆆ 의 순서를 따랐다. 그것은 배우기 쉽게
쓰자는 의미를 담고 있다. 눈에 익지 않아 낯설지 모르지만 창제
당시의 오행 상생의 순서인 아, 설, 순, 치, 후음을 따로 모
아쓰면 오히려 더 편리하다.

ㄱ. <중성의 배열순서 원리>에 대한 내용은 Ⅳ. 1. 1)하도천문도에 의
한 중성의 배열원리를 참조하고, <초성의 배열순서 원리>에 대한
내용은 Ⅳ. 2. 3)5행 방위낙서와 초성의 배열원리를 참조하기 바란
다. 또 <훈민정음과 28수천문도와의 관계>는 Ⅴ. 1. 3). (5)28자와
28수를 참조하고, <ㅋ ㅌ과 ㅊ ㅎ 의 가획원리>는 Ⅴ. 2. 28수 천
문도로 본 초성의 가획원리를 참조하기 바란다.

ㅋ. 컴퓨터 자판의 글자 배열도 이 원리에 맞는 형태를 제시하여 보았
다. 첫소리의 순서를 바꾸는 일도 그렇지만 손에 익은 자판을 바꾼
다는 것이 쉽지 않겠지만 남북공동 자판을 만들 때 참고가 되었으
면 한다.<단원 Ⅵ. 3의 3)컴퓨터 자판개량 참조>

ㄴ. 한글로만 뜻을 금방 파악하기 어려운 단어는 서글(한자)을 병용하
였다. 학문의 분야에서는 한글전용이 능사가 아니기 때문이다.

ㄷ. 책의 끝머리에는 『훈민정음』 영인본을 축소하여 첨부하였다.

ㅌ. 훈민정음 원본인 해례본解例本은 예의편, 해례편, 정인지 서문의 3
부분으로 나누어져 있다.

※ 예의편例義篇 − 훈민정음의 음가와 창제의 목적, 운용법 등을 설명

한 세종대왕이 직접 쓴 반포문이다.

＊ 해례편解例篇 - 5해解 1례例로 되어있다.

<5해解>

· 제자해制字解 - 제자의 원리, 제자기준, 첫소리와 가운데 소리의 체
계를 설명하고 있다.

· 초성해初聲解 - 초성의 뜻을 설명한 것으로 첫소리에 대한 각론이다.

· 중성해中聲解 - 중성의 뜻을 설명한 것으로 가운데 소리에 대한 각
론이다.

· 종성해終聲解 - 종성의 뜻을 설명한 것으로 끝소리에 대한 각론이며
8종성법(ㄱ ㆁ ㄷ ㄴ ㅂ ㅁ ㅅ ㄹ)과 방점 등을 설명
하고 있다.

· 합자해合字解 - 초성, 중성, 종성을 합하여 글자를 표기하는 방법을
설명한 것으로 25개의 단어를 예로 들어 설명하고
있다.

<1례例>

· 용자례用字例 - 단어의 표기 예를 들어 설명한 것으로 모두 94개의
단어를 예로 들어 설명하고 있다.

＊ 정인지 서 - 집현전 대제학인 정인지가 쓴 것으로 훈민정음의 창제
이유, 특징, 우수성을 설명한 내용이다.

ㅁ. 한글 - 주시경 선생(1876~1914년)이 처음 사용하였다고도 하며 기미
독립 선언문의 33인 중의 한 분인 이종일 선생(1858~1925년)의 「묵
암비록」에 처음 사용하였다고도 하며 최남선 선생이 '한글'이라 짓고
주시경이 이에 찬동하여 처음 사용하였다는 3가지 설이 있다.

ㅂ. 한글날 - 세종 28년 9월 상한(9월 1일~9월 10일)은 그 당시의 양력으로 9월 25일~10월 4일에 해당되므로 통일이 되면 한글날을 이 기간으로 수정할 수 있을 것이다.

ㅍ. 쉽게 설명하려고 노력하였다. 그러나 동양 천문학과 역학이라는 내용이 가미되어 있기 때문에 이 방면에 기초가 없는 이에게는 어려운 부분이 있을 것이다. 그것은 마치 삼각함수를 모르는 상태에서 미분 적분을 보는 것과 같을 것이다. 역학과 천문도에 대한 기초지식이 필요하다.

ㅅ. 이 책은 저자의 『한글과 천문(2001)』, 『한글세계화 이대로 좋은가! (2002)』『한글창제원리와 옛글자 살려쓰기(2007)』, 『21개 외국어회화 표기 예(2008)』의 종합 수정판이자 세종의 『훈민정음』종합 증보판이라고 할 수 있다. 그러므로 앞의 책들을 참고는 하되, 모든 이론은 마지막 수정 증보판인 이 책을 표준 정본으로 보아주시기 바란다.

ㅈ. <단원 Ⅶ. 22개 외국어발음 표기 예>는『한글창제원리와 옛글자 살려쓰기』의 외국어 표기와 『21개 외국어회화 표기 예(2008)』의 표기법을 많이 간소화시켰다. 더 간소화 할 수도 있지만 그 대신 정확한 표기를 어렵게 할 수 있다. 혹 표기방법에 이견이 있을 수 있겠으나 '옛 글자를 원용한 예'라는 큰 틀에서 보아주기 바란다. 더 정확한 표기법을 원한다면 『21개 외국어회화 표기예』를 참고하기 바란다. 또 <단원 Ⅶ. 22개 외국어발음 표기 예>에서는 표기의 비교를 위하여 합용 병서법을 원용한 표기법과 현행 한글표기법을 병행 기록하였다.

ㅊ. 훈민정음 해례본의 번역은 이정호의 『역주풀이 훈민정음』과 국립국어

원의 『알기쉽게 풀어 쓴 훈민정음』 등을 참고하였으며, 제자해의 내용 중 응凝(느리다)과 려厲(빠르다)의 뜻은 대종언어연구소 박대종 소장의 이론을 따랐다. 그리고 원문의 뜻을 손상하지 않는 범위 내에서 저자의 견해를 더하였으며, 의역한 곳이 여러 곳 있음을 말씀드린다.

ㅇ. 훈민정음 해례본의 번역 내용을 쉽게 이해하기 위하여 <단원 Ⅳ. 1의 3) 5행과 4원소, 태극과 삼극> 내용을 실었다. 해례본 번역 내용을 이해하는데 도움이 될 것이다.

ㅎ. 초성과 중성의 이름을 다시 지었으며 없어진 4글자의 이름도 원리에 맞게 다시 지었다. 예를 들면 ㆁ의 바른 이름은 '여린ㄱ'이며 '이웅'이다. 지금까지도 '옛이웅'이라고 부르고 있다. 이러한 것은 첫소리를 발음이 여린순서로 배열해야 할 문제와 더불어 수정 되어야 할 사안이다.<단원Ⅵ. 2. 3)사장된 초성의 이름 참조> 통일 후를 생각하여 미리 준비해야 할 것이다.

　　우리는 1882년에 「예수성교 누가복음젼셔」를 비롯하여 1887년 「예수성교젼셔」 등 8권의 성경을 번역하고 띄어쓰기와 가로쓰기를 처음 시도한 사람으로 전해지고 있는 스코틀랜드(Scotland) 출신의 선교사 존로스(John Ross)와 공동번역자 서상륜과 백홍준, 그리고 한글의 선구적 운동가였던 미국의 선교사 헐버르으트(Hulbert)의 공로를 결코 있어서는 안 될 것이다. 그들은 훈민정음을 부활시킨 이들이다. 그들은 훈민정음을 국제 만국萬國의 발음기호로 보았을 것이다. 그런데 훈민정음訓民正音의 '음音'을 한글의 '글'로 바꾸고 일제가 4글자와 합용병서법을 없애버리는 바람에 국내용 문자가 되어버렸다.

ㆅ. 강조해야 할 내용은 단원에 따라 중복된 경우가 있으니 이점 양해를 구한다.

Ⅰ. 서론

1. 연구목적

본고에서는 훈민정음 창제 원리와 하도천문도, 낙서천문도 및 28수 천문도와 초, 중성의 관계를 고찰하고자 한다. 훈민정음의 초성과 중성 의 배열순서가 지금과 다른 이유, 훈민정음이 28자로 창제된 이유, 그 리고 초성 ㅋ ㅌ과 ㅊ ㆅ의 가획 모양이 서로 다른 이유를 밝혀보고자 한다. 아울러 없어진 4글자와 초성의 합용병서법을 원용한 외국어 표 기방안을 다루고자 한다.

조선은 개국 초기에 고려왕조와 차별성을 꾀할 필요가 절실하였고, 새 나라를 개국함에 있어서 왕권 강화와 더불어 자주성을 확립할 필요 가 있었다. 세종의 천문역법의 확립과 훈민정음 창제도 그러한 바탕위 에서 애민정신과 실용적인 면을 중시하는 정책의 일환으로 진행한 사 업이었을 것이다. 세종은 즉위 초부터 조선 천문학의 체계를 세우는데 주력하였다. 특히 그는 28수의 도수를 손수 계산하여 이순지에게 명하여 그것을 석판에 새기게 하였으며, 세종 24년(1442)에 칠정산 내외편을 완성하여 조선의 역법을 체계화 하였다.[1] 또 세종16년(1434)에는 경복궁 경회루 북쪽에 높이 31자(9.4m), 길이 47자(14m), 너비 32자(9.7m)의 돌로 쌓은 관측대를 만들었다. 그리고 고려시대부터 내려오던 서운관을 관상감觀象監으로 개편하였다. 이러한 배경 속에서 동양천문도에 이론적인 바탕을 둔 문자를 구상하게 된 것으로 보인다. 본고에서는 이러한 맥락에서 천문도와 훈민정음 창제와의 관계를 규명해보고자 한다.

첫째, <국문초록>에서 언급한 바와 같이 훈민정음의 초성은 오늘날의 ㄱ→ㄴ→ㄷ→ㄹ→ㅁ→ㅂ→ㅅ→ㅇ→ㅈ→ㅊ→ㅋ→ㅌ→ㅍ→ㅎ ~의 순서가 아닌 ㄱ→ㅋ→ㆁ, ㄷ→ㅌ→ㄴ, ㅂ→ㅍ→ㅁ, ㅈ→ㅊ→ㅅ, ㆆ→ㅎ→ㅇ 의 순서로 배열되어있다. 그러나 지금까지 그 배열 순서에 대한 구체적인 연구가 부족하였다. 초성의 ㄱ→ㅋ→ㆁ, ㄷ→ㅌ→ㄴ, ㅂ→ㅍ→ㅁ, ㅈ→ㅊ→ㅅ, ㆆ→ㅎ→ㅇ 의 순서가 아음→설음→순음→치음→후음의 순서로 배열한 것이 오행의 상생순서인 목→화→토→금→수의 원리에 따랐다는 주장은 있었다.[2] 그러나 아음 중에서 ㆁ→ㄱ→ㅋ이나 ㅋ→ㄱ→ㆁ 의 순서가 아니라, 왜 ㄱ→ㅋ→ㆁ 의 순서로 배열하였는지에 대한 연구가 없었다. 더구나 초성의 배열순서와 낙서천문도와의 관계를 설명한 연구는 없다.

둘째, 『훈민정음』의 중성 배열이 오늘날의 ㅏ→ㅑ→ㅓ→ㅕ→ㅗ→

---

1) 이순지, 『諸家曆象集』, 凡四卷. 이순지 발문 : 二十八宿度分及十二次宿圖 一依 授時曆 修改 以刊石本矣 曆法則於 大明曆 回回曆 通軌 通經諸書 竝加讎校 且撰 七政算 內外篇矣.
2) 이정호, 『역주풀이 훈민정음』, 보진제, 1972, 8쪽.

ㅛ→ㅜ→ㅠ→ ㅡ →ㅣ 의 순서가 아닌 ·→ㅡ→ㅡ→ㅣ→ㅗ→ㅏ→ㅜ→
ㅓ→ㅛ→ㅑ→ ㅠ→ㅕ 의 순서로 배열 되어있다. 그러나 왜 후자의 순
서로 배열했는지에 대한 연구가 없다. 더구나 중성의 창제바탕이 된
<하도>를 <천문도>라고 밝힌 연구는 없다.

셋째, 훈민정음이 왜 28자로 창제되었는지에 대한 연구가 없다.

넷째,『훈민정음』제자해의 초성의 가획원리 내용 중에서 "소리의 빠
르기에 따라 획을 더한 뜻은 모두 같다."[3]라고 하였다. 그런데 ㅋ ㅌ과
ㅊ ㅎ 에 획을 더한 모양이 서로 다르다. ㅋ과 ㅌ에는 획(ㅡ)을 더 했으
나 ㅊ ㅎ 은 각점(■)을 더하였다. 왜 이처럼 서로 다른 2가지 방식을 택
하였는지에 대한 연구가 없다.

필자는 이상의 4가지 의문점을 밝혀보고자 한다. 이 작업은 훈민정
음 창제원리가 발성기관의 모양과 음양오행의 원리 외에도 동양천문
도가 또 하나의 이론적인 배경이 되었음을 밝히는 작업이 될 것이다.

2. 연구 방법과 범위

본고에서는 하도 낙서가 역易의 기본 이론이자 별자리를 나타낸 천
문도라는 관점에서 훈민정음 창제원리를 살펴보고자 한다. 여기에서는
『훈민정음』(국보 70호)을 연구의 기준으로 삼았다. 번역본은 국립국어원
에서 펴낸『알기쉽게 풀어쓴 훈민정음』(2008)과 이정호의『해설역주 훈
민정음』(1972)을 주로 참고하였다. 연구 자료는 북한과 중국을 포함한

---

3)『훈민정음』, 14쪽. 제자해 : 其因聲加畫之義皆同.

국내외의 연구 성과를 대상으로 고찰하였다. 국내의 문헌 자료로는 먼저 조선 중종 때 최세진(1473-1542)이 지은 『훈몽자회』(1527)와 최석정(1646-1715)의 『경세훈민정음도설』(1710), 그리고 신경준(1712-1781)이 지은 『훈민정음운해』(1750)와 유희(1773-1837)의 『언문지』(1824)가 조선시대의 한글 연구 성과라고 할 수 있다. 그리고 해방이후에 나오는 근현대 연구 성과로는 김윤경(1894-1969)의 『조선문자급어학사』(1938), 최현배(1894-1970)의 『한글갈』(1941), 이탁의 『국어학논고』(1958), 김석득의 『우리말 연구사』(1991), 강신항의 『훈민정음 창제와 연구사』(2011)가 대표적인 결과물이다. 그리고 동양철학적 관점에서 훈민정음의 제자원리를 다룬 자료는 이정호의 『해설역주 훈민정음』(1972)이 있다. 그밖에 북한 자료는 고영근의 『조선어 연구』(1949), 김영황의 『조선어사』(1997), 중국자료는 오봉협(1909-1953)의 「하도기원론」(1951), 허동진의 『조선어학사』(1997), 『중국에서의 조선어 연구』(2007) 등이 있다.

이외에도 본고에서 참고한 국내의 천문학 자료는 백윤기의 『황제내경운기해석』(1972)과 배병철의 『황제내경소문』(1994), 김수길, 윤상철의 『천문유초』(1998)와 박창범의 『하늘에 새긴 우리역사』(2002), 나일성의 『한국 천문학사』(2006), 박석재의 『하늘을 잊은 하늘의 자손』(2008), 박창범·양홍진의 「고구려의 고분벽화 별자리와 천문체계」(2009), 그리고 정종한의 『황제내경소문해석』(2010), 이형상(1653-1733)의 『병와집甁窩集』(1744) 등이다. 국외의 천문학 자료는 중국 장개빈의 『유경도익』, 육증의 『왕긍당 의학전서』, 곽학희의 『중국 의역학』과 『주비산경』, 『관자』, 『갈관자』, 『등단필구』 등이다.

또 외국어의 f, v, r, z, Ө, ð와 콧소리, 권설음 등을 표기하는 옛 글자의 복원은 훈민정음 창제 당시의 합용 병서법을 원용하였다. 본 연구의 범위는 하도천문도, 낙서천문도, 28수천문도에 한정하였으며, 율려[4]의 문제에 대해서는 따로 다루지 않았다. 사장된 글자와 합용병서의 음가문제에 대해서는 단원Ⅵ에서 별도로 기술하였다.

3. 훈민정음 연구사

훈민정음 연구사는 대략 전통적인 연구를 위주로 한 조선시대의 연구와 근대적 학문방법으로 접근한 근현대의 연구로 나누어진다. 특히 『훈민정음』이 발견된 1940년을 기준으로 하여 그 이전과 이후로 구분된다. 다시 말해 해방 후 『훈민정음』이 공개됨으로써 그때까지 추측에 불과했던 한글창제의 원리가 밝혀짐으로써 새로운 연구 양상을 맞이하게 되었기 때문이다. 따라서 본고에서는 전통적인 연구와 현대적인 연구로 나누어 조선시대, 개화기에서 해방이전, 그리고 『훈민정음』이 공개된 해방이후로 나누어서 살펴보고자 한다. 이에 앞서 『훈민정음』의 구성내용과 정인지 서문 요지를 간략하게 소개함으로써 훈민정음 연구사의 장을 열고자한다.

『훈민정음』의 구성은 예의편, 해례편, 정인지 서문으로 나누어져 있다. 예의편例義篇은 훈민정음의 음가와 창제의 목적, 운용법 등을 설명한 내용이다. 해례편解例篇은 5해五解와 1례一例로 구성되어 있다. 제자

---

4) 궁·상·각·치·우·반상·반치의 7음과 12율려도 그 근원은 태극이며 천문이다. 세종실록 권 제136 樂考편에 雅樂 12宮7聲用28聲圖에 대한 기록이 나온다. 그러나 이것으로는 초. 중성의 방위와 수리, 오행을 가름할 수 없다.

해制字解는 제자의 원리와 제자기준, 초성과 중성의 체계를 설명하고 있다. 거의 모든 제자원리는 이 장에 설명되어있다. 초성해初聲解는 초성의 뜻을 설명한 것으로 초성의 각론 부분이다. 중성해中聲解는 중성의 뜻을 설명한 것으로 중성의 각론 부분이다. 종성해終聲解는 종성의 뜻을 설명한 것으로 종성의 각론 부분으로 8종성법(ㄱ, ㆁ, ㄷ, ㄴ, ㅂ, ㅁ, ㅅ, ㄹ)과 방점 등을 설명하고 있다. 합자해合字解는 초성, 중성, 종성을 합하여 글자를 표기하는 방법을 설명하고 있다. 모두 25개의 단어를 예로 들고 있다. 용자례用字例는 단어표기의 예를 설명하고 있다. 모두 94개의 단어를 예로 들고 있다. 정인지 서序는 집현전 대제학 정인지가 쓴 것으로 훈민정음의 창제목적과 우수성을 설명하고 있다.

그는 우리나라의 예악과 문장이 중국에 비기지만 문자가 없어서 불편함이 많다고 하였다. 풍토가 다르면 말도 다른데 우리는 풍토가 다른 중국의 글자를 빌어쓰고 있으니 그 불편함이 크다. 옛날에 신라 설총이 처음으로 이두를 만들어 관부官府와 민간에서 지금까지 사용하고 있지만, 언어생활에 불편함이 많기 때문에 훈민정음을 만들었다고 창제이유를 설명하고 있다. 또 우리말의 일상용어가 중국과 같지 않으므로 글을 배우는 사람은 그 내용을 이해하기 어렵고 옥사獄事를 다스리는 사람과 송사訟事를 듣는 사람은 그 연유를 알기 어려워서 근심이 크다는 내용에는 무지한 백성들의 억울한 사정을 배려하는 세종의 애민정신과 홍익정신이 들어있다. 28자를 전환하여 사용하면 표기가 무궁무진하여 바람소리와 학의 울음소리, 닭의 울음소리나 개 짖는 소리까지도 모두 적을 수 있는 점을 들어 그 편리함을 소개하고 있다. 그런데 정음을 만든 것이 전대의 것을 본받은 것이 아니라 세종이 독창적으로 창제하였다는 점과, 훈민정음이 인간의 인위적인 힘으로 만든 것이 아니라 자연에 있는 소리의 그림자, 흔적, 무늬(聲紋-소리의 이치가 담긴 발성기관의 모양과 하늘의 이치를 담은 천문도)에서 찾아낸 글자라는 말로 끝을 맺고 있다.5)정인지 서문의 내용은 의례적인 찬사의 말이 아니라 세종의 훈민정음 창제취지를 전체적으로 개괄하고 있다.

1) 조선시대의 연구사

조선시대 『훈민정음』은 단기 3779년(1446)에 책으로 완성된 이래로, 여러 논란과 함께 다양한 해석이 제출되었다. 조선시대의 훈민정음 연구사를 살펴보면 중종 때 최세진(1473-1542)의 『훈몽자회』(1527), 최석정(1646-1715)의 『경세훈민정음도설』(1710), 신경준(1712-1781)의 『훈민정음

---

5) 『훈민정음』, 63쪽. 정인지 서 : 국립국어원, 2008, 『알기 쉽게 풀어쓴 훈민정음』과 이정호, 1972, 『역주풀이 훈민정음』의 번역을 참고하고 필자의 견해를 더하였다. 필자주-自然之文의 '文'을 자연에 있는 소리의 흔적인 발성기관의 모양과 천문도로 보았다. 有天地自然之聲 則必有天地自然之文. 所以古人因聲制字 以通萬物之情 以載三才之道 而後世不能易也. 然四方風土區別 聲氣亦隨而異焉. 盖外國之語 有其聲而無其字. 假中國之字以通其用 是猶枘鑿之鉏鋙也. 豈能達而無礙乎. 要皆各隨所處而安 不可强之使同也. 吾東方禮樂文章侔擬華夏. 但方言俚語 不與之同. 學書者患其旨趣之難曉 治獄者病其曲折之難通. 昔新羅薛聰 始作吏讀 官府民間 至今行之. 然皆假字而用 或澁或窒. 非但鄙陋 無稽而已 至於言語之間 則不能達其萬一焉. 癸亥冬. 我殿下創制正音二十八字 略揭例義以示之 名曰訓民正音. 象形而字倣古篆 因聲而音叶七調. 三極之義 二氣之妙 莫不該括 以二十八字而轉換無窮 簡而要 精而通. 故智者不終朝而會 愚者可浹旬而學 以是解書 可以知其義. 以是聽訟 可以得其情. 字韻則淸濁之能辨 樂歌則律呂之克諧. 無所用而不備 無所往而不達. 雖風聲鶴唳鷄鳴狗吠 皆可得而書矣. 遂命臣等詳加解釋 以喩諸人. 於是 臣與集賢殿應敎臣崔恒 副敎理臣朴彭年 臣申叔舟 修撰臣成三問 敦寧府注簿臣姜希顔 行集賢殿副修撰臣李塏 臣李善老等 謹作諸解及例 以敍其梗槪. 庶使觀者不師而自悟. 若其淵源精義之妙 則非臣等之所能發揮也. 恭惟我殿下 天縱之聖 制度施爲超越百王. 正音之作 無所祖述 而成於自然. 豈以其理之無所不在 而非人爲之私也. 夫東方有國 不爲不久 而開物成務之大智 盖有待於今日也歟. 正統十一年九月上澣. 資憲大夫禮曹判書集賢殿大提學知春秋館事世子右賓客 臣鄭麟趾拜手稽首謹書.

운해』(1750), 유희(1773-1837)의 『언문지』(1824) 등이 있다.

　최세진은 『훈몽자회』에서 초성과 중성의 명칭을 정했으며, 훈민정음의 초성과 중성의 배열 순서를 다시 정리하였다. 초성은 초, 종성 통용팔자初終聲通用八字를 ㄱ, ㄴ, ㄷ, ㄹ, ㅁ, ㅂ, ㅅ, ㆁ 으로 배열하고 초성독용팔자初聲獨用八字를 ㅋ, ㅌ, ㅍ, ㅈ, ㅊ, ㅿ, ㅇ, ㆆ 을 배열하고 중성은 개구도開口度가 큰 것부터 ㅏ, ㅑ, ㅓ, ㅕ, ㅗ, ㅛ, ㅜ, ㅠ, ㅡ, ㅣ, · 로 배열하였다. 우리가 지금 사용하고 있는 배열순서이다.

ㆆ	ㅇ	ㅿ	ㅊ	ㅈ	ㅍ	ㅌ	ㅋ	ㅇ	ㅅ	ㅂ	ㅁ	ㄹ	ㄷ	ㄴ	ㄱ	자모
하	아	ᅀᅡ	차	자	파	타	카	아	사	바	마	라	다	나	가	ㅏ
햐	야	ᅀᅣ	챠	쟈	퍄	탸	캬	야	샤	뱌	먀	랴	댜	냐	갸	ㅑ
허	어	ᅀᅥ	처	저	퍼	터	커	어	서	버	머	러	더	너	거	ㅓ
혀	여	ᅀᅧ	쳐	져	펴	쳐	켜	여	셔	벼	며	려	뎌	녀	겨	ㅕ
호	오	ᅀᅩ	초	조	포	토	코	오	소	보	모	로	도	노	고	ㅗ
효	요	ᅀᅭ	쵸	죠	표	툐	쿄	요	쇼	뵤	묘	료	됴	뇨	교	ㅛ
후	우	ᅀᅮ	추	주	푸	투	쿠	우	수	부	무	루	두	누	구	ㅜ
휴	유	ᅀᅲ	츄	쥬	퓨	튜	큐	유	슈	뷰	뮤	류	듀	뉴	규	ㅠ
흐	으	ᅀᅳ	츠	즈	프	트	크	으	스	브	므	르	드	느	그	ㅡ
히	이	ᅀᅵ	치	지	피	티	키	이	시	비	미	리	디	니	기	ㅣ
ᄒᆞ	ᄋᆞ	ᅀᆞ	ᄎᆞ	ᄌᆞ	ᄑᆞ	ᄐᆞ	ᄏᆞ	ᄋᆞ	ᄉᆞ	ᄇᆞ	ᄆᆞ	ᄅᆞ	ᄃᆞ	ᄂᆞ	ᄀᆞ	·

〈『훈몽자회』의 초, 중성 음절표〉

設學長聚誨初釋勤施懲勸羹其成童升
補鄉校國學之列則人皆樂學小子有造
矣

諺文字母 俗所謂反切二十七字

初聲終聲通用八字
ㄱ其役 ㄴ尼隱 ㄷ池(末) ㄹ梨乙 ㅁ眉音 ㅂ非邑 ㅅ時(衣) ㆁ異凝
ㄱ役ㄴ隱ㄷ(末)只取本字之釋俚語爲聲
兩字只取本字之釋俚語爲聲
其尼池梨眉非時異八音用於初聲
役隱(末)乙音邑(衣)凝八音用於終聲
初聲獨用八字

ㅋ(箕)ㅌ治ㅍ皮ㅈ之ㅊ齒ㅿ而ㅇ伊ㅎ屎
(箕)字亦取本字之釋俚語爲聲
中聲獨用十一字
ㅏ阿ㅑ也ㅓ於ㅕ余ㅗ吾ㅛ要ㅜ牛ㅠ由ㅡ應不用終聲ㅣ伊只用中聲、思不用初聲
初中聲合用作字例
가갸거겨고교구규그기
以ㄱ其爲初聲以ㅏ阿爲中聲合ㄱㅏ爲가
以가爲字則家字音也又以ㄱ役爲終聲合가ㄱ爲
各字以ㄱ役爲字則各字音也餘倣此
中終聲合用作字例
간肝ㄷ(末)ㄹ(乙)ㅁ음ㅂ(邑)ㅅ(衣)ㆁ凝
가ㄱ爲字則각字如此各字音也餘倣此

〈『훈몽자회』의 초, 중성의 배열 순서〉

　최석정은 『경세훈민정음도설』에서 훈민정음 초, 중성 28자에 순경음 ㅸ, ㆄ 등을 다시 합자하여 글자 수를 더 많이 쓸 수 있도록 고안하였다. 그리고 중성의 배열 순서를 신경준의 ㅏ, ㅑ, ㅓ, ㅕ, ㅗ, ㅛ, ㅜ, ㅠ, ㅡ, ㅣ와 달리 ㅏ, ㅑ, ㅓ, ㅕ, ㅐ, ㅒ, ㅔ, ㅖ 등으로 배열하였고, ㅏ(갑), ㅑ(을), ㅓ(병), ㅕ(정), ㅐ(무), ㅒ(기), ㅔ(경), ㅖ(신)으로 중성에 천간을 연결시켜 이해하려고 한 것 같다. 다음의 <최석정의 경세훈민정음도설>에서 보듯이 맨 위의 초성에는 지지地支인 인寅과 묘卯의 표기도 보인다. 그러나 초, 중성과 천간, 지지의 관계를 설명하거나 창제원리를 하도낙서와 연관시킨 내용이 보이지 않으므로 별다른 의미를 부여한 것은 아닌 것 같다.

〈최석정의 『경세훈민정음도설』〉6)

　　신경준(1712-1781)의『훈민정음운해』(1750)에서는 중성을 하도와 연관시
켜 설명하였다. 그는 하도에 중성의 · ― ㅣ 와 · · 을 사방에 배치하
였다. 그는 지금 쓰이지 않는 "중앙의 · 은 태극이다"7)라고 주장 하였
다. 신경준은 · 가 훈민정음 28자 중에서 가장 중요한 역할을 했던 글
자라는 점에 주목하여 이를 태극으로 규정하였다. 유희의 『언문지』는
신경준의『훈민정음운해』와 마찬가지로 『훈민정음 언해본』에 나오는
치두음(ㅈㅊㅉㅅㅆ)과 정치음(ㅈㅊㅉㅅㅆ)의 자모까지 분류하고 있다.8)

---

6) 최석정, 『경세훈민정음도설』, 한국학연구원, 1985, 17쪽.
7) 신경준, 『훈민정음운해』, 中聲圖, 206쪽 : 中之·太極也 太極動而一陽生 爲·.
8) 『훈민정음언해본』, 28-29쪽 : ㅈㅊㅉㅅㅆ字는用於齒頭ㅎ고(이 소리는 우리나라
　　소리에서 엷으니 혀끝이 웃니 머리에 닫느니라) ㅈㅊㅉㅅㅆ字는 用於正齒ㅎᄂ니

2) 개화기에서 해방 이전의 연구사

개화기에는 한글 사용에 커다란 변화가 일어났다. 우선 한글이 우리 사회에서 보편적으로 사용하기 시작하였기 때문이다. 조선시대에는 한글이 한문에 음을 달거나 토를 다는 보조적 기능 정도로 제한되었다면, 개화기에는 한문을 제치고 공용어로 정착되는 변화가 일어났다. 『훈민정음』이 반포 된지 448년째인 고종 31년, 단기 4228년(1895)에는 조선의 법률과 칙령은 모두 국문을 기본으로 삼는다는 법이 반포되었다.9)

이 시기는 『훈민정음』이 공개되기 이전이어서 창제원리에 대한 여러 가지 학설이 난립하던 시기였다. 예를 들면 일제강점기 이능화의 범자기원설10)과 선교사 헐버으(r)트(Homer B. Hulbert)의 서장西藏문자기원설,11) 그리고 미국 컬럼비아 대학 게으(r)레드아으(r)드(Gary Ledyard)교수의 파스파문자기원설, 아고 기요히코(吾鄕淸彥)의 아히루 문자기원설,12) 테일러(Isaac Taylor)교수 등이 주장한 팔리(pali)문자기원설,13) 독일의 에카으(r)트(P.Andre s Eckardt) 교수가 주장한 창호窓戶기원설14) 등이 있다. 『정신철학통편』의 전병훈은 설총 창작설을 말하기도 하였다.15)

(이 소리는 우리나라 소리에서 두터우니 혀끝이 아래 잇몸에 닫느니라).

9) 김슬옹, 「≪조선왕조실록≫의 한글 관련 기사를 통해본 문자생활 연구」, 상명대학교대학원 박사학위논문, 2005, 1쪽. 고종 31년 1894년 11월 21일 칙령 1호 14조로 제정되었으나, 정식으로는 고종 32년 1895년 5월 8일 칙령 86호 9조로 반포 되었다.

10) 이능화, 『조선불교사』, 하편, 637쪽.

11) 헐버으(r)트, 『한국어와 인도 드라비디언 방언의 비교문법』, 1905, 3쪽.

12) 황패강, 『일본신화의 연구』, 지식산업사, 1996, 37쪽.

13) 최현배, 『고친 한글갈』, 정음 문화사. 1982, 611쪽.

14) 최현배, 『고친 한글갈』, 정음 문화사. 1982, 615쪽.

15) 김윤경, 『한결 김윤경 전집』, 연세대출판부. 1985, 163쪽.

그러나 해방 후『훈민정음』이 공개되어 발음기관 상형설이 밝혀짐으로써 기존의 학설들은 모두 설득력을 잃게 되었다.

3) 해방 이후의 연구사

해방 후『훈민정음』이 공개된 뒤부터 창제원리에 대한 새로운 연구가 시작되었다. 먼저 1940년대 후반에는 방종현(1905-1952)의『원본해석 훈민정음』(1946)과『훈민정음통사』(1948), 홍기문(1903-1992)의『정음발달사』(1946)와『훈민정음역해』(1949)가 있으며, 1950년대 이탁(1898-1967)의『국어학논고』(1958)에서는 초, 중성과 하도와의 연관성을 소개하였다. 1960년대에는 유창균의『국어학사』(1969)가 있고 조영진의「훈민정음 자형의 기원에 대하여」(1969)가 있다. 1970년대에는 이정호(1913-2004)의『해설역주 훈민정음』(1972),[16]『훈민정음의 구조적원리』(1978) 등 역학 원리를 조명한 연구가 있다.

1980년대에는 윤덕중·반재원의『훈민정흠 기원론』(1983)이 있으며, 학위 논문으로는 이성구의「훈민정음의 철학적 고찰」(1983), 김석연의『훈민정음』(2002)이 있다. 중성도 연구는 신경준의 <중성도>, 야산의 <중성도>, 조영진의 <중성도형도>(1969), 이정호의 <중성평면도>(1972), 윤덕중·반재원의 <중성도>(1983), 이성구의 <하도 오행상생도>(1983), 김석연의 <훈민정음 모음도>(2002) 등이 있다. 중국자료는 허동진이 지은『조선어학사』(1998)에『오봉협(1909-1953)의 <모음도>

---

16) 이정호,『해설역주 훈민정음』, 보진제, 1972, 13쪽 : 이정호는 처음으로『훈민정음』을 번역하였다. 이정호에 의하여 훈민정음 내용의 전모가 밝혀지면서 음양 오행설이 설득력을 얻기 시작하였다.『훈민정음』연구에 초석을 놓은 선구자이다.

(1951)가 소개되어있다.17)

또 북녘의 연구 자료는 김영황의 『조선어사』(1997), 고영근의 『조선어 연구사』(2001) 등이 있으나 북한의 자료는 훈민정음 창제기원에 대한 내용은 없으며 주로 초, 중성의 음가 연구와 이두와의 관계를 논한 내용으로 구성되어 있다. 지금까지 여러 편의 훈민정음 창제기원에 관한 연구가 있었으나, 아직 『훈민정음』에 기록되어 있는 초성과 중성의 배열순서가 지금과 다른 이유, 훈민정음이 28자로 만들어진 이유, 초성의 ㅋ ㅌ과 ㅊ ㆆ 의 가획모양이 서로 다른 이유에 대한 연구논문은 없는 상태이다. 본고에서 이러한 점을 구체적으로 밝혀 보고자 한다.

---

17) 허동진, 『조선어학사』, 한글학회, 1998, 347-348쪽. 허동진과 오봉협은 모두 연변대 조선어과 교수를 역임하였다. 오봉협은 1951년에 잡지 「교육통신」에 정음과 하도의 연관성을 연재하였다. 탁견이라 할 수 있다.

Ⅱ. 훈민정음 창제기원설

1. 기존의 창제 기원설

훈민정음은 과연 세종대왕의 창작물인가? 훈민정음 이전에는 한자 이외의 글자는 없었던 것일까? 있었다면 과연 어떤 글자들이 있었을까 하는 의문은 한글 학자들에게 끊임없이 제기된 과제였다. 훈민정음 이전에도 여러 형태의 글자가 있었다. 가까이는 이두吏讀가 있었다. 『태백일사』[18]에 의하면 단군시대에 신지의 전문篆文 즉, '신전神篆'이 있었다. 『단군세기』에는 3세 가륵嘉勒 단군 2년에 삼랑을보륵三郞乙普勒에게 명하여 정음 38자를 지었으며 이를 가림다문 이라고 한다.[19]라고 하였

---

18) 『太白逸史』- 李陌. 字-井人. 號- 一十堂. 단종3년에 출생. 연산군 4년 文科급제. 〈神市有算木 蚩尤有鬪佃目 夫餘有書算 嘉勒 二年 加臨多.〉(太白逸史. 삼일신고 제 5장 人物편). 『태백일사』는 훈민정음 반포(1446년) 보다 74년 후인 1520년에 지은 책이다.
19) 『단군세기』, 이암, 단단학회. 광오이해사. 1979. 17쪽.:『단군세기』를 지은 고려 공민왕 때 守侍中을 지낸 행촌 이암은 세종 때 영의정을 지낸 李原(1368-1429)의 조부이다. 세종이 문자창제를 하면서 이원의 조부가 지은 가림다문이 들어있는 『단군세기』를 당연히 열람했을 것이다.

다. 그래서 훈민정음을 창작이 아닌 옛 글자의 모방이라고 보는 시각
도 있다. 『훈민정음 해례본』이나 『세종실록』에도 그런 내용이 보인다.
만약 모방이라면 위의 여러 가지 문자 중에서 과연 어떤 것을 참고했
을까? 또 그랬다면 단순히 모방하여 재정리하는 데에 그쳤던 것일까?
아니면 어떤 사상과 철학을 창제의 배경으로 삼았던 것일까? 훈민정음
의 제자원리를 논하기에 앞서 우선 이러한 기원설을 살펴보기로 하겠
다. 이 논의는 앞으로 훈민정음의 창제내력을 매듭짓는데 중요한 역할
을 할 것이다.

훈민정음 창제기원은 크게 대별하면 고전기원설과 외국문자 기원설
로 나눌 수 있다. 이것은 다시 문자의 자형字形에 관한 것과 문자 계통
에 관한 것으로 다시 나누어 볼 수 있다. 고전 기원설, 산스크리트문자
기원설, 파스파문자 기원설, 아히루문자 기원설, 히브리문자 기원설,
가림토문자 기원설과 그 밖에 거란문자 기원설, 티베트문자 기원설, 팔
리(Pali)문자 기원설 등은 문자 계통과 자형에 근거한 연구이고 발음기
관 상형설과 창호 기원설 등은 자형만 언급한 것이다. 먼저 고전古篆기
원설에 대하여 살펴보기로 하겠다.

1) 고전 기원설

고전古篆기원설은 멀리 갈 것 없이 훈민정음 해례본에 기록되어있다.
해례본의 정인지 서문에 "글자의 형상이 옛 전자를 본떴다"[20]라고 하
였다. 또 조선왕조실록 세종실록 25년 12월에(12월 30일) "이 달에 상께
서 친히 언문28자를 제작하였는데 그 글자는 옛 전자를 모방하였다"[21]

---

20) 『훈민정음』 65쪽. 정인지 서문 : 象形而字倣古篆.

라고 기록되어 있다. 또 "언문을 모두 옛 글자에 근본 하였으며 새로운 글자가 아니다. 언문은 전조前朝로부터 있었던 것을 빌어썼다"[22]라고 하였으며, 세종 26년 2월 20일에 집현전 부제학 최만리의 상소문에도 "글자의 형태가 비록 옛 전문을 모방하고 글자가 합해져서 소리를 내지만 모두 옛것과 반대이다"[23]라고 하였다. 앞의 내용으로 볼 때 훈민정음이 전혀 없는 곳에서 만들어진 것이 아닌 것은 분명하다.

또 이덕무는 그의 저서 『청장관 전서』 54권 훈민정음 조에 "훈민정음의 초성과 종성에 통용되는 8자는 모두 고전古篆의 형상이다. ㄹ은 전서篆書의 기근자이고 ㅅ은 인人자이다"[24]라고 하였다. 그리고 유창균은 1966년 그의 논문에서 '자방고전字倣古篆'이라는 뜻을 글자의 형태에 고정시켜 '전서체篆書體의 각이 진 모양角形을 본떴다'라고 하였다. 또 허웅은 그의 『한글과 민족문화』에서 '자방고전字倣古篆이라는 말이 훈민정음이 곧바로 고전에서 왔다는 뜻이 아니고 그 상형한 것이 고전古篆의 글자와 비슷한 모양이 되었다는 뜻으로 해석해야 한다.'라고 주장하였다.

또 고전을 가림다로 본 가림다문자 기원설이 안호상과 송호수에 의하여 제기되었다. 송호수는 「광장」지에 <한글은 세종 이전에도 있었

---

21) 『세종실록』 25년 12월 조(12월 30일) - 是月上親製諺文二十八字其字倣古篆. 分爲初終聲.
22) 『세종실록』 26년 2월조(2월 20일)-諺文皆本古字非新字也 借使諺文自前 朝有之.
23) 『세종실록』 26년 2월조(2월 20일)-字形雖倣古之篆文用音合字盡反於古~豈不有愧於事大慕華.
24) 李德懋, 『淸莊館 全書』, 54권, 훈민정음 조.
　　(1741~1793년. 영조17년-정조17년) 조선 후기의 실학자로서 호는 亭·靑莊館이다. 저서로는 『耳目口心書』, 『紀年兒覽』, 『淸脾錄』, 『入燕記』, 『禮記考』, 『寒竹堂隨筆』 등이 있다.

다>라는 글을 발표하여 논쟁을 벌였다.[25] 『단군세기』나 『고조선 사기』
에 3세 가륵 단군조에 삼랑 을보륵으로 하여금 정음 38자를 만들었는
데 이를 가림토라고 한다는 기록이 보인다.[26]

그러나 『단군세기』가 1911년에 계연수가 편찬한 『한단고기』에 들어
있다는 점을 들어 신빙성이 없다는 점과 문자 발달사의 원리에 정면으
로 위배된다는 이유로 국어학계에서 인정하지 않고 있다. 문자는 일반
적으로 그림문자나 상형문자의 단계를 거쳐서 표의문자나 표음문자로
발달하는 것이 원칙인데 갑골문도 나타나지 않았던 서기전 2000여 년
전인 단군 조선 때 가림토문자가 있었다는 것이 문자학의 상식과 맞지
않다는 것이다.

그러나 정연규는 그림문자, 상형문자, 표의 문자, 기호문자의 문자
발달 순서가 녹서, 우서, 용서, 화서의 그림문자나 상형문자를 거쳐 가
림토로 발전하였으니 문자 발달과정에 위배되지 않는다고 하면서 가
림토의 실체 가능성을 주장하였다.

또 「대변설大辯設」[27]의 주註에 남해의 양하리良河里 바위 계곡에 고
각古刻이 있는데 한웅 천왕이 사냥 갔다가 삼신에게 제사 드린 내용이
라고 하였다. 이렇듯이 훈민정음 이전에도 양하리 고각의 전자체篆字体
와 가림다문 같은 여러 전자가 있었음을 알 수 있다. 또 『삼성기』[28]

---

25) 송호수, 「광장」, 1984년 1월호. '한글은 세종 이전에도 있었다'
26) 여증동 편수, 『고조선 사기』 권5, 문음사, 1997, 26쪽.
27) 『大辯設』-세조 1457년 5월에 내린 수상서 收上書. (임금이 거두어 올리라고 지
　　시한 책) 〈南海縣良河里之溪谷岩上有神市古刻其文曰 桓雄出獵致祭三神~〉. 단행
　　본은 없으나 한단고기 등에 단편적으로 나온다. 삼일신고를 대변한 책이거나 또는
　　그 해설판으로 보인다.(송호수)
28) 『삼성기』-元董仲著. 한단 상고시대에 반드시 문자가 있었다.
　　『삼성기』-安含老著. (579~640년). 단군은 신지에게 명하여 글을 짓게 하였다.

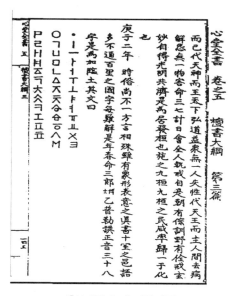

〈『심당전서』의 가림다문〉

또 『단기고사』에는 국문정음國文正音을 지었다고 했으며 황해도 백악
마한촌에 국문 정음 비문이 있다고 하였다. 그 글자의 형상은 훈민정
음의 글자꼴과 흡사하다.[37)](#)

ㅇㅣㅡㅏㅣㆁㅜㅡㅅㅐㅕ ㅛ ㅠ Ⅹ ㅋ

ㅇㄱㄴㅁㄴㅿㅈㅊㅇㅅㆁㅎㅅM

ㅂㄹㅌㅂㅐㅍㅈㄱㅜ ㅊ ㅅ ㅋ ㅍ ㅍ ㅍ

〈『단군세기』의 가림토문〉[38)](#)

---

37) 고동영 역주, 『단기고사』, 흔뿌리, 1986, 40쪽. 『단기고사』는 大野勃이 AD 729
   년에 再編하였다.

가림토문뿐 아니라 훈민정음 제자해의 전편을 관통하고 있는 내용에는 『단군세기』의 선도사상이 곳곳에 스며있다. 예를 들면 훈민정음 제자해의 중성설명에서 '天地之用 發於事物 待人而成也' '三極' '三材'등이다. 특히 "天地之用 發於事物 待人而成也"리는 문구는 주역이나 다른 곳에서는 찾아볼 수 없는 독특한 문구로써 『단군세기』의 전편을 흐르고 있는 내용을 함축하고 있다.

다음은 만주 경박호 암벽에서 발견된 다소 변형된 가림다문이다.

〈만주 경박호 암벽에 조각된 내용〉[39]

---

38) 『단군세기』는 훈민정음 반포 83년 전에 쓰여졌다. 태백일사는 단군세기의 내용을 인용하였다고 기록되어 있으며 훈민정음 반포 74년 후의 기록이다. 『태백일사』 1520년. 『훈민정음』 1446년. 『단군세기』 1363년.
『단군세기』, 17쪽.
『태백일사』, 「소도경전본훈」, 93쪽.
고동영 역주, 『단기고사』, 43쪽.
이고선, 『심당전서』 중 「단서대강」, 74쪽.
39) 장봉선, 「가림토와 한글」, 길림성 영안현 서남쪽에 있다.
「태백일사」신시본기59쪽.-鏡珀湖先春嶺與夫烏蘇里以外巖石之間~發見彫刻非梵非篆~.

2) 외국문자 기원설

(1) 산스크리트문자 기원설

산스크리트문자 기원설은 옛날부터 꾸준히 제기되어 왔다. 성현의
『용재총화』 7권에 "세종께서 언문청을 설치하여 신숙주와 성삼문에게
언문을 짓게 하니 초성과 종성이 8자 중성이 12자였다. 글자의 체는
범자梵字에 의거하여 만들어졌다."40)라고 하였으며 이수광은 그의 『지
봉유설』에서 "우리나라의 언서는 글자 모양이 모두 범자를 본떴다."41)
라고 하였다. 이능화도 그의 『조선불교통사』에서 범자에 근원한 것으
로 보고 "범자와 훈민정음은 글자꼴과 소리가 비슷하다."42)라고 하였
다. 20년 동안 고종의 고문으로 일한 헐버르(r)트(Homer B. Hulbert 1886-
1905)는 한글과 타밀어간의 서로 유사한 발음을 대응시켜 범어설을 주
장하였다.43) 그 예로 한국어의 5개 주요 모음인 a, o, u, i, e의 발음과
장단이 거의 같고 단어도 나, 너, 귀 등이 같거나 비슷한 것이 있음을
들었다.44)

---

40) 成俔, 『용재총화』 권7, 민족문화 추진회편, 1997년, 200쪽.
世宗設諺文廳 命申高靈成三問等製諺文 初終聲八字 中聲十二字 其自體依梵字爲之.
(1439~1504), 조선 성종때의 학자, 호는 慵齋, 본관은 창녕, 예조판서, 대제학,
대사헌을 지냄.『慵齋叢靴』는 시, 문학, 서예에 관한 평론을 위시하여 인물평과 역
사이야기, 경험담 등 각 방면에 걸쳐 깊은 학식과 고증으로 엮어져있다. 신숙주와
성삼문은 훈민정음창제를 도운 것이 아니라 해례편찬과 동국정운편찬에 참여하였
다.
41) 李睟光, 『芝峰類設』 권18, 1614년. 我國諺書字樣全倣梵字.
(조선 중기의 학자, 1563~1628).
홍봉한외, 『增補 文獻備考』, 중권, 명문당 1985, 305쪽.
42) 이능화. 『조선불교통사』. 1918.
43) 헐버르(r)트 「한국어와 인도 드라비디언 방언의 비교문법」. 1905.
44) 헐버르(r)트, 『한국어와 인도드라비디언 방언의 비교문법』. 1905. 3쪽.
Homer B. Hulbert(1863~1949), A comparative grammar of The
korean language and The Dravidian languages of India. 논문으로는 The

또 김봉태의 『훈민정음 창제의 비밀』에서는 훈민정음 초성의 가획 순서와 산스크리트어(데워나가리)의 발음 배열이 똑같게 되어있음을 지적하였다. 예를 들면 ㄴ, ㄷ, ㅌ, ㄸ의 가획 순서가 산스크리트어도 같은 발음, 같은 순서대로 되어있다고 하였다. 또 훈민정음의 중성도 산스크리트어와 모양이 비슷하며 발음이 같음을 지적하였다. 그리고 훈민정음 초성의 15자 중에서 8자가 데워나가리의 초성과 그 모양이 비슷하다고 하였다.[45] 또 인도의 구자라트어의 글자꼴은 훈민정음과 너무도 닮아있다. 그 중에서 초성의 ㄱ, ㄴ, ㄷ, ㄹ, ㅁ, ㅂ, ㅅ, ㅇ의 8자가 같으며 중성의 ㅏ, ㅑ, ㅓ, ㅕ, ㅗ, ㅛ, ㅜ, ㅡ, ㅣ의 10자가 같다.

또 스코트(Scott, 1895)는 훈민정음 기원이 산스크리트 문자임을 확신하면서 산스크리트 문자가 인도에서 티베트와 중국을 거쳐 한국에 도달하는 과정에서 글자의 형태가 많은 변화와 수정을 거쳐 훈민정음의 형태로 바뀌었다고 보았다.

자음

| 苓(꺼) | 咼(커) | ㄱ(거) | 房 거호 | 둥 | 서 |
| 둧(쩌) | 咼(쳐) | 조(저) | 罚 쩌호 | 줘 | 녀 |

〈산스크리트어〉

Korean Repository Ⅰ, Ⅱ가 있다.
배재학당 교사로서 주시경, 이승만 등을 가르쳤다. 한글로 쓴 우리나라 최초의 인문사회 교과서인 『ᄉ민필지』가 있다.
45) 김봉태, 『훈민정음 창제의 비밀』, 대문사, 2000, 36쪽.

એપ‌નેરિયર‌નો ઉત‌મ સેથી

〈인도의 구자라트문〉

여기에 대해서는 뒤의 산스크리트어와 가림다문에서 반론을 제기하기로 하겠다. <단원Ⅱ, 1의 3)의 (3)산스크리트어와 가림다문 참조>

(2) 파스파문자 기원설

파스파문자는 원나라 세조 쿠빌라이칸이 라마승 파스파八思巴에게 명하여 만든 것으로 1269년에 반포한 문자이다. 훈민정음보다 약 170년 정도 앞서 만들어진 문자이다. 파스파문자는 한자발음과 몽골어를 기록할 수 있는 문자로 몽고신자蒙古新字로도 불리고 있다. 미국 컬럼비아대학의 한국사 교수인 게레(r)레드아르으(r)드(Gary Ledyard)는 유희와 이수광 등 실학자들이 제기한 파스파문자 기원설을 들어 훈민정음과의 연관성을 문자의 모양과 역사적인 측면에서 이야기하고 있다. 특히 정인지 서문의 자방고전字倣古篆의 고전古篆을 몽고전蒙古篆으로 보고 있다. 파스파문자와 훈민정음은 초성의 모양에서 ㄱ, ㄲ, ㅁ, ㅂ, ㅈ, ㄹ, ㅌ 등이 같거나 비슷하여 많은 유사점이 있다. ㄱ과 ㄲ, ㅁ 등은 파스파문자의 모양을 간소화 한 것처럼 보이기도 한다.

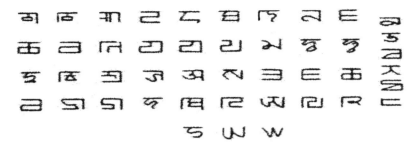

〈파스파문자〉

　김진우는 "사역원司譯院에서 취급한 4가지 언어가 중국어, 일본어, 여진어, 몽골어였던 점으로 보아 원나라의 영향이 크게 미친 조선초기의 학자들에게 이 파스파 문자는 낯선 것이 아니었을 것이다. 세종도 분명 몽고문자를 알고 있었을 것이므로 이웃 나라의 문자를 참고하지 않았으리라고 생각하지 않는다."46)라고 하였다.

　또 정광은 훈민정음과 한글에 대한 국수주의적인 연구들이 문자의 재정과 원리에 대해 그 진상을 호도해왔다고 해도 과언이 아니라고 하였다. 그의 주장에 따르면 파스파 문자는 중국의 한자음을 표기하기 위한 수단이며, 중국의 전통적인 자모字母 36자를 기본으로 만들어졌고 모음의 개념을 담은 유모자喩母字 7개를 도입했다는 점에서 훈민정음에 영향을 주었다고 하면서, 그러나 정광은 발음기관을 상형해서 만든 훈민정음의 자형字形자체는 독창적이라고 하였다. 또 "천(·), 지(ㅡ), 인(ㅣ)의 기본자를 바탕으로 초출자(ㅗ, ㅏ, ㅜ, ㅓ)와 재출자(ㅛ, ㅑ, ㅠ, ㅕ)를 만든 중성의 제자원리와 훈민정음의 중성이 파스파문자의 유모음을 참

46) 김진우, 『언어 이론과 그 응용』, 탑출판사, 1985, 464쪽.

조한 것이라고 해도 중성을 독립시켜 초성과 더불어 인류최초의 자모
문자를 만든 것은 가장 독창적인 업적이다."47)라고 하였다. 그러나 필
자는 고전기원설의 입장에서 볼 때 파스파문자는 참고 정도의 수준을
넘지 못한다고 보고 있다. 왜냐하면 그 이전에 이미 가림다문이 있었
기 때문이다.

(3) 아히루 문자 기원설

일본에서는 옛 글자 즉, 신대문자神代文字에 대한 저서가 100여 종이
나올 정도로 연구가 활발하다고 한다.48) 그 중에서도 일본 왕실 도서
관에 보관되어 있는 대마도의 아히루문자(阿比留文字)는 훈민정음과 그
글자꼴이 아주 유사하다. 그래서 그들은 아히루 문자를 아버지(親)라
하고 한글을 아들(子)이라 하여 일본의 아히루 문자와 우리의 한글을
친자親子의 관계라 하고 있을 정도였다.49) 왜냐하면 아히루문자는 8세
기초의 문자라고 하였고 훈민정음은 15세기중엽에 만들어진 문자이기
때문이다. 또 다른 이유로는 그들의 고대 최고 조상신을 모신 이세신
궁伊勢神宮에 아히루 문자가 보관되어 있다고 주장하고 있기 때문이다.
"이세신궁은 일본 천황가의 조상신의 신사神社일 뿐 아니라 일본의
토속신앙인 신도神道의 종주격이다."50) 또 "임신난때는 이세신궁의 신

---

47) 정광, 중앙일보, 2008. 11. 18, 훈민정음과 파스파문자.
48) 송호수,『위대한 민족』, 보림 출판사, 1989, 109쪽.〈한글은 세종 이전에도 있었
　　다〉
49) 아히루 문자와 한글과는 친자관계 - 아고 吾鄕淸彥, 아히루의 아는 '아사', 히는
　　'히루', 루는 '요루'의 합성어로써 아·히·루, 아침 낮 저녁 즉, 언제든지 편하게
　　사용할 수 있는 쉽고 편리한 글자라는 뜻이 숨어 있다고 한다. (가림토와 한글,
　　장봉선, 한글 문화사)
50) 민두기,『일본의 역사』, 지식 산업사, 1998, 11쪽.

풍神風이 천무천황을 가호하여 대군을 쳐부술 수가 있었고 그로 인해 천무는 왕좌에 오르게 되면서 이세신궁은 더욱더 움직일 수 없는 확고 부동한 위치를 차지하게 되었다."[51] 그리고 이세신궁에 보관되어 있는 신경神鏡의 뒷면에도 한글과 매우 비슷한 아히루 문자가 새겨져 있다.

〈이세신궁에 보관되어있는 신대문자〉

---

51) 황패강, 『일본신화의 연구』, 지식산업사, 1996, 37쪽.

이서산성 이라고 하였다.

未鄒王 竹葉軍

第十三未鄒尼叱今.[一作未祖. 又未古.] 金閼智七世孫. 赫世紫纓.
仍有聖德. 受禪于理解. 始登王位.[今俗稱王之陵爲始祖堂. 盖以金氏
始登王位故. 後代金氏諸王皆以未鄒爲始祖宜矣.] 在位二十三年而崩.
陵在興輪寺東. 第十四儒理王代. 伊西國人來攻金城. 我大擧防禦.
久不能抗. 忽有異兵來助. 皆珥竹葉. 與我軍幷力擊賊破之. 軍退後不知所歸.
但見竹葉積於未鄒陵前. 乃知先王陰〇有功. 因呼竹現陵.

〈三國遺事 卷1 未鄒王 竹葉軍條〉

第三弩禮王

朴弩禮尼叱今.[一作儒禮王.] 初王與妹夫脫解讓位. 脫解云.
凡有德者多齒. 宜以齒理試之. 乃咬餠驗之. 王齒多故先立. 因名尼叱今. 尼叱
今之稱. 自此王始. 劉聖公更始元年癸未卽位.[年表云. 甲申卽位.] 改定六部號.
仍賜六姓. 始作兜率歌. 有嗟辭. 詞腦格. 製黎〇及藏氷庫.
作車乘. 建虎十八年. 伐伊西國滅之. 是年高麗兵來侵.

〈三國遺事 卷1 弩禮王條〉

　신라말에는 견훤이 그의 아들 신검神劍으로 하여금 이서산성을 공격
하게 한 적이 있었으며 고려 태조 11년 928년 왕건이 이를 격퇴하였다
는 기록이 있다. 이서국을 취한 신라는 가야 정벌을 위한 서진西進기지
로 삼아 행정, 군사 양면으로 중요시 하였고 "훗날 7세기 초 대작갑사
(운문사·雲門寺)와 가슬갑사를 거점으로 원광국사가 세속오계로 화랑들을
길러낸 발상지가 되었다."[57] 이것은 일연이 고려 충렬왕 3년(서기1277년)

　다는 『동사강목』의 기록은 유례왕 14년(서기297년)부터 따져보면 5년 후인
　19년은 15대 기림왕5년(서기302년)이 된다. 유례왕은 14년으로 끝나므로 19년
　은 기림왕 5년에 해당되기 때문이다.
57) 청도군청, 『내고장 전통문화』, 한국 출판사, 1981, 155쪽.

에 72세의 나이로 운문사의 주지로 부임하여 기록한 것인 만큼 사료만을 토대로 쓴 것이 아니라 그 현장의 유적을 직접 목격하고 기술한 내용일 것으로 생각된다.

아마도 이서 국왕과 그들의 최측근들은 전쟁에 패한 후 지금의 청도읍에 있는 낙대약폭落臺藥瀑 위의 은왕봉隱王峰 토굴속에 몸을 숨겨서 가까스로 목숨을 건졌고 낙동강을 따라 밀양 영남루를 지나서 부산을 거쳐 일본으로 망명하였던 것으로 보인다. 이때 일본으로 망명한 이서 국왕이 훗날 이세 신궁에 모셔져 있는 일본 최고最古의 조상신인 천조대신의 부모였던 것은 아닐까? 그 후예들이 뒷날(화동원년 서기708년) 크게 국가를 세우고 고다이고 천황(後醍醐天皇 1318-1339년)에 이르기까지 그 맥을 이어온 것으로 생각해 볼 수 있다.

이렇게 이서국의 왕과 왕비가 일본으로 망명하여 나중에 그 후예가 일본의 천왕이 되었을 가능성을 생각해볼 수 있다. 일본의 국어 학자이며 어원 연구의 대가인 가나자와 쇼오자부로오(金澤庄三郎)박사는 일본 신화시대에 나오는 여러 이름들을 언어학적으로 고증하였다.

그 중에서 "일본의 국조신國祖神인 천조대신天照大神의 부모의 이름이 이사나기노미꼬도(伊邪那岐命)와 이사나미노미꼬도(伊邪那美命)인데 이사나기는 이사の아기란 뜻으로 이사노아기의 발음이 줄어서 '이사나기'가 되었고 伊邪'의아기의 아기는 사내, 사나이의 뜻이니 이사나기는 이사의 사나이 즉 이사伊邪에서 온 사나이라는 뜻이다. 그리고 이사나미는 이사の아미로서 이사노아미의 발음이 줄어서 이사나미가 되었으며 이사の아미의 아미는 어미, 아낙네의 뜻으로 이사의 아낙네 즉 이사伊邪

에서 온 아낙네라는 뜻이다.".58)라고 풀이하였다.

　그렇다면 이사란 과연 어디일까? 그는 말하기를 일본민족의 조상들은 한국에서 건너온 부족임에 틀림이 없고 그 우두머리가 바로 한국의 어느 곳엔가 있는 이사라는 지방의 출신이었을 것이라고 하였다. 그래서 그는 이사라는 지명을 찾아보았더니 일본에는 없고 한국에 이서라는 지명이 있는데 그곳은 옛날에 이서국이라는 나라가 있던 곳이었다. 이서는 일본발음으로 이사나 이세로 밖에 될 수 없으니 이 이서국임에 틀림이 없을 것이다. 짐작컨데 이서국이 인접한 이웃부족과 싸우다가 패배하자 망명하여 현해탄을 건너온 것이 아니겠는가. 그리하여 일본 땅에 정착하게 되었고 그들에게서 태어난 딸이 천조대신이 된 것이라고 풀이하고 있다. 이서라는 지명은 전라북도 완주군의 이서면과 경상북도 청도군의 이서면이 있는데 청도군의 이서면에 이서국이 있었다.

　따라서 이세伊勢의 발음은 이서伊西의 변음變音이며 이세 신궁은 바로 이서신궁의 변음으로 보았다. 그렇다면 이세신궁伊勢神宮의 신대神代문자는 바로 금성(신라)에게 멸망하여 일본으로 망명한 이서국의 왕이나 그 유민이 쓰던 문자가 아니었을까? 이런 관점에서 보면 아히루 문자가 발견된 대마도나 구주 지방에서도 멀리 떨어진 이세 신궁에 보존되어 있는 신대문자는 일본으로 망명한 이서국의 왕과 유민들이 그곳에 터를 잡고 다시 이서국을 재건하여 사용했던 가림다문 이었다고 생각한다면 그 의문은 한꺼번에 풀어진다. 지금 이세 신궁이 있는 그 곳이

---

58) 金澤庄三郎–동경 제국대학 박언학과 博言學科를 나와서 그 대학에서 교수를 역임한 언어학의 대가로 몽고어, 중국어, 한국어 등에 통달하고 이두 史讀 연구에도 조예가 깊었다. 1910년에는 한일 양국어 동계론 韓日兩國語同系論을 펴낸 바가 있었고 1943년에는 한일 동조론 韓日同祖論을 저술하였다. (1872-1967년).

옛날에 이세국伊勢國 또는 이소국이었다는 사실이 이를 증명하고 있다.[59] 「태백일사」에도 "일본에 옛날에 이국伊國이 있었으니 이세伊勢라고 한다."[60]라는 기록이 이를 뒷받침해주고 있다.

그렇다고 하더라도 이서국의 멸망시기와 이세신궁의 설립시기를 어떻게 설명할 수 있을 것인가. 즉, 이서국이 망한 연대는 서기300년경이며 이세신궁은 화동원년인 서기708년이어서 약 400년의 공백기간을 어떻게 설명할 수 있을 것인가 하는 점이다. 그 공백기간을 이서국의 왕과 유민이 일본으로 건너가서 기존의 여러 부족국가를 앞지르고 정통성을 인정받는데 걸린 절치부심의 재기 기간이라고 보는 것이다. 그 부흥운동 기간을 거쳐 마침내 미에현에 새로운 이세국伊勢國을 세워 천황으로 등극한 후 이세신궁을 세웠고 이서국이 쓰던 가림다문이 그곳에 보존된 것이 아니었을까? 또 이세신궁 앞 바다에 동지 전날의 일출 방위에 해당되는 대왕암大王岩이 있는데 그것은 바로 이서국의 유민이 붙인 것으로 그 후예들이 옛 신라의 대왕암에 대한 한恨을 풀고자 했던 것은 아닐까 하고 생각해 보는 것이다. 일본 구주의 후꾸오까현 영언산英彦山신궁에는 한웅상을 모시고 있으며 가고시마현 옥산신사에는 단군상이 모셔져 있다. 이렇게 보면 아히루 문자와 훈민정음의 관계에 대하여 더 이상 갑론을박 할일이 아닌 것임을 알 수 있다. 일본의 신대문자는 바로 가림다문의 변형에 다름이 아니라고 본다. 나중에는 결국 아고(吾鄕淸彦)도 고조선의 가림다문이 일본으로 건너간 것이 아히루 문자이며 '일본의 아히루 문자가 바로 단군조선 때 만든 가림다문이다'

---

59) 문병태, 이서국과 일본국, 청도군 향우회보 창간호, 1989.
60) 『태백일사』, 대진국 본기 제7, 단단학회, 광오이해사, 1979, 121쪽. 日本舊有伊國 亦曰伊勢.

라고 자신의 이론을 수정하였다. 그 후부터 일본이 이 신대문자를 공
개하지 않고 있는 것으로 보아 아고의 이론을 받아들이고 있는 것으로
보인다.

(4) 히브리문자 기원설

이 기원설은 근래에 와서 제기된 학설로써 조철수가 <신동아>에
기고하면서 밝힌 내용이다. 그는 "훈민정음에 나오는 고전古篆은 「단군
세기」에 나오는 가림토문자이다. 이 가림토문자는 11~15세기에 중국
유태인들이 쓰던 히브리 문자를 모방한 것이다. 따라서 훈민정음은 가
림토문자를 바탕으로 중국음운학과 히브리문자, 히브리어 음운학을 참
조하여 창제했을 가능성이 높다."61)라고 주장하고 있다. 히브리문자는
페니키아 문자에 기원을 둔 문자로 현재 이스라엘에서 사용하고 있는
문자이다.

이 주장은 가림다 문자의 실체를 일단 인정하고 있다는 데에 의의가
있다. 그러나 그도 가림토가 훈민정음의 바탕이 된 것은 인정하지만
가림토의 창제 연대를 히브리문자보다 후대인 고려시대로 보고 있다
는 점이 다르다. 국어 학계에서도 가림다 문자를 훈민정음 보다 후대
에 만들어진 변자체變字體로 보는 경향이 있다.

그는 우리민족이 단군의 역사를 서술하면서 중국 유태인의 히브리
문자를 모방한 가림토 문자를 만들어 넣은 것이라고 하였다. 또 그는
훈민정음의 음운체계와 히브리 음운체계가 같다는 점을 강조하고 있
다. 그러나 일반적으로 아직 학계에서 가림토의 존재를 인정하지 않는

---

61) 조철수, 「신동아」, 1997년 5월호, '이색논단 한글의 비밀을 밝힌다'

마당에 논리적으로 비약이 심하다는 반응이다. 그러나 그의 히브리어 기원설은 일단 가림다의 존재를 인정하므로써 고전 기원설을 보강해 주고 있다.

3) 자방고전과 산수가림다문

(1) 고전과 가림토

『훈민정음』해례본의 제자원리에 대한 설명이 처음부터 끝까지 한 치의 흐트러짐도 없이 일목요연하게 서술되어 있음을 볼 때 한 개인이 일관성 있게 추진한 단독 작품임을 의심할 여지가 없다. <일러두기>에서도 언급하였지만 세종이 눈병이 나서 청주 냉천으로 요양을 떠나면서도 훈민정음에 관한 연구 자료를 챙겨 떠나는 것을 보고 최만리가 '눈병치료를 하러가면서 까지 연구 발명자료를 한 보따리나 챙겨 가시니 그게 뭐라고 그 연구에만 골몰하십니까?' 하고 심히 못마땅하고 안타깝게 생각했던 사실을 보더라도 세종이 훈민정음 창제에 얼마나 몰두하였는지 짐작할 수 있는 대목이다. 이것은 자신의 연구물이 아니고서는 가질 수 없는 애착이다. 논문이나 책을 저술해 본 사람이라면 그 심정을 충분히 공감하고도 남음이 있을 것이다. 그리고 세종 25년 이전까지 집현전학사들이 훈민정음 창제에 관련되었다는 기록이 없다. 더구나 최만리가 그 당시 집현전의 실무책임자인 부제학의 위치에 있으면서도 자신이 주동이 되어 한글 창제를 반대하는 상소문을 올린 것은 그동안 집현전에서 한글창제에 공식적으로 참여하지 않았음을 스스로 반증하는 일이다.

그럼에도 불구하고 일부에서 훈민정음 창제가 세종의 작품이 아니라고 주장하는 근거는 다음과 같다. 바로 『세종실록』 103권과 『훈민정음』 해례본의 정인지 서문에 '글자는 옛 전자를 모방하였다'라는 문구 때문이다.

그동안 고전을 한자의 옛 서체나 범어라고 주장하는 경우가 대부분이었다. 고전 기원설은 『훈민정음』이 공개된 후에도 꾸준히 제기되어 온 주장이다. 그 이유는 앞서 말한 『훈민정음』의 정인지 서문의 "자방고전字倣古篆"[62]이라는 기록 때문이다. 또 세종실록 25년 12월조에도 "이 달에 상께서 친히 언문 28자를 제작하였는데 글자는 옛 전자를 모방하였다"[63]라는 기록이 나온다. 또 "언문은 모두 옛 글자에 근본 하였으며 새로운 글자가 아니다. 언문은 전조前朝로부터 있었던 것을 빌어 썼다"[64]라는 기록이 있다. 세종 26년 2월 20일 집현전 부제학 최만리의 상소문에서도 "글자의 형태가 비록 옛 전문을 모방하고 글자가 합해져서 소리를 내지만 모두 옛것과 반대여서 실로 근거한 바가 없습니다. 어찌 사대모화에 부끄럽지 않겠습니까"[65]라는 내용이 나온다.

황윤석과 이능화도 범자에 근원한 것으로 보고 "범자와 훈민정음은 글자꼴과 소리가 비슷하다."[66] 라고 하였다.

---

62) 『훈민정음』, 65쪽. 정인지 서문 : 象形而字倣古篆.
63) 『세종실록』 권102, 25년 12월 조(12월 30일) : 是月上親製諺文二十八字其字倣古篆.
64) 『세종실록』 26년 2월조(2월 20일) : 諺文皆本古字非新字也 借使諺文自前朝有之.
65) 『세종실록』 26년 2월조(2월 20일) : 字形雖倣古之篆文用音合字盡反於古實無所據 ~ 豈不有愧於事大慕華.
66) 황윤석, 『韻學本源』(1729-1791)我訓民正音淵源~而終不出於梵字範圍矣.
     이능화, 『조선불교통사』(1869~1943년) 하편, 1918. 637쪽.

　실제로 훈민정음 초성의 배열순서와 산스크리트어의 배열이 비슷하며 모양도 비슷한 글자가 많다. 예를 들면 우리말의 초성 ㄱ, ㅋ, ㄲ, ㆁ의 배열과 산스크리트어의 **꺼, 커, 거, 어의** 순서가 다소 비슷하다. 훈민정음의 중성도 산스크리트어와 모양이 비슷하다. 특히 인도의 구자라트문의 글자꼴은 훈민정음과 닮은 부분이 많다.

　또 "유희와 이익 등 조선시대의 몇몇 실학자들은 파스파문자 기원설을 제기하였다."[67] 유희의 『언문지』에는 "세종 조에 사신을 보내어 몽고문자 모양을 본뜨게 하고 명나라 학사 황찬에게 물어서 만들었다."[68]라고 하였다. 미국 컬럼비아 대학 교수 게리 레드야르드(r)드(Gary Ledyard)도 문자의 모양과 역사적인 면에서 이 설에 동조하고 있다. 파스파문자와 훈민정음은 초성의 ㄱ, ㄲ, ㄹ, ㄷ, ㅌ, ㅁ, ㅂ, ㅈ 등이 비슷하다.

　앞에서도 말하였듯이 허웅은 자방고전이라는 말이 "훈민정음이 곧바로 고전에서 왔다는 뜻이 아니라 그 상형한 것이 고전과 비슷한 모양이 되었다는 뜻으로 해석해야 한다"[69]라고 주장하였다. 이렇듯 고전의 의미가 다양하게 해석되고 있다.

　필자는 여기에 나오는 자방고전의 '고전'이나 '전문篆文'이나 최만리가 말한 '전자篆字'를 모두 단군 때의 가림토문에서 찾고자한다. 가림토문자 기원설은 앞의 고전기원설에서 언급한 바와 같이 단군 조선 때 문자가 있었다는 『단군세기』의 가림토 기록과 「단서대강」의 산수가림다 기록에 근거한다. 『단군세기』 중 3세 가륵 단군조에 "삼랑 을보륵

---

67) 최현배, 『고친 한글갈』, 정음 문화사, 1982, 608쪽.
68) 『경세훈민정음도설』 중 유희(1773-1837)의 「언문지」, 279 쪽-我 世宗朝命詞臣 依蒙古字樣 質問明學士黃瓚 以制.
69) 허웅, 『한글과 민족문화』, 세종대왕 기념 사업회, 1999, 66쪽.

이 정음 38자를 만드니 이를 가림토라고 한다."[70]라는 내용이 있다. 가림토문은 근세인 1911년에 계연수가 편찬한 한단고기에 들어있다는 점을 들어 학계에서는 이를 부정하고 있다. 필자의 박사학위 논문 심사에서도 이 내용이 통째로 삭제 당하였으나 고전과 가림토의 깊은 연관성에 대한 견해에는 변함이 없다.

가림토문이 학계에서 인정받지 못하는 또 하나의 이유가 있다. 그것은 문자의 발달은 상형문자의 단계를 거쳐서 표의문자나 표음문자로 발달하는 것이 원칙인데, 상형문자나 갑골문도 나타나지 않았던 단군조선 때 가림토 문자가 있었다는 것이 문자 발달사에 위배된다는 이유 때문이다.

그러나 그것은 앞의 정연규의 주장과 「한단고기정해」에서 보듯이 가림토의 존재를 부정할 이유가 되지 못한다. 왜냐하면 가림토도 느닷없이 나타난 것이 아니라 신시때의 녹서와 산목, 치우때의 화서, 투전목, 부여의 서산, 자부때의 우서, 복희때의 용서가 있었고 그 후에 가림토가 나왔으므로 문자 발달 순서에 위배되지 않는다.[71] 가림토문을 보면 중성 11자는 훈민정음 중성 11자와 순서만 다를 뿐 글자꼴이 똑같다. 가림토라는 뜻은 가려내어 다듬어서 만들었다는 의미로 본다. "단군때에 신전神篆이 있어 이러한 글자들은 흑수, 백산, 청구 등 구려

---

70) 『단군세기』 17쪽. 三郎乙普勒 譔正音 三十八字 是爲加臨土.
　　「소도경전 본훈」. 단단학회. 광오이해사. 1979. 93쪽: 三郎乙普勒 譔正音 三十八字 是爲加臨多.
71) 『태백일사』 「소도경전 본훈」. 단단학회. 광오이해사. 1979. 93-94쪽. : 神市有算木 蚩尤有鬪佃目 扶餘有書算 神市有鹿書 紫府有雨書 蚩尤有花書 鬪佃文 伏羲有龍書.

지역에서 널리 쓰였다."[72]라는 내용으로 볼 때 신전을 가림토로 보는 것이다. 이 신전은 서글(한자)과 혼용되면서 제 역할을 하지 못하고 이것이 토씨(吐)로 사용된 것으로 보인다.

필자가 고전이 가림토를 가리키는 것이라고 주장하는 또 하나의 이유는 다음과 같다. 세종의 둘째 딸인 정의공주가 출가한 『죽산 안씨 족보』의 <정의공주유사>에 "세종이 방언이 문자와 서로 통하지 못함을 안타깝게 여겨 변음變音과 토착吐着을 여러 대군에게 풀어보게 하였으나 아무도 풀지 못하였다. 그래서 출가한 정의공주에게 보냈는데 곧 풀어 바쳤다. 이에 세종이 크게 기뻐하면서 칭찬하고 큰 상을 내렸다"[73]라는 내용 때문이다. 그렇다면 여기에 나오는 변음과 토착이란 과연 무엇인가? 변음은 이음異音으로 사투리를 말하는 것으로 보인다. 그렇다면 토착은 무엇일까? 그 당시 대군들은 아무도 '토착'을 풀지 못하였는데 오직 공주만 홀로 풀어 바쳤다는 내용으로 보아 토착 즉 단군때의 가림토가 그때까지 여인네들 사이에 전해져 내려왔던 것으로

算木 - ㅣㅣㅣㅣ ㄨㅏㅏㅏㅗㅡ

鬪佃目 - ꙮ 咏 ꝏ 肌 秘 뺙 ꝉꙮꝋ 갸깒 辨

加臨多 - ㆍㅡㅣㅗㅜㅓ ㅠㅛ ㅐㅔ ㄨㅁㅇㄱ ㄱㄴㄷ ◁ㅋㅋ
　　　　　 ㅁㄴㅍㅍㅣㄱㄷㅋ ≪ㄷㅐㅐㅐ ◇◁IO <Σ　（한단고기 正解）

『삼성기』 4쪽-後桓雄氏～降于白山黑水之間鑿子井女井於天坪劃井地於靑邱.

72) 『태백일사』「소도경전 본훈」, 단단학회, 광오이해사, 1979, 94쪽. : 檀君有神篆 此等字書 遍用於白山黑水靑邱 九黎之域. 흑수와 백산 사이를 흑룡강과 백두산 사이인 하얼빈으로 보는 것이 통설이다. 그러나 지금의 太原의 동쪽으로 흐르는 흑수와 산서성 천지가 있는 백산 사이인 산서성 중부 太原지역이나 朝河와 仙河지역으로 보는 견해가 있다.

73) 貞懿公主遺事-世宗憫方言不能而文字相通 始製訓民正音 而變音吐着 猶未畢究 使諸大君解之皆未能 遂下于公主 公主卽究而進 世宗大加稱賞. 18남 4녀 중 둘째 딸. 관찰사 안망지의 아들 안맹담의 아내가 되었다.

보는 것이다.

이것은 앞의 최만리가 '글자가 합해져 소리를 내는 것이 옛것과 반
대이다.'라는 말과 신경준이 '옛적 동방에 통속으로 사용하던 문자가
있었다.'라는 말은 서글(한자)을 말하는 것이 아니라 우리 고유의 옛글
자인 가림토문을 지목하는 내용으로 보이기 때문이다. 이른바 가림토
문이 실려있는 행촌이암(서기1297-1364년)의 『단군세기』 저술년도는 1363
년이고 역시 가림토문이 실려 있는 이맥(서기1455-1528년)의 「태백일사」
의 저술 년도는 괴산의 귀양살이가 풀린 1520년경으로 보고 있다. 『훈
민정음』을 펴낸 1446년을 기준으로 보면 『단군세기』는 불과 83년 전
의 기록이고 『태백일사』는 74년 후의 기록이다. 세종은 『단군세기』와 『태
백일사』의 중간지점에 있었던 인물이다. 새로운 문자를 만들면서 많은
자료를 참고했을 세종이 불과 80여 년 전 고려 수 문하시중(현 국무총리)
이 쓴 『단군세기』의 가림토문을 보지 못했을 리가 없다. 가림토문 뿐
만 아니라 『단군세기』에 나오는 단군 47세 역대 기록들도 당연히 보았
을 것이다. 더구나 『단군세기』를 지은 고려말 수시중 행촌 이암은 세
종때 영의정을 지낸 이원의 조부이다. 따라서 필자는 이 단원의 고전
기원설에서 언급한 바와 같이 『단군세기』에 실려 있던 가림토문이 단
군 때의 문자인지 그 여부를 떠나서라도 세종이 분명히 이 글자를 참
고 하였을 것으로 보는 것이다. 서글(한자)도 한웅 때부터 사용하였으나
10세 갈고 한웅과 신농이 서로 국경을 나누면서 문자생활의 변화가 일
어난다. 14세 자오지[치우=주우(폭풍우, 호랑나비 애벌레라는 뜻이 있다)] 한웅
때 까지 그 상황이 지속된 것으로 보인다.[74] 그러다가 3세 가륵단군

---

74) 송호수, 『한계레의 뿌리길』, 2000, 도서출판 한터, 125쪽.

때 가림다를 만들어 사용하면서 문자가 구분되기 시작하였다가 그후 하나라부터 다시 한자 전성시대가 된 것으로 보인다.

(2) 자방고전과 무소조술

그런데 『훈민정음』 정인지 서문에는 "전대의 것을 본받은 바 없이 자연에서 이루었다."[75]라고 하였으니 이 내용은 무엇이란 말인가! 이것은 앞의 자방고전의 뜻과 서로 상충되는 말이다. 이에 필자는 앞에서 말한대로 '자방고전字倣古篆'이라는 뜻은 글자의 모양을 가림토문에서 많이 취한 것이라는 의미로 본다. 그리고 '무소조술無所祖述'이라는 문구는 글자의 모양을 제외한 그밖의 음양오행원리와 천인지(·ㅡㅣ) 제자원리, 초성, 중성, 종성의 조합방법과 글자의 가획방법, 그리고 초성과 중성의 배열순서 등을 동양천문도인 <하도>와 <오행방위도>와 <오행방위낙서>, 그리고 <28수 천문도>에 바탕을 두고 만든 것은 모두 세종의 독창적인 이론이라는 뜻으로 풀어 아무런 무리가 없다고 본다. 따라서 '자방고전'이라는 문구는 글자의 꼴은 가림토문을 참고하였다는 뜻이고 '무소조술'이라는 말은 글자꼴 이외에 천문도에 바탕을 둔 모든 창제이론은 모두 세종의 독창적인 창작물이라는 뜻으로 보면 이러한 의문은 바로 해소되고 마는 것이다. 또 문자 창제가 꾀와 재주로 한 것이 아니라 자연에 있는 것을 찾아서 만들었다는 '성어자연成於自然'의 의미도 우주 자연의 운행이치인 천문의 원리에 따랐다는 뜻이다. 그러므로 '자방고전'이라는 문구 하나로 인하여 세종의 창제가

---

75) 『훈민정음』, 68쪽. 정인지 서문 : 無所祖述 成於自然.
　　『세종실록』, 465쪽.

있었기에 할 수 있는 표현이다.

세계의 언어학자들이 이구동성으로 내뱉는 감탄사나 정인지의 탄성이 어찌 세종에게 올리는 의례적인 찬사이겠는가! 쁘랑스(France)의 동양학 연구소 교수인 빠브르(Fabre)는 '한글을 창제한 세종대왕뿐 아니라 이러한 일을 해낸 한국 사람의 의식구조를 한번 분석해 볼 필요가 있다.'라고 까지 하였다. 그 대답은 한인, 한웅, 단군으로부터 세종 때까지 이어져 내려온 우리민족의 천문지식에 있다고 본다.

2. 이호중국의 의미

또 훈민정음을 연구하는 학자라면 꼭 짚고 넘어 가야 할 것이 있으니 바로 '국지어음 이호중국國之語音 異乎中國'에 대한 번역이다. 중국이라는 말이 최근에 생긴 지명이라는 점을 들어 훈민정음에 나오는 <國之語音異乎中國>의 '중국'을 <나라말씀이 중국과 달라 ~ >로 변역하지 않고 국중國中으로 번역하여 <우리의 말이 나라안에서도 달라 ~ >라고 번역하면서 마치 지방마다 다른 사투리를 효과적으로 표기하기 위하여 한글을 만든 것으로 번역하는 경우가 있다. 훈민정음이 사투리를 효과적으로 표기하기 위한 부수적인 개신改新의 역할도 다소 있었다고 볼 수 있으나 그것이 창제의 근본 목적이 아니었으므로 번역 자체는 명백한 착오라고 말하지 않을 수 없다.

건륭 황제 때 펴낸 『사고전서』에 의하면 '제왕의 도읍지를 중국이라고 한다.(帝王之都曰 中國)'라고 나와 있다. 이처럼 중국이라는 단어가 현재의 나라이름 이전에는 '도읍지'라는 뜻으로 쓰였다. 또 한웅 때의 나라 이름을 중국이라고 했다는 기록도 있다. 훈민정음 언해본의 중국中國의 풀이를 보면 <듕귁은 황제 계신 나라이니 우리나라에서 흔히 말하는 강남江南이라 하나니라>85)라고 분명히 기록되어 있다. 따라서 훈민정음에 나오는 '중국中國'은 '중국'으로 풀어야지 '국중'으로 번역해서는 안 된다. 이는 훈민정음 내용의 전체 흐름을 파악하지 못하고 하나의 문장에만 매달린 결과 이런 실수를 하게 되는 것이다.

또 훈민정음이 창제가 아니라 모방이라고 하는 설, 또 정제精制라고 하는 설, 심지어는 세종의 작품이 아니라는 설 등, 훈민정음 창제기원에 대한 제 각각의 이론異論들도 앞의 '중국'의 오역처럼 전체적이고도 깊은 연구가 아닌, 부분적이며 지엽적인 연구 결과라고 하겠다. 그리고 유네스코에 『훈민정음』이 세계 문화유산으로 등록되어 해마다 세종대왕상이 수여되고 있는 마당에 훈민정음 전체를 깎아 내리는 언사는 학문을 연구하는 학자로서 바람직한 자세가 아니며 한국인의 자세도 아니다. 특히 정제精制라는 얼토당토 않는 단어는 국어사전에도 실려 있지 않는 단어이다.

---

85) 「훈민정음 언해본」, 1쪽. : 中듕國귁온 皇황帝뎨겨신 나라히니 우리나랏 常쌍談땀애 江강南남이라 ᄒᆞᄂᆞ니라. (강남-삼월 삼짇날 제비가 날아온다는 곳이다.)

1) 훈민정음의 유의 내용

易 - 다음 『훈민정음』 5쪽의 <欲使人人易習>의 <易>과 33쪽의
<精義未可容易°觀>의 <이易°>와 39쪽의 <指遠言近牖民 易°>의 <이易°>
가 뜻이 모두 같은데 <欲使人人易習>의 <이易>에는 방점이 없다. 그
리고 이易와도 서체가 다른 양昜으로 되어있다. 아마 이용준이 기워
넣는 과정에서 <이易>를 볕양(陽)의 속자인 <양昜>으로 잘못 쓴 것
으로 보인다. 또 63쪽의 <~後世不能易也~>의 <역易>은 입성이므
로 방점을 찍을 필요가 없으므로 그냥 <역易>으로 되어 있다.

ㆆ - 19쪽의 <ㆆ>이 ㅎ으로 잘못 씌어져 있다.
別 - 29쪽의 <唯業似欲取義 別。>에서 <別。>과 63쪽의 <四方風土
區 別。>에서 <別。>은 원래 입성이므로 굳이 방점을 찍을 필요가 없
는데 해례본 원문에는 <別。>로 입성 방점을 찍어 놓았다.
아마도 32쪽 <彆>의 입성과 구별하기 위해 방점을 찍어 놓은 것으
로 보인다.

縱 - 56쪽의 <。縱>과 51쪽의 <縱>이 다르게 되어있다. 56쪽의
<其先 。縱後橫>과 <圓橫書下右書 。縱>은 평성으로 방점이 표시 되
어 있으나 51쪽의 <縱者在初聲之右>의 <縱>에는 방점이 빠져있다.

28쪽과 37쪽의 復°, 48쪽의 讀과 65쪽의 讀°, 그리고 31쪽의 °徵와
38쪽의 相° 은 방점이 정확하다.

訓民正音

國之語音·異乎中國·與文字
不相流通·故愚民有所欲言
而終不得伸其情者·多矣予
為此憫然·新制二十八字·欲
使人人·易習·便於日用耳
ㄱ·牙音·如君字初發聲

五

今清並書·為全濁
唯洪自虛·是不同
業那彌欲及閭樣
其聲不清又不濁
欲之連書為脣輕
喉聲多而脣乍合
中聲十一亦取象
精義未可容易觀

二三

正音之字只廿八
探賾錯綜窮深幾
指遠言近牖民易
天授何曾智巧為

初聲解
正音初聲·即韻書之字母也·聲音
由此而生·故曰母·如牙音君字初
聲是ㄱ·ㄱ與ㅗ而為己ㄲ字初聲

三九

ㄷ為螢口·如싑為薪ㅂ為竈口·如
땀為虎ㅅ為泉人·如싨為海松ㅈ
為池ㄹ·如돌為月벌為星之類
有天地自然之聲·則必有天地
自然之文·所以古人因聲制字
以通萬物之情·以載三才之道
而後世不能易也·然四方風土
區別·聲氣亦隨而異焉·蓋外國

六三

[一九]

也。唯喉音次清爲全濁者。盖以
ㆆ聲深不爲之凝。ㅎ比ㆆ聲淺故凝
而爲全濁也。ㅇ連書脣音之下則
爲脣輕音者。以輕音脣乍合而喉
聲多也。ㅇ中聲凡十一字。ㆍ舌縮而
聲深天開於子也。形之圓象乎天
也。ㅡ舌小縮而聲不深不淺。地闢
於丑也。形之平象乎地也。ㅣ舌不

[二九]

物於兩間有形聲
元本無二理數通
正音制字尚其象
因聲之厲每加畫
音出牙舌脣齒喉
是爲初聲字十七
牙取舌根閉喉形
唯業似欲取義別

[三二]

ㄷ爲笠口。如심ㅣ爲薪긷ㅣ爲蹄。ㅂ。如
범□爲虎심□爲泉ㅅ。如ᄌᆞᆺ□爲海松못
爲池。ㄹ。如ᄃᆞᆯ□爲月별□爲星之類
有天地自然之聲則必有天地
自然之文所以古人因聲制字
以通萬物之情以載三才之道
而後世不能易也然四方風土
區別聲氣亦隨而異焉盖外國

[三二]

聲音又自有清濁
要於初發細推尋
全清聲是君斗彆
即戌挹亦全清聲
若迺快吞漂侵虛
五音各一爲次清
全濁之聲虯覃步
又有慈邪亦有洪

起ー聲於國語無用。兒童之言邊
野之語或有之。當合二字而用。如
ㄱㅣㄱㅣ之類其先縱後橫。與他不同。
訣曰

初聲在中聲左上
把欲於諺用相同
中聲十一附初聲
圓橫書下右書縱

五六

斗輕為閭是俗習

合字解
初中終三聲合而成字。初聲或在
中聲之上。或在中聲之左。如君字
ㄱ在ㅜ上。業字ㆁ在ㅓ左之類。
中聲則圓者橫者在初聲之下。ㆍ
ㅡㅗㅛㅜㅠ是也。縱者在初聲之右。ㅣ
ㅏㅑㅓㅕ是也。如吞字ㆍ在ㅌ

五一

一元之氣。周流不窮。四時之運。循
環無端。故貞而復元。冬而復春。初
聲之復為終。終聲之復為初。亦此
義也。吁。正音作而天地萬物之理
咸備其神矣哉。是殆天啓
聖心而假手焉者乎。訣曰
天地之化本一氣
陰陽五行相始終

二八

中聲唱之初聲和
天先乎地理自然
和者為初亦為終
物生復歸皆於坤
陰變為陽陽變陰
一動一靜互為根
初聲復有發生義
為陽之動主於天

三七

也且半舌之ㄹ當用於諺而不可
用於文如入聲之彆字終聲當用
ㄷ而俗習讀為ㄹ盖ㄷ變而為輕
也若用ㄹ為彆之終則其聲舒緩
不為入也訣曰
不清不濁用於終
為平上去不為入
全清次清及全濁

四八

折之難通昔新羅薛聰始作吏

讀官府民間至今行之然皆假
字而用或澁或窒非但鄙陋無
稽而已至於言語之間則不能
達其萬一焉癸亥冬我
殿下創制正音二十八字略揭
例義以示之名曰訓民正音象
形而字倣古篆因聲而音叶七
調三極之義二氣之妙莫不該

六五

配諸四時與冲氣
五行五音無不協
維喉為水冬與羽
牙迺春木其音角
徵音夏火是舌聲
齒則商秋又是金
脣於位數本無定
土而季夏為宮音

三一

終聲比地陰之靜
字音於此止定焉
韻成要在中聲用
人能輔相天地宜
陽之為用通於陰
至而伸則反而歸
初終雖云分兩儀
終用初聲義可知

三八

2) 훈민정음 해례본의 발견 경위

지금까지의 해례본 발견 경위는 이러하였다.

[훈민정음 반포 당시의 해례가 붙은 이 『訓民正흠』 원본은 '1940년 경북 안동군 와룡면 주하동의 이한걸李漢杰씨가 비장하고 있던 전적典籍 중에서 발견되었는데, 거간꾼에 의하여 일본인의 손에 마악 들어가기 직전에 간송澗松 전형필 선생이 그 당시 큰 기와집 10채 값을 주고 구 입한 것이었다. 이것은 이한걸의 선조 이천李蕆이 여진을 정벌한 공으 로 세종 대왕으로부터 직접 하사 받은 것이었다. 떨어져 나간 앞의 2 장은 언문책을 소지하고 있던 사람들에게 철퇴를 내리던 연산군의 벌 이 무서워 위장하느라 찢어내고 보관해 온 것인데 나중에 안평대군 체 에 조예가 깊었던 이한걸의 셋째 아들인 서예가 이용준 씨가 기운 것 이다. 전형필은 6.25 전쟁 당시 피난을 떠날 때에도 이 『訓民正흠』 해 례본을 오동나무 상자에 넣어 가지고 갔으며 도난을 염려하여 잘 때에 도 베개로 베고 잤다]라고 전해오고 있다.

그런데 최근에 훈민정음 해례본의 원소장자가 안동시 와룡면 주하 리의 이한걸 씨가 아닌 것으로 밝혀져 커다란 관심을 불러일으키고 있 다. 지금까지는 이한걸의 아들 이용준李容準[86]이 그의 선조인 이천이 여진을 토벌한 공으로 세종에게 하사받아 보존해온 것으로 전해지고 있었으나 새로 밝혀진 바에 따르면 원 소장자는 안동시 와룡면 가야리 228번지에 있는 긍구당가의 주인인 광산김씨 안동 종가의 종손인 김

---

86) 이용준-1916년생. 1936년에 명륜학원(성균관 대학교의 전신)입학. 이한걸의 셋 째 아들로 김응수의 셋째 딸 김남이와 혼인. 1943년 충남 서천 여학교 교사로 근 무함.

것'은 '천문의 운행'을 의미하는 것으로 보인다.[91] 천수天數 1, 3, 5, 7, 9
와 지수地水 2, 4, 6, 8, 10으로 이루어진 1·6, 3·8, 2·7, 4·9, 5·10
의 수는 5행성의 천문현상을 설명한 것이다. 이것은 동서 남북 중앙에
일정한 수로 배열된 55개의 점으로 이루어진 그림으로 주역의 기본 원
리이다. "하도 중앙의 1점의 태극은 음양이 나누어지는 자리로써 이 점
이 극에 달하면 음과 양으로 나누어져 상대의 세계가 시작된다."[92]라
고 하였다.

또 <하도>를 "천일天一이 수기水氣를 생하면 지륙地六이 화하여 이루
고, 지이地二가 화기를 생하면 천칠天七이 화하여 이루고, 천삼天三이 목
기木氣를 생하면 지팔地八이 화하여 이루고, 지사地四가 금기金氣를 생하
면 천구天九가 화하여 이루고, 천오天五가 토기土氣를 생하면 지십地十이
화하여 이룬다."[93]라고 하였다. 즉 양수陽數인 1과 음수陰數인 6이 합하
여 수水가되고, 음수인 2와 양수인 7이 합하여 화火가되고, 양수인 3과
음수인 8이 합하여 목木이되고, 음수인 4와 양수인 9가 합하여 금金이
되고, 양수인 5와 음수인 10이 합하여 토土가된다.

그런데 『중국의역학』에 의하면 하도의 점들을 별자리로 보아 "하도
의 1·6수水는 수성으로서 매일 자시子時와 사시巳時에 북쪽 하늘에 있
다. 매월 1일과 6일에 해와 달이 북쪽에서 수성을 만나며 매년 1월과

상, 대유학당, 1996, 59쪽.

91) 필자주-『훈민정음』13쪽 제자해에도 天地鬼神同其用也라는 내용이 나온다. 이것
은 주77과 주90)의 하도의 변화를 귀신이 행하는 것(行鬼神也)으로 표현한 것과
상통한다. 鬼神은 天理의 지극함이라고 하였다.鬼는 음의 기운이고 神은 양의 기
운으로 '天地鬼神'은 천지음양이며 천지자연의 음양운행 즉 천문의 운행이치이다.

92) 『周易』, 계사전 상, 제11장 : 易有太極 是生兩儀 兩儀生四象 四象生八卦 八卦定
吉凶 吉凶生大業.

93) 黃元柄, 『河圖象說』, 臺北集文局, 1977, : 상권 5, 天地生成觀.

6월의 저녁에 북쪽 하늘에 있다. 그러므로 1과 6은 수水와 합한다.(一六合水) 하늘의 1이 수를 낳고(天一生水), 땅의 6이 수를 이룬다.(地六成水) 따라서 1일은 수성이 처음 보이는 때이고(天一生水星), 6일은 수성이 마지막 보이는 날이다.(地六成水星)

2・7화火는 화성으로서 매일 축시丑時와 오시午時에 남쪽 하늘에 있고 매월 2일과 7일에 해와 달이 남쪽에서 화성을 만난다. 매년 2월과 7월의 저녁에 남쪽 하늘에 보인다. 그러므로 2와 7은 화와 합한다.(二七合火) 또 땅의 2는 화를 낳고(地二生火) 하늘의 7은 화를 이룬다.(天七成火) 따라서 2일은 화성이 처음 보이는 때이고(地二生火星) 7일은 화성이 마지막 보이는 날이다.(天七成火星)

3・8목木은 목성으로서 매일 인시寅時와 미시未時에 동쪽 하늘에 있고 매월 3일과 8일에 해와 달이 동쪽에서 목성을 만난다. 매년 3월과 8월의 저녁에 동쪽 하늘에 보인다. 그러므로 3과 8은 목과 합한다(三八合木). 또 하늘의 3은 목을 낳고(天三生木) 땅의 8은 목을 이룬다.(地八成木) 따라서 3일은 목성이 처음 보이는 때이고(天三生木星) 8일은 목성이 마지막 보이는 날이다.(地八成木星)

4・9금金은 금성으로서 매일 묘시卯時와 신시申時에 서쪽 하늘에 있고 매월 4일과 9일에 해와 달이 서쪽에서 금성을 만나며 매년 4월과 9월의 저녁에 서쪽 하늘에 보인다. 그러므로 4와 9는 금과 합한다.(四九合金) 또 땅의 4는 금을 낳고(地四生金) 하늘의 9는 금을 이룬다.(天九成金) 따라서 4일은 금성이 처음 보이는 때이고(地四生金星) 9일은 금성이 마지막 보이는 날이다.(天九成金星)

5・10토土는 토성으로서 매일 진시辰時와 유시酉時에 하늘 중앙에 있

으며 매월 5일과 10일에 해와 달이 중앙에서 토성을 만난다. 매년 5월
과 10월의 저녁에 하늘 중앙에 보인다. 그러므로 5와 10은 토와 합한
다.(五十合土) 또 하늘의 5는 토를 낳고(天五生土) 땅의 10은 토를 이룬다.
(地十成土) 따라서 5일은 토성이 처음 보이는 때이고(天五生土星) 10일은
토성이 마지막 보이는 날이다.(地十成土星) 또 목은 세성歲星, 화는 형혹성
熒惑星, 토는 진성鎭星, 금은 태백성太白星, 수는 진성辰星이다. 이로써 28
수가 머무는 곳을 구별한 것이다."94)라고 하였다.

　이상의 내용은 1·6 수, 2·7 화, 3·8 목, 4·9 금, 5·10 토라는 하도의
기본 수리와 방위가 5행성의 운행과 연관이 있음을 설명하고 있다. 또
하도의 6, 7, 8, 9의 수리는 북, 남, 동, 서에 벌려있는 북극성을 돌고
있는 북두칠성이 계절별로 머무는 기간으로 보고 있다.『갈관자』의 기
록에 의하면 "북두칠성의 자루가 동쪽을 가리키면 봄철이고, 남쪽을
가리키면 여름철이고, 서쪽을 가리키면 가을철이고, 북쪽을 가리키면
겨울철이다."95)라고 하였다. 또『관자』에 의하면 겨울철에는 북두칠성
이 6주기(6x12=72일)동안 북쪽 하늘에 머물고 여름철에는 북두칠성이 7
주기(7x12=84일)동안 남쪽 하늘에 머물고 봄철에는 8주기(8x12=96일)동
안 동쪽 하늘에 머물고 가을철에는 9주기(9x12=108일)동안 서쪽 하늘에
머문다는 뜻이다.96) 이 절기는 중국 하남성 지역의 절기이므로 하남성
이 옛 우리조상의 근거지라는 증거가 된다. 왜냐하면 <하도>와 태극8

---

94) 郭學熹외 1인,『中國醫易學』, 四川科學技術出版社, 1988, 121-122쪽.
　　'천일생수' '지이생화'라는 단어는「삼신오제본기」에 이미 보인다.
95) 張淸華외 1인,『道經精華』, 하권,『鶡冠子』環流 第5, 時代文藝出版社, 1995,
　　1654쪽 : 斗柄東指 天下皆春 斗柄南指 天下皆夏 斗柄西指 天下皆秋 斗柄北指 天
　　下皆冬.
96) 김필수 외 3인,『管子』제3권 幼官편,(禮記 月令편에는 玄宮으로 나온다) 소나
　　무, 2006, 106-115쪽.

괘를 만든 사람이 우리의 조상인 복희이며 그가 <하도>를 그렸다는 용마부도사가 지금의 하남성 맹진현에 있기 때문이다. 복희는 배달국 5세 태우의 한웅의 막내 아들로 기록되어있다. 이상의 내용으로 볼 때 <하도>는 별자리의 운행을 설명한 우리 민족의 천문도임을 알 수 있다.

2) 낙서와 별자리

<낙서>는 <하도>와 짝을 이루고 있는 천문도이다.

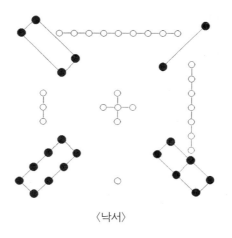

〈낙서〉

"<낙서>라 함은 하나라 우왕이 홍수를 다스렸을 때 낙수洛水에서 나온 거북의 등에 쓰여 있었다는 45개의 점으로 된 9개의 무늬이다."[97] 라고 하였다.<단원V, 1의 1)우리민족의 천문관 참조>

---

97) 孫國中, 『河圖洛書解析』, 學苑出版社, 1990, 202쪽.

　　<낙서>도 별자리를 설명한 기록이다. 예를 들면 앞의 <낙서>에서 "오른쪽 위 모서리의 2개의 점은 태미원의 호분虎賁이고, 오른쪽 아래 모서리의 6개의 점은 자미원의 천주天廚, 왼쪽 위 모서리 4개의 점은 자미원의 사보四輔, 왼쪽 아래 모서리의 8개의 점은 자미원의 화개華盖를 나타낸다. 동방의 3점은 천시원의 하북河北, 남방의 9점은 천시원의 천기天紀, 서방의 7점은 천시원의 칠공七公, 북방의 1점은 자미원의 북극정, 중앙의 5점은 태미원의 오제좌五帝座"98)로 기록되어 있다. 이로 미루어 볼 때 낙서 또한 천문도임을 알 수 있다. 다음은 낙서를 음양오행 및 12지와 연관시켜 표현한 <오행 방위 낙서>이다.

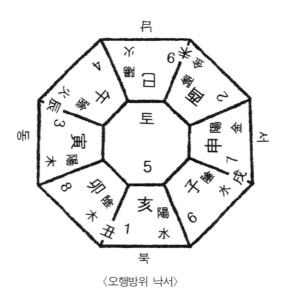

〈오행방위 낙서〉

---

98) 郭學熹외 1인, 『中國醫易學』, 四川科學技術出版社, 1988, 124-126쪽.

<오행방위 낙서>는 <하도>와 달리 1·9와 3·7이 4정방에 있으며 2·8과 4·6이 4측방에 대응하고 있다. 훈민정음도 <하도>와 <낙서>라는 천문도에 이론적인 바탕을 두고 창제된 것이다. <단원 IV중성과 초성의 배열원리>에서 구체적으로 설명하기로 하겠다.

2. 제자해에 나타난 창제 원리

1) 발음기관의 모양과 초성

『훈민정음』제자해에 발음기관 상형설이 잘 나타나 있다.

"초성은 모두 17자이니 아음 ㄱ은 혀뿌리가 목구멍을 닫는 형상을 본떴고, 설음 ㄴ은 혀가 윗잇몸에 닿는 형상을 본떴고, 순음 ㅁ은 입의 형상을 본떴고, 치음 ㅅ은 이의 형상을 본떴고, 후음 ㅇ은 목구멍의 형상을 본떴다."[99]

다시 설명하면 ㄱ은 혀뿌리가 목구멍을 막을 때 혀뿌리가 아래로 구부러지는 모양을 본떴고, ㄴ은 혀끝이 위로 휘어지는 모양을 본떴고, ㅁ은 입술의 다문 모양을 본떴고, ㅅ은 이의 모양을 본떴고, ㅇ은 목구멍의 둥근 모양을 본떴다고 하였다. 즉 초성이 발음기관인 구강의 모양을 본떠 만들어졌음을 구체적으로 밝히고 있다.

---

99)『훈민정음』, 13쪽. 제자해 : 初聲凡十七字 牙音ㄱ象舌根閉喉之形 舌音ㄴ象舌附上齶之形 脣音ㅁ象口形 齒音ㅅ象齒形 喉音ㅇ象喉形.

또 『훈민정음』 제자해에는 초성에 오행과 방위, 수리의 관계를 설명하고 있다. "어금니 소리는 동, 잇소리는 서, 혓소리는 남, 목구멍소리는 북쪽의 자리에 배치하여 설명하고 있다."[100] 왜 이런 방위가 배당된 것일까? 이것은 앞에서 설명한 바와 같이 사람을 남면南面(남쪽을 향하게)하게 앉혀놓고 해가 뜨는 동쪽 편에서 그 사람의 왼쪽 뺨을 기준으로 하여 혀가 움직이는 모양을 본떠서 ㄱ과 ㄴ 등의 모양을 형상화하였기 때문이다. 그래서 목구멍은 북, 혀는 남, 어금니는 동, 이는 서의 자리라고 한 것이다.

이것은 조선시대의 초상화 얼굴이 대부분 왼쪽 뺨을 기준으로 하여 그려진 것과 맥을 같이 하고 있다. 『한국의 초상화』에 나와 있는 110여점의 초상화를 살펴본 결과 "주인공의 오른뺨을 바라보고 그린 것은 고려 시대에는 왕건과 염제신 등이 있다. 조선초기에는 이천우가 있고 조선말기에는 황현, 철종 등을 비롯한 7점의 영정이 있다. 정면으로 그린 것은 고려시대의 이색과 이조년이 있으며, 조선시대에는 이성계, 효령대군, 김석주, 최익현, 남구만, 윤두서, 고종, 순종 등을 비롯한 10여점이 있다." [101]

주인공의 왼쪽뺨을 바라보고 그린 것은 고려의 대각국사 의천과 이숭인이 있고 조선시대에는 신숙주, 김시습, 영조, 이현보, 송시열, 허목, 김정희, 강세황, 채제공, 이하응과 조계, 조두, 조강 삼형제의 초상화를 비롯하여 80여점이나 된다. 드물게는 신라 때의 최치원도 왼쪽 뺨을

---

100) 『훈민정음』, 16쪽. 제자해 : 喉居後而牙次之, 東北之位也. 舌齒又次之, 南西之位也.
101) 조선미, 『한국의 초상화』, 돌베개, 2009, 360-380쪽.

기준으로 그려져 있다. "조선시대는 왼쪽 뺨을 바라보고 그린 초상화
가 70% 이상을 차지하고 있다. 특히 사대부의 초상화가 많았다. 이로
미루어 볼 때 고려 말에는 오른 뺨을 기준으로 한 초상화가 유행하였
으며, 조선조에는 왼쪽 뺨을 기준으로 한 초상화가 많다."[102] 현재 사
용하고 있는 우리나라 화폐를 살펴보면 최근에 그린 신사임당 초상화
만 정면이고 세종대왕과 율곡, 퇴계, 이순신이 모두 왼쪽 뺨을 기준하
고 있다. 또 각국의 발음기호를 설명하기 위한 구강구조도 다음의 그
림처럼 모두 왼쪽 뺨을 기준으로 그려져 있다.

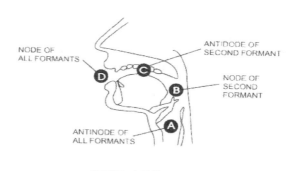

〈구강구조〉[103]

---

102) 조선미, 『한국의 초상화』, 돌베개, 2009, 389쪽.
103) 김석연, 『훈민정음』, 아세아문화사, 2002, 97쪽.

『훈민정음』제자해制字解의 초성 ㄱ은 혀뿌리가 목구멍을 닫는 형상을 본떴고, 설음 ㄴ은 혀가 윗잇몸에 닿는 형상을 본떴다는 내용은 모두 왼쪽 뺨을 기준으로 한 발성기관 상형설이다.

2) 천지인 삼재이론과 중성

『훈민정음』제자해의 중성을 만든 원리를 살펴보면 다음과 같다.

"중성은 모두 열 한자이다. ·는 혀가 오그라들고 소리가 깊으니 하늘이 자子에서 열림이고 형상이 둥근 것은 하늘을 본뜬 것이다. ㅡ는 혀가 조금 오그라들고 소리가 깊지도 얕지도 않으니 땅이 축丑에서 펴짐이고 형상이 평평한 것은 땅을 본뜬 것이다. ㅣ는 혀가 오그라들지 않고 소리가 얕으니 사람이 인寅에서 남이며 형상이 선 것은 사람을 본뜬 것이다."[104]

〈중성의 3요소〉

중성	중성의 형상	혀의 상태	소 리
●	하늘	오그라듦	깊음
ㅡ	땅	약간 오그라듦	깊지도 얕지도 않음
ㅣ	사람	오그라들지 않음	얕음

---

104) 『훈민정음』, 19쪽. 제자해 : 中聲凡十一字 ·舌縮而聲深 天開於子也 ·形之圜 象乎天也 ㅡ舌小縮而聲不深不淺 地闢於丑也 ㅡ形之平 象乎地也 ㅣ舌不縮而聲淺 人生於寅也 ㅣ形之立 象乎人也.

하늘과 땅과 사람(천, 지, 인)이 우주를 구성하는 3요소이듯이 중성에
도 ·, ㅡ, ㅣ(천, 지, 인)을 중성의 기본요소로 삼고 있다. 이것은 『황극
경세서』에 나오는 "天開於子 地闢於丑 人生於寅"105) 을 말하고 있다. 하
늘과 땅과 사람이 우주의 3요소이듯이 중성에도 ·, ㅡ, ㅣ(천, 지, 인)이
소리의 기본 3요소가 되었음을 설명하고 있다.

"ㅗ 와 · 는 같으나 입이 오므라지고, 그 형상은 · 와 ㅡ가 합하여
이루어진 것이니, 하늘과 땅이 처음 사귀는 뜻을 취한 것이다. ㅏ
와 · 는 같으나 입이 벌어지고, 그 형상은 ㅣ와 · 가 합하여 이루어진
것이니, 하늘과 땅의 작용이 사물에 피어나되 사람을 기다려 이루어짐
을 취한 것이다. ㅜ 와 ㅡ는 같으나 입이 오므라지고, 그 형상은 ㅡ
와 · 가 합하여 이루어진 것이니, 역시 하늘과 땅이 처음 사귀는 뜻을
취한 것이다. ㅓ 와 ㅡ는 같으나 입이 벌어지고, 그 형상은 · 와 ㅣ가
합하여 이루어진 것이니 역시 하늘과 땅의 작용이 사물에 피어나되 사
람을 기다려 이루어짐을 뜻한 것이다.

ㅛ 와 ㅗ는 같으나 ㅣ에서 일어났고,
ㅑ 와 ㅏ는 같으나 ㅣ에서 일어났고,
ㅠ 와 ㅜ는 같으나 ㅣ에서 일어났고,
ㅕ 와 ㅓ는 같으나 ㅣ에서 일어났다."106)

---

105) 『황극경세서』권2, 148쪽 : 經世一元消長之數圖 天開於子 地闢於丑 人生於寅.:
 天開於子 - 하늘의 기운은 子時에 열리고, 地闢於丑 - 땅의 기운은 丑時에 퍼지
 고, 人生於寅 - 사람의 기운은(남자의 性器) 寅時에 發起한다.
106) 『훈민정음』, 20-21쪽. 제자해 : ㅗ與 · 同而口蹙 其形則 · 與 ㅡ合而成 取天地

이것은 · ― ㅣ를 중성을 구성하는 기본요소로 삼아, 나머지 ㅗ ㅏ ㅜ ㅓ ㅛ ㅑ ㅠ ㅕ가 조합되는 이치를 설명하고 있다.

"· 가 여덟 소리에 모두 꿰어 있는 것은 마치 양이 음을 거느려서 만물을 두루 흐름과 같다. 그 중 ㅛ ㅑ ㅠ ㅕ가 모두 다 사람을 겸하고 있는 것은 사람이 만물의 영장으로서 능히 하늘과 땅의 일에 참여하기 때문이다. 형상을 천, 지, 인에서 취하니 삼재三才의 이치가 구비되었다. 그러나 삼재는 만물의 선두가 되고, 하늘은 또 삼재의 처음이 되는 것이 마치 · ― ㅣ 석자가 ㅗ ㅏ ㅜ ㅓ ㅛ ㅑ ㅠ ㅕ 여덟 소리의 머리가 되고 또 · ― ㅣ 석자 중 ·이 ― ㅣ의 갓(모자)이 되는 것과 같다."[107]

이와 같이 중성을 만들 때 삼재의 원리를 적용하였음을 설명하고 있다. 이를 다음의 표로 정리할 수 있다.

〈 ●과 중성 〉

●			
―		ㅣ	
ㅗ	ㅜ	ㅏ	ㅓ
ㅛ	ㅠ	ㅑ	ㅕ

初交之義也 ㅏ與·同而口張 其形則ㅣ與·合而成 取天地之用發於事物待人而成也 ㅜ與一同而口蹙 其形則一와·合而成 亦取天地初交之義也 ㅓ與 一同而口張 其形則 與ㅣ合而成 亦取天地之用發於事物待人而成也 ㅛ與ㅗ同而起於ㅣ ㅑ與 ㅏ同而起於ㅣ ㅠ與ㅜ同而起於ㅣ ㅕ與ㅓ同而起於ㅣ.

107) 『훈민정음』, 22~23쪽. 제자해 : ·之貫於八聲者 猶陽之統陰而周流萬物也 ㅛㅑㅠㅕ之皆兼乎人者 以人爲萬物之靈而能參陽儀也 取象於天地人而三才之道備矣 然三才爲萬物之先 而天又爲三才之始 猶 ·―ㅣ三字爲八聲之首 而·又爲三字之冠也.

즉 ·는 ㅡ와 ㅣ의 모자가 되고 ·ㅡㅣ 석자는 또 ㅗ ㅏ ㅜ ㅓ ㅛ ㅑ ㅠ ㅕ 여덟 소리의 머리가 된다. 그래서 ㅡ에서 한점(·, ㅡ其圓者)을 더한 ㅗ ㅜ 가 생기고 두점(··, 二其圓者)을 더한 ㅛ ㅠ 가 생겨난다. 또 ㅣ에서 한점을 더한 ㅏ ㅓ가 생기고 두 점을 더한 ㅑ ㅕ가 생긴다.

Ⅳ. 중성과 초성의 배열원리

1. 하도천문도와 중성[108]

1) 하도천문도에 의한 중성 배열원리

『훈민정음』제자해에 기록된 중성에 대한 설명이 하도와 어떻게 연관이 되는지 살펴보기로 하겠다. 『훈민정음』제자해에서

"ㅗ ㅏ ㅛ ㅑ의 한 점과 두 점(ㅇ와 ㅇㅇ)이 원의 위(上)와 원의 밖(外)에 있는 것은 하늘에서 나서 양이 되기 때문이다. ㅜ ㅓ ㅠ ㅕ의 한 점과 두 점(●와 ●●)이 원의 아래(下)와 원의 안(內)에 있는 것은 땅에서 나서 음이 되기 때문이다."[109]

---

108) 필자주–여기서 초성 보다 중성을 먼저 거론한 것은 『훈민정음』제자해에서 초성보다 중성의 음양 오행 방위 수가 더 명확하게 기록되어 있으므로 초성의 이해를 돕기 위하여 중성부터 먼저 다루었다.
109) 『훈민정음』, 22쪽. 제자해 : ㅗ ㅏ ㅛ ㅑ之圓居上與外者 以其出於天而爲陽也 ㅜ ㅓ ㅠ ㅕ之圓居下與內者 以其出於地而爲陰也.

라고 한 내용을 살펴보자.

　여기서 원의 위(上)는 다음 <중성원도圓圖>의 원[⌒ ⌣]의 위쪽[⌃ ⌢]
을 말하며, 원의 밖(外)은 원[( )] 오른쪽(右側)[( )ᄋ]을 말한다. 원의 아래
(下)는 원[⌒ ⌣]의 아래쪽[⌣ ⌣]을 말하며, 원의 안(內)은 원[( )] 왼쪽
(左側)[:(·)]을 뜻한다. 즉 원의 위(上)는 오른쪽 그림<중성방도方圖>의
가로획[ー]의 위쪽[ᅳ]을 말하며, 원의 밖(外)은 새로 획[丨]의 오른쪽[
丨ᄋ]을 뜻한다. 원의 아래(下)는 가로획[ー]의 아래쪽[ᅮ]을 말하며, 원의
안(內)은 새로 획[丨]의 왼쪽[:丨]을 의미한다.

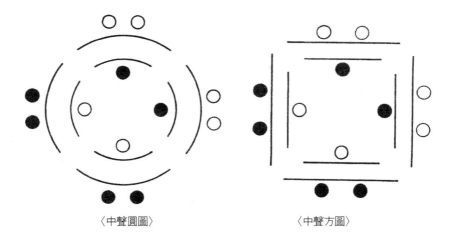

〈中聲圓圖〉　　　　　　　　〈中聲方圖〉

　즉 앞의 오른쪽 <중성방도>에서 ㅗ는 가로획(ー)의 위에 한 점(ㅇ)을
더한 것이고, ㅛ는 가로획(ー)의 위에 두 점(ㅇㅇ)을 더한 것이다. 또 ㅏ
는 새로 획(丨)의 밖(右側)에 한 점(ㅇ)을 더한 것이고, ㅑ는 새로 획(丨)
의 밖(右側)에 두 점(ㅇㅇ)을 더한 것이다. 즉 다음의 왼쪽 그림의 ㅗ　ㅛ
ㅏ　ㅑ의 위치가 된다.

또 ㅜ는 가로획(ㅡ)의 아래(下)에 한 점(●)을 더한 것이고, ㅠ는 가로획(ㅡ)의 아래(下)에 두 점(●●)을 더한 것이다. ㅓ는 새로 획(ㅣ)의 안(左側)에 한 점(●)을 더한 것이고, ㅕ는 새로 획(ㅣ)의 안(左側)에 두 점(●●)을 더한 것이다. 즉 다음의 오른쪽 그림의 ㅜ ㅠ ㅓ ㅕ의 위치가 된다.

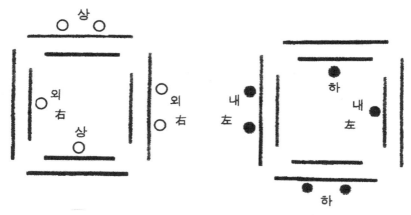

〈ㅗ ㅛ ㅏ ㅑ의 上과 밖(右側)의 위치도〉   〈ㅜ ㅠ ㅓ ㅕ의 下와 안(左側)의 위치도〉

또 『훈민정음』제자해의

"ㅗ ㅏ ㅜ ㅓ는 초출初出이라 하고 ㅛ ㅑ ㅠ ㅕ 는 재출再出이라 한다. ㅗ ㅏ ㅜ ㅓ에서 한 점은 처음으로 생겨난 뜻을 취한 것이다. ㅛ ㅑ ㅠ ㅕ 에서 두 점은 두 번째로 생겨난 뜻을 취한 것이다."[110]

---

110) 『훈민정음』, 21-22쪽. 제자해 : ㅗㅏㅜㅓ始於天地 爲初出也 ㅛㅑㅠㅕ ㅣ而兼乎人 爲再出也 ㅗ ㅏ ㅜ ㅓ之一其圓者 取其初生之義也 ㅛㅑㅠㅕ지二其圓者 取其再生之義也. 세종의 초출, 재출은「삼신오제본기」의 여러 곳에 언급되어 있는 始生이라는 단어와 상통하고 있다.

라는 내용에 따라 중성을 배당해보면 다음의 왼쪽 그림과 같이 초출 자初出字인 ㅗ ㅏ ㅜ ㅓ가 배당되며, 오른쪽 그림과 같이 재출자再出字 인 ㅛ ㅑ ㅠ ㅕ가 배당됨을 볼 수 있다. '초출初出'은 삼신오제본기의 '시생始生'과 서로 통한다.

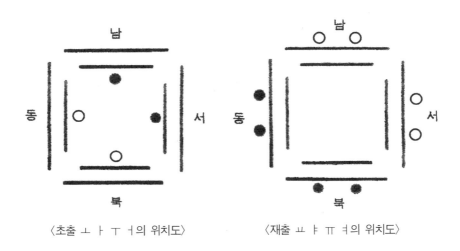

〈초출 ㅗ ㅏ ㅜ ㅓ의 위치도〉   〈재출 ㅛ ㅑ ㅠ ㅕ의 위치도〉

위의 두 그림이 합쳐진 것이 앞의 <중성방도>이자 아래의 <음양 중성도>이다. 밝은 소리 ㅗ ㅏ ㅛ ㅑ는 O, OO로, 어두운 소리 ㅜ ㅓ ㅠ ㅕ는 ●, ●●로, 음과 양으로 구분하여 나타내었다.

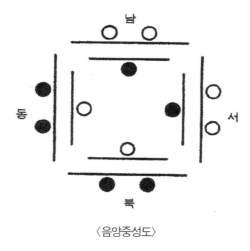

〈음양중성도〉

『훈민정음』제자해에 기록된 중성의 위치와 수에 대한 내용을 보면 다음과 같다.

"ㅗ가 첫째로 하늘에서 나니 천일생수天一生水의 자리이며, ㅏ가 다음 이 되니 천삼생목天三生木의 자리이다. ㅜ가 처음으로 땅에서 나니 지이 생화地二生火의 자리이며, ㅓ가 다음이 되니 지사생금地四生金의 자리이 다. ㅛ는 두 번째로 하늘에서 나니 천칠성화天七成火의 수數이며, ㅑ가 다음이 되니 천구성금天九成金의 수이다. ㅠ가 두 번째로 땅에서 나니 지륙성수地六成水의 수이며, ㅕ가 다음이 되니 지팔성목地八成木의 수이 다. ㅗ와 ㅜ는 수화水火가 기氣에서 떠나지 못하고 음양이 처음으로 교 합하므로 오므라지고, ㅏ와 ㅓ는 음과 양의 질이 정해졌으므로 벌어진 다. ·는 천오생토天五生土의 자리이며, ㅡ는 지십성토地十成土의 수이다."[111]

---

111) 『훈민정음』, 23~24쪽. 제자해 (국립 국어원, 『훈민정음』, 2008, 98-99쪽

앞에 설명한 위수位數의 내용에 의거하여 중성도를 그려보면 다음과 같다. 이로써 앞의 <음양 중성도>에 위치와 수가 표시된 중성도가 탄생된다.

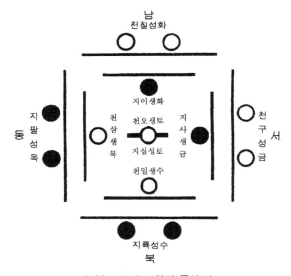

〈위수位數가 포함된 중성도〉

여기서 중앙의 ㅇ(●-깊은소리)를 하도의 가운데 자리에 배치한 것은 깊은소리(●)를 천오생토의 자리라고 한『훈민정음』제자해의 내용에 따른 것이다. ㅇ를 태극으로 보는 형이상학적인 관점에서 볼때 이를 현상계(형이하학)에 해당하는 목, 화, 금, 수의 오행과 같이 배당하는 것이 맞

참조) : ㅗ初生於天 天一生水之位也 ㅏ次之 天三生木之位也 ㅜ初生於地 地二生火之位也 ㅓ次之 地四生金之位也 ㅛ再生於天 天七成火之數也 ㅑ次之 天九成金之數也 ㅠ再生於地 地六成水之數也 ㅕ次之 地八成木之數也 水火未離乎氣 陰陽交合之初 故闔. 木金陰陽之定質 故闢. ·天五生土之位也 ㅡ 地十成土之數也.

지 않을 수도 있다. 그러나 o를 하도의 가운데 자리에 두었다고 해서 o(태극)의 형이상학적인 의미가 달라지는 것은 아니다. 하도가 태극이라는 관점에서 보면 o와 ●에서 나온 초출자 ㅗ ㅏ ㅜ ㅓ와 oo와 ●●에서 나온 재출자 ㅛ ㅑ ㅠ ㅕ의 8성자八聲字를 태극의 팔괘에 대응시킬 수 있다.112) [단원Ⅳ. 1의 2)중성과 태극도 중에서 <태극중성도> 참조]

또 훈민정음 제자해에서 "ㅣ는 정해진 방위와 수리가 없다."113)라고 하였기 때문에 ㅣ는 <중성도>의 어디에도 배속시키지 않았다. 훈민정음은 천(·), 지(ㅡ), 인(ㅣ) 3재의 구조로 되어있고 하도 중앙의 5수와 10수는 음과 양의 구조로 되어 있으므로 ㅣ(사람)를 하도의 중앙에 자리를 배당하는 것은 맞지 않다.

그러나 ㅣ도 중성 11자 중의 하나이므로 만약 중성도의 어디엔가 배치해야 한다면, 천부경의 인중천지일人中天地一을 '사람 속에 천지가 다 포괄되어있다'는 뜻으로 보아 ㅣ는 천지(· ㅡ)의 자리인 중앙에 배치할 수 있다. <ㅣ가 포함된 중성도>는 다음 그림으로 나타낼 수 있다. ㅣ의 원래 자리는 아니므로 점선으로 표시하였다.

---

112) 반우형은 대학의 '수기치인'을 들어 태극을 설명하였다. '修己治人 格物致知가 모두 道로 말미암는 것인데, 이 도가 곧 理致요, 이치가 곧 태극이다. 태극은 음양 속에 내재해 있고 음양이 태극을 포함한다.'라고 하였다. 참전계경에는 致知를 '이치를 지극히 궁구하면 지나간 일과 장차 올 일을 훤히 알게 되는 것'이라고 하였다. 세종이 천지인 3才 이론을 배경으로 삼아 중성을 창제한 것도 훈민정음에 수기치인의 도를 함께 전하고자 한 것이 아닌가 한다. (潘佑亨, 『玉溪先生文集』 권2, 啓明齋, 1972. 11-12쪽(『玉溪先生文集』 원본에는 권1 太一 15쪽에 있음). : 조선초기의 학자, 15세기 성종때 문신으로 대사헌을 지냈다. 그는 과거 제도가 인성교육을 망치고 있다고 비판하였다. 太一論-修己治人 格物致知 咸有 斯道 道卽理 理卽太極 故有是物卽有是理~卽陰陽咸太極 推基本卽太極生陰陽)

113) 『훈민정음』, 24쪽. 제자해 : ㅣ獨無位數者.

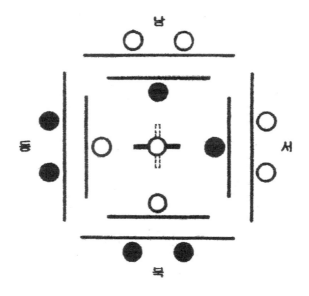

〈 ㅣ가 포함된 중성도〉

　다음은 『훈민정음』 제자해의 내용에 의거하여 작성한 <수와 천간이 배속된 하도>와 <수數와 천간이 배속된 중성도>이다. 즉 1과 6이 북수北水의 자리에 거居하여 임계壬癸 수水를 얻고 3과 8이 동목東木의 자리에 거하여 갑을甲乙 목木을 얻고, 2와 7이 남화南火의 자리에 거하여 병정丙丁 화火를 얻고, 5와 10이 중앙토中央土의 자리에 거하여 무기戊己 토土를 얻고, 4와 9가 서금西金의 자리에 거하여 경신庚申 금金을 얻는다. 천간의 수數는 갑이 3, 을이 8, 병은 7, 정은 2, 무는 5, 기는 10, 경이 9, 신은 4, 임은 1, 계는 6이므로 각각 해당되는 자리에 천간을 배치하였다.

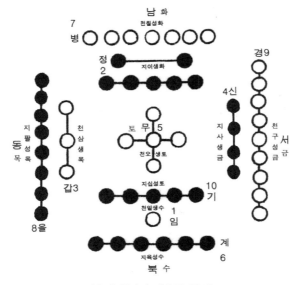

〈수와 천간이 배속된 하도〉

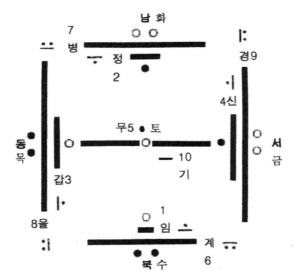

〈수와 천간이 배속된 중성도〉

앞의 그림을 살펴보면 중성을 만든 원리가 하도에서 기원하고 있음을 확인할 수 있다. 『훈민정음』제자해에서 "초성도 당연히 음양과 오행, 방위와 수를 가지고 있다"[114]라고만 하고 초성 하나하나의 수를 언급하지 않은 것과는 달리 중성은 글자 하나하나에 대한 구체적인 수와 음양오행, 방위를 정확하게 밝히고 있다. 앞의<수와 천간이 배속된 하도>와 <수와 천간이 배속된 중성도>를 종합하여 정리하면 다음과 같다.

<수와 천간이 배속된 중성도>에서 보듯이 ㅗ는 오행으로 수水에 속하고, 수數는 1이며, 방위는 북쪽이다. 천간으로는 임壬의 자리에 해당된다.

ㅏ는 오행으로 목木에 속하고, 수는 3이며, 방위는 동쪽이다. 천간으로는 갑甲의 자리에 해당된다.

ㅜ는 오행으로 화火에 속하고, 수는 2이며, 방위는 남쪽이다. 천간으로는 정丁의 자리에 해당된다.

ㅓ는 오행으로 금金에 속하고, 수는 4이며, 방위는 서쪽이다. 천간으로는 신辛의 자리에 해당된다.

ㅛ는 오행으로 화火에 속하고, 수는 7이며, 방위는 남쪽이다. 천간으로는 병丙의 자리에 해당된다.

ㅑ는 오행으로 금金에 속하고, 수는 9이며, 방위는 서쪽이다. 천간으로는 경庚의 자리에 해당된다.

ㅠ는 오행으로 수水에 속하고, 수는 6이며, 방위는 북쪽이다. 천간으

---

114) 『훈민정음』, 16쪽. 제자해 : 初聲之中 自有陰陽五行方位之數也.

로는 계癸의 자리에 해당된다.

ㅕ는 오행으로 목木에 속하고, 수는 8이며. 방위는 동쪽이다. 천간으로는 을乙의 자리에 해당된다.

ㆍ는 오행으로 토土에 속하고, 수는 5이며, 방위는 중앙이다. 천간으로는 무戊의 자리에 해당된다.

ㅡ는 오행으로 토土에 속하고, 수는 10이며, 방위는 중앙이다. 천간으로는 기己의 자리에 해당된다.

오직 "ㅣ만이 자리와 수가 없는 것은 대개 사람은 무극의 진리와 음양오행의 정기가 묘하게 합하여 엉긴 존재이니 일정한 자리와 정해진 수를 논할 수 없기 때문이다. 이로써 중성 역시 원래부터 음양과 오행, 방위, 수를 지니고 있다."[115]라고 하였다.

앞에서 언급하였듯이 ㅣ는 수리와 방위가 없지만 문자로서 중성도에 배당해야 할 경우에는 중앙의 ㆍ(戊)나 ㅡ(己)의 자리에 배당할 수 있다. 그러나 ㆍ(戊)나 ㅡ(己)중 어느 한곳과 연관 짓자면 ㆍ(戊)의 자리에 배치해야 할 것이다. 왜냐하면 천인합일天人合一 이론으로 볼 때 ㅣ는 ㆍ(天)의 자리인 무戊에 배당될 수 있기 때문이다. 또 제자해에 "ㅛ와 ㅗ는 같으나 ㅣ에서 일어났고, ㅑ와 ㅏ는 같으나 ㅣ에서 일어났고, ㅠ와 ㅜ는 같으나 ㅣ에서 일어났고, ㅕ와 ㅓ는 같으나 ㅣ에서 일어났다."[116]라고 하였다. 즉 ㅛ는 ㅣ+ㅗ, ㅑ는 ㅣ+ㅏ, ㅠ는 ㅣ+ㅜ, ㅕ는 ㅣ+ㅓ로 모두 ㅣ를 포함하고 있다. 즉 ㅛ ㅑ ㅠ ㅕ는 두점(이기원

115)『훈민정음』, 24-25쪽. 제자해: ㅣ獨無位數者 盖以人則無極之眞 二五之精 妙合而凝 固未可以定位成數論也 是則中聲之中 亦自有陰陽五行方位之數也.

116)『훈민정음』, 21쪽. 제자해: ㅛ與ㅗ同而起於ㅣ ㅑ與ㅏ同而起於ㅣ ㅠ與ㅜ同而起於ㅣ ㅕ與ㅓ同而起於ㅣ.

ㅅ을 더한 글자이지만 거기에도 모두 ㅣ를 포함하고 있다. 즉 ㅣ(人)를 · (天)로 보았다. 이러한 관점에서 볼때에도 ㅣ를 · 의 자리에 배당할 수 있는 이유가 되는 것이다.

이상과 같이 중성은 초성과 달리 11자 하나 하나에 대한 음양, 오행, 방위, 수리를 정확하게 밝히고 있다. 이를테면 ㅗ는 오행으로는 수水이며 방위는 북쪽이며 수는 1이요, ㅏ는 목, 동, 3이라는 식으로 밝히고 있다.

따라서 중성과 천간과의 관계를 보면 · -무, ㅡ-기, 무-ㅣ, ㅗ-임, ㅏ-갑, ㅜ-정, ㅓ-신, ㅛ-병, ㅑ-경, ㅠ-계, ㅕ-을에 배당된다. 앞에서 살펴 본 제자해의 중성에 대한 내용을 표로 정리하면 다음과 같다.

〈중성과 천간, 수의 배속표〉

중성	·	ㅡ	ㅣ	ㅗ	ㅏ	ㅜ	ㅓ	ㅛ	ㅑ	ㅠ	ㅕ
오행	토	토	(토)	수	목	화	금	화	금	수	목
방위	중앙	중앙		북	동	남	서	남	서	북	동
천간	무	기	(무)	임	갑	정	신	병	경	계	을
수	5	10		1	3	2	4	7	9	6	8

앞의 <ㅣ가 포함된 중성도>에서 보듯이 하도에 한점(·)을 더한 ㅗ ㅏ ㅜ ㅓ를 오행상생의 순서로 배열하면 수(ㅗ)→목(ㅏ)→화(ㅜ)→토

(·)→금(ㅓ)의 차례가 되어 ㅗ ㅏ ㅜ · ㅓ의 순서가 되고, 하도에 두 점(· ·)을 더한 ㅛ ㅑ ㅠ ㅕ를 오행상생의 순서로 배열하면 화(ㅛ) →토(ㅡ)→금(ㅑ)→수(ㅠ)→목(ㅕ)의 차례가 되어 ㅛ ㅡ ㅑ ㅠ ㅕ의 순서 가 된다. 앞의 설명대로 ㅣ의 자리는 · 와 같은 자리로 배정하면 ㅗ ㅏ ㅜ · (ㅣ) ㅓ ㅛ ㅡ ㅑ ㅠ ㅕ의 순서가 된다. 여기서 " · , ㅡ, ㅣ는 여덟 소리인 ㅗ ㅏ ㅜ ㅓ ㅛ ㅑ ㅠ ㅕ의 머리가 되므로 맨 앞으로 배 열하였고, 또 · 은 ㅡ와 ㅣ의 갓(모자)이 되므로 맨 앞에 배열하였다 ."[117] 나머지 ㅗ ㅏ ㅜ ㅓ ㅛ ㅑ ㅠ ㅕ는 뒤에 배열하여 · ㅡ ㅣ ㅗ ㅏ ㅜ ㅓ ㅛ ㅑ ㅠ ㅕ의 순서가 되었다. 이것이 해례본과 언해본의 중 성의 순서가 되었다.

〈중성 배열 순서. 언해본 18-21쪽〉

즉 다음의 <중성의 배열원리>에서 보듯이 화살표방향으로 ㅗ(수)→ ㅏ(목)→ㅜ(화)→ · (토)→ㅓ(금)는 생위生位인 천일생수의 수생목으로 시 작하여 목생화, 화생토, 토생금의 상생순서를 따랐고, ㅛ(화)→ ㅡ(토)→

ㅑ(금)→ㅠ(수)→ㅕ(목)는 성수成數인 지이생화의 화생토로 시작하여 토
생금, 금생수, 수생목의 상생순서를 따른 것이다.[118]

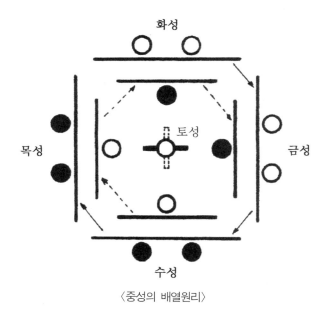

〈중성의 배열원리〉

『훈민정음』 제자해의 내용 중 'ㅗ는 天一生水 ㅜ는 地二生火 ~ ㅑ는
天九成金 ㅡ는 地十成土'라는 중성에 대한 설명은 주역 계사전의 '天一,
地二 ~ 天九 地十 ~ 此所以 成變化而 行鬼神也'라고 한 수리와 신神에
대한 설명과 다를 바 없다. 또 '8성자는 한번은 오므리고 한번은 벌린
다(此下八聲 一闔一闢)'라는 제자해의 내용은 주역 계사전에 '닫히고 열리

---

118) 필자주─음양 순서 중 음이 우선인 것은 음은 物質이고 양은 氣이기때문이다. 음
인 물질이 있어야 물질에서 양인 기가 발산하므로 음을 우선으로 한다. '양음'이
라 하지않고 '음양'이라고 하는 이유이다. 혹 음이 성하는 후천시대를 예언한 것
이라는 설도 있다.

는 것을 변變이라 하고 서로 왕래하여 다함이 없는 것을 통通이라 한다[119]라는 구절과 서로 통한다.

2) 중성과 태극도

또 "ㅗ(水)와 ㅜ(火)는 기氣에서 떠나지 못하여 음과 양이 처음으로 교합하므로 오므라지고, ㅏ와 ㅓ는 음과 양이 고정한 질質이므로 벌어진다."[120]라고 한 제자해의 이 내용은 태극의 음양 기운과 연관시켜 설명한 것이다. 여기서 · 은 태극도의 중심자리에 위치이며 ㅗ ㅏ ㅜ ㅓ ㅛ ㅑ ㅠ ㅕ 8성자는 태극도의 팔괘와 부합하고 있다. 건괘는 ㅛ, 태괘는 ㅜ, 이괘는 ㅏ, 진괘는 ㅕ, 손괘는 ㅑ, 감괘는 ㅓ, 간괘는 ㅗ, 곤괘는 ㅠ와 부합한다. 태극도 둘레에 ㅗㅠ, ㅏㅕ, ㅜㅛ, ㅓㅑ를 묶어서 배치한 것은 앞에서 제시한 <ㅣ가 포함된 중성도>의 중성의 위치와 비교하기 위한 것이다. 따라서 다음의 <태극중성도>에서 보듯이 태극의 양의 권역에 배당되는 ㅗ ㅑ ㅛ ㅏ는 밝은 소리이고 음의 권역에 배당되는 ㅜ ㅕ ㅠ ㅓ는 어두운 소리이다. ㅛ는 건에 해당되어 가장 밝은 소리이며 ㅠ는 곤에 해당되어 가장 어두운 소리이다. ㅜ의 권역은 점선구역인 ㅗ의 권역과 서로 대對가 되고, ㅕ의 권역은 점선구역인 ㅑ의 권역과 서로 대가 되고, ㅠ의 권역은 점선구역인 ㅛ의 권역과 서로 대가 되고, ㅓ의 권역은 점선구역인 ㅏ의 권역과 서로 대가 된다.

---

119) 주역 계사전 - 一闔一闢謂之變 往來不窮謂之通.
120) 『훈민정음』, 24쪽. 제자해 : 水火未離乎氣陰陽交合之初.

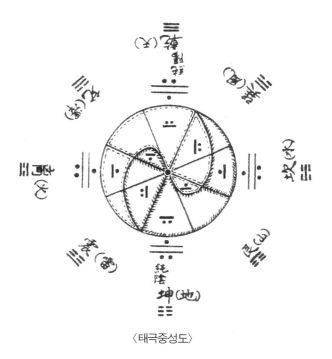

〈태극중성도〉

정인지 서문의 '자연에서 이루었다.(成於自然)'라는 말은 바로 다름 아닌 우주 천체의 운행원리를 나타낸 하도낙서 천문도와 창조주의 표상이자 천문도인 태극도와 부합되는 문자를 창제하였다는 뜻이다. 정인지 서문에도 "천지자연의 소리가 있으면 반드시 천지자연의 무늬가 있다."[121] 라고 하였다. 즉 소리를 내는 성문聲紋이 있다고 하였다. 즉 소리의 그림자, 소리의 무늬, 소리의 흔적, 소리의 자취를 찾아내어 문자를 만들었다는 뜻이다. 그 소리의 무늬(聲紋)가 다름 아닌 발성기관과

---

121) 훈민정음 해례본 63쪽. 정인지 서문 : 有天地自然之聲 則必有天地自然之文. 所以古人因聲制字

3) 5행과 4원소, 태극과 삼극

흔히 지수화풍地水火風 4원소와 목, 화, 토, 금, 수, 5행과의 차이점을 알지 못하고 4원소가 맞느니 5행이 맞느니 하는 경우를 보게 되는데 사실 이것은 서로 독립된 역할을 하고 있어서 그렇게 따질 수 있는 것이 아니다. 창조는 대기권 밖의 열(火)과 바람(風)에 의한 것으로 화풍火風의 조건에 의하여 별들이 생성된다. 우주도 생명체로서 숨을 쉬는데 들이쉬는 숨은 풍風(찬바람)이며 내쉬는 숨은 화火(더운 바람)이니 이 들숨과 날숨에 의하여 만물이 창조되고 소멸되는 것이다. 원래 성령을 '숨님'이라고 하였다. 경주 토함산吐含山도 '숨님산'이라고 하였다. 대기권 밖의 화火, 풍風과 대기권 안의 지地, 수水가 일정한 비율로 오묘한 조화를 이룰 때 생명체가 창조되는 것이며 그것이 바로 지수화풍 4원소의 역할이다. 실제로 깊은 산중의 웅덩이가 가물어 물이 줄어들면서 이끼가 잔뜩 끼는 조건에서 버드나무가 생겨나는 현상을 볼 수 있다. 과학적으로도 흐르지 않고 오랫동안 고여 있는 물에 이산화탄소가 생겨나고 가뭄이 계속되어 물이 거의 졸아 들면서 탄소와 수소 등이 절묘하게 화합하는 순간 거기에서 버드나무가 자라나는 예가 보고 된 적이 있다. 또 가뭄으로 인하여 양어장에 적조현상이 생길 때 그 웅덩이의 물을 떠다가 뿌려주면 적조현상을 지연시켜 물고기의 떼죽음을 면할 수 있다. 그래서 버드나무는 나무의 시초라고 한다. 태풍에 나무가 기울어져도 저절로 일어서는 나무는 버드나무 뿐이다. 20° 가량 기울어져도 바로 서는 힘이 있다. 풀의 시초는 파이며 동물의 시초는 돼지라고 한다. 12지의 시작도 자, 축, 인, 묘~ 가 아니라 해자축, 인묘진, 사오미로 돼지(亥)가 맨 먼저 자리하고 있다.

지상에서 뿐만 아니라 밀폐된 무덤의 관속에서도 조개가 자라고 물고기가 살며 어린 쥐새끼가 생겨나는 현상도 발견되고 있다. 미국 에너지부 지하과학 연구팀에 의하면 지하 2800m, 지열 74도의 암흑세계에서 서식하는 박테리아도 발견하였다. 또 그 박테리아의 배설물을 먹고 살아가는 또 다른 박테리아가 존재한다고 한다. 바다 밑 1200m의 600℃ 화산 분화구 옆에도 물고기가 사는 경우가 있고 추운 북극에도 모기와 나비와 애벌레가 발견된다고 하니 자연의 신비는 아직도 많은 부분이 베일에 싸여 있다. 따라서 종교의 입장에서 보면 하나님이 창조한다고 표현할 수 있으나 조건에서 볼 때에는 지수화풍의 4원소에 의하여 절로 생겨나는 것이다. 왜 절로 생겨나는지는 아직 인간으로서 알 수 있는 영역이 아니다. 그래서 자꾸 신神을 찾는 것이다. 그러나 창조주가 따로 있는 것이 아니다. 만물이 저절로 이루어지게 하는 실체인 지수화풍이 바로 창조주이다. 그것은 또한 허공이다. 모든 생명체는 허공의 음과 양의 기운에서 물질로 생겨났다가 다시 허공으로 화하는 것이 자연의 조화이다. 태양도, 달도, 별도, 지구도, 또 지구속의 모든 생명체도 허공에서 나왔다가 수명이 다하면 허공의 기운으로 화하는 것이다. 우리의 고향은 허공이다. 천국과 지옥이라는 개념도 개인의 생각에 스스로 얽매일 때에 있는 것이다. 하나님이 만물을 창조했다면 행복과 불행, 기쁨과 슬픔, 선과 악도 모두 하나님이 만든 것인데 누구를 벌주고 상줄 것인가! 하느님은 상이나 벌을 주는 존재가 아니다. '하늘도 무심하시지!'라고 원망하지만 원래 하늘은 누구도 편들지 않는 무심 그 자체이다. 삶속에서 자신이 기쁠 때는 그 상태가 천국, 슬플 때는 그 상태가 지옥이다. 그래서 하루에도 몇 번씩 스스로 천국과 지옥을 왕래하는 것이다.

　지수화풍의 오묘한 조건에 의하여 생겨난 생명체는 일정한 법칙에
따라 성장 소멸하게 되는데 그 법칙이 바로 오행법칙이다. 즉, 창조되
는 것은 지수화풍 4원소의 조화이지만 일단 창조된 후부터는 오행인
수, 목, 화, 토, 금의 운행 원리에 따라 자라고 번식하고 열매 맺고 죽
음을 맞는 것이다. 다시 말하면 4원소는 만물 창조의 기본 요소이고 5
행은 창조된 후 만물의 성장과 소멸의 변화 법칙이다. 이렇듯이 4원소
와 5행이 서로 다른 제 각각의 고유한 역할을 하고 있는데도 둘 중에
서 어느 것이 옳으냐를 가지고 따지는 것은 것은 마치 자와 저울이 같
은 측정 기구이지만 하나는 길이를, 또 하나는 무게를 측정하는 고유
의 역할을 무시한 체 어느 쪽이 더 우수한가를 두고 시시비비를 가리
자는 것과 같다. 이러한 선상에서 볼 때 태극과 삼태극의 이치를 두고
어느 이론이 옳으냐 하고 시시비비를 가리는 것 또한 덧없는 일임을
알 수 있다.

　태극도는 한얼아버지와 한알어머니를 표상화한 그림이다. 태극은 우
주 허공에 꽉 차 있는 음과 양의 살아있는 두 기운을 표현한 것이다.
그 기운의 실체가 바로 만상만물의 창조주이다. ‘태극’ ‘무극’이라는 단
어도 허공의 또 다른 표현이다. 허공이 무극이자 태극이다. 허공은 우
주의식으로 꽉 차있다.

　또 ‘하느님’과 ‘하나님’이라는 명칭을 두고 시시비비를 따지는 일도
부질없는 일이다. 다음의 <창조주의 표상 태극도>에서 보듯이 ‘하느
님’은 허공중의 양의 기운인 한얼이 한얼님, 하늘님, 하느님이 되었으
며 ‘하나님’은 허공중의 음의 기운인 한알이 한알님, 하날님, 하나님으

로 변한 것이다. 따라서 하느님은 한얼 아버지이며 하나님은 한알 어머니이다. 즉 허공중의 창조의 에너지인 한얼과 한알, 음과 양 두 기운인 창조주를 그렇게 부르는 것이다. 그러므로 천주교의 하느님은 아버지만 찾는 것이며 개신교의 하나님은 어머니만 찾는 것이니 서로가 반쪽만 부르는 것이다. 하느님과 하나님을 함께 부르는 말이 바로 <태극>이다.

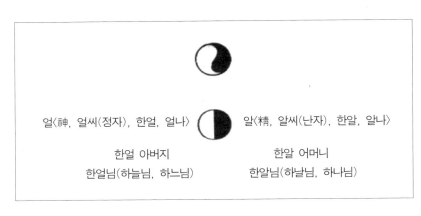

얼〈神, 얼씨(정자), 한얼, 얼나〉   알〈精, 알씨(난자), 한알, 알나〉
한얼 아버지   한알 어머니
한얼님(하늘님, 하느님)   한알님(하날님, 하나님)

〈창조주의 표상 태극도〉

또 신시神市를 우리말로 '검불'이라 하였다. '신神'을 '검'이라 하며 하느님, 하나님을 '검님'이라고 한다. 76년 전에 지은 서울창덕여자 중학교 교가를 보면 '검님의 딸들'이라는 가사가 나온다. 그것은 바로 '하느님, 하나님의 딸들'이다. 이렇듯이 표현은 달라도 모두 같은 일신一神, 참마음을 가리키고 있다. 마찬가지로 '알라' '브라만' '야훼' '하느님' '한울님' '미륵' '천제' '명덕明德(본성)' '참나' '도' '허공' '우주' '천지자연' '창조의 에너지' '일신' '무극' '지극' '알파' '오메가' '검님' '천주' '주님'이라는 말이 표현만 다르지 모두 하느님, 하나님 즉 <태극>이다. 또한 내가 천지의 주인이며 태극이 바로 나의 참 마음이다. 그래서 사람이 천지의 주인이라고 하는 것이니 옛말에도 '천지도 해와 달이 없으면 빈껍질에 불과하고 해와 달도 사람이 없으면 허수아비 그림자에 불과하다.(天地匪日月 空郭也. 日月匪至人 虛影也)'라고 하였다. 하느님, 하나님은 '창조의 힘'을 의인화한 명칭일 뿐 인격체로 존재하는 것이 아니다. 또 만상만물이 하느님, 하나님의 표상인데 어떻게 특정한 한 인간으로 올 수 있겠는가. 인격신은 선령신인 '신령'이 될 것이며 최고의 인격신은 '옥황상제'라고 해야 할 것이다. 옥황상제는 인간으로 올 수 있어도 하느님, 하나님, 즉 창조의 기운인 태극은 인간으로 올 수 있는 존재가 아니다.

허공을 의인화하여 하느님, 하나님이나 미륵이나 알라는 인격체로 받드는 이는 그 속에서 평안을 얻을 수 있겠지만 의식의 하향평준화와 우민화는 면할 수 없을 것이다. 그것이야말로 가장 큰 우상 숭배이자 미신이기 때문이다. 그러나 신앙은 고난을 이겨내는 힘은 보태어준다. 복과 벌을 주는 의인화된 하느님, 하나님은 없다. 허공은 불생불멸不生不滅, 부증불감不增不減, 그냥 있는 것이다. 음과 양의 기운으로 차있는 허공 자체가 하느님, 하나님이자 태극 그 자체이다. 그러므로 하나님은 아니 계시는 곳이 없다고 하는 것이다. 결국 죽거나 살거나 간에 허공속에 그대로 같이 있는 것이다.

또 태극에서 양의가 생한다고 했는데 왜 음양이 생한다고 하지 않고 양의가 생한다고 했을까? 음양과 양의의 차이는 무엇인가? 무극속의 태극은 음양의 기운이고 그 음양의 기운에서 생겨난 물질이 양의(兩儀

- 두 가지 거동)이다. 태극을 비 물질인 형이상의 영역이라고 한다면 양의는 물질인 형이하의 영역이다. 콩알 하나를 가지고 예를 들자면 콩전체는 무극이고 콩 속에 들어있는 두 쪽의 알맹이는 음과 양의 기운인 태극이다. 그래서 무극 속에 태극이 포함되어 있다고 하는 것이다. 무無는 아무것도 없다는 뜻이 아니다. 두 쪽의 콩 알맹이가 혼연일체가 되어있는 그 상태의 콩를 무라고 하는 것이다. 무극이자 태극인 콩에서 지상으로 나온 물질인 떡잎이 바로 양의이다. 즉 콩 두 쪽인 태극이자 무극에서 양의가 생하는 것이다. 음달과 양달, 앞과 뒤, 위와 아래, 좌와 우, 실체와 그림자, 남과 여, 괴로움과 즐거움, 슬픔과 기쁨이 음양으로 동시에 있는 것이며 하나이다. 앞이 없으면 뒷면도 없으며 손바닥이 없으면 손등도 없고 음달이 없으면 양달도 없듯이 슬픔이 없으면 기쁨도 없고 괴로움이 없으면 즐거움도 없고 불행이 없으면 행복도 없는 것이다. 따라서 행복만, 즐거움만, 기쁨만이 있기를 바라는 기도는 애당초 불가능한 기도이다.

　기운을 나타내는 형이상의 음양과 물질로 변한 형이하의 음양은 서로 다른 차원이다. 그래서 형이상의 음양을 태극이라 하고 형이하의 음양을 양의라고 하는 것이다. 따라서 태극자체가 음양이므로 태극에서 음양이 생한다는 말은 이치에 맞지 않으므로 양의가 생한다고 한 것이다. 어떤 물건에 이름을 붙이면 이미 그것이 아니다(名可名非常名). 그 동물에게 개나 소나 돼지라는 이름을 붙이면 이미 그것은 변질된 것이라는 뜻이다. 개나 돼지는 자신이 개나 돼지인줄 꿈에도 모르고 살아간다. 사람이 이름을 붙여준 것일 뿐 그는 그저 자신일 뿐이다. 생겨났으니까 움직이며 먹이를 찾고 사는 것뿐이다. 사람만이 자신의 존재를 안다.

흔히 '道可道 非常道'를 '도를 도라고 하면 도가 아니다'라고 번역하는 바람에 오히려 더 어려운 말이 되는데 이는 정확한 표현이 아니다. '도를 말로 표현하면 이미 도의 본질을 떠난 것이다'라는 말이다. '道可道'에서 뒤의 도道는 '말씀'이라는 뜻이며 앞의 도道는 말 그대로 '도(무극, 허공)를 의미한다. 무극은 창조의 힘이다. '하느님' '하나님' '창조주' '조물주'라는 단어는 우주에너지, 창조의 힘, 근원, 태일, 본원, 여래, 자연, 참, 얼, 진리, 명덕明德(본성)의 의인화된 표현이다.

태초에 '말씀'이 계셨다는 말은 태초에 '도道' 즉 '허공'이 있었다는 말이다. 이때는 그냥 도道(허공)로 번역해야 하는데 '道可道 非常道'의 번역처럼 말씀(道)으로 번역하여 도리어 무슨 말인지 모르게 해 놓았다. 태초에 말씀이 계셨다니..... 무극은 허공중에 가득 차있는 음과 양의 에너지 태극이다. 도와 무극과 태극이 따로 떨어져 있는 것이 아니다. 이 음양의 두 기운을 하느님, 하나님, 조물주, 창조주라고 표현한 것이다.

월성 감은사 태극도의 톱날 도형은 수학의 3대 난제인 원적의 문제를 해리解離하는 도형이다. 지금까지 어느 학자도 5천 년 전에 우리의 조상 태호 복희씨가 내놓은 태극도를 능가하는 이론을 제시한 적이 없다. 태극기는 우리민족의 가장 큰 힘의 원천이며 지혜의 표상이자 부적 아닌 부적이다.

허공은 조건 없이 누구에게나 똑같은 혜택을 주고 있다. 우리에게 생명을 준 허공은 아무것도 요구하지 않는다. 그런데 그 허공을 가로막고 나서서 허공의 대리자를 자처하면서, 자기가 허공의 혜택을 나누어주는 권한을 부여받았으니 사용료를 내라는 선지자가 있다면 그는 이미 가짜이다. 만약 복을 주겠다는 구세주가 세상에 나타났다면 그는 이미 구세주가 아니다. 자기가 미륵이며 정도령이며 재림 예수라고 하는 이가 있다면 그는 이미 그것이 아니다. 주인 없는 대동강 물을 팔아 먹은 자가 봉이 김선달이라면 바람과 공기와 자연을 가로막고 통행료를 받아먹는 대리자들은 유불선 봉이 3선달이다.

　　그러면 삼태극은 무엇인가. 태극이 천지의 만물 만상이 창조되는 음양의 두 기운을 표현한 것이라면 삼태극은 천지와 사람이 하나라는 것을 나타낸 말이다. 즉 천인지가 합일되는, 도에 이른 의식 상태를 말하는 것이다. 천인지가 합일된다는 뜻은 우주의식으로 난다는 말이다. 그 참 마음을 표현한 그림이 삼태극도이다. 즉, 삼태극은 사람이 하늘과 땅과 만물 만상이 다 같은 본성임을 아는, 도를 깨친 이의 우주의식 상태를 말하는 것이지 무슨 3가지 형상을 따로 말하는 것이 아니다. 내가 곧 하느님, 하나님이라고 하는 것은 깨쳐보니 허공 즉 우주의 본성이 곧 나라는 말이다. 즉 무아無我가 된, 무사인이 된, 대자유인이 되어 해인海印을 인가받은 그 의식 상태를 삼태극이라는 그림으로 나타낸 것이다. 그리고 삼태극이라는 말도 맞지 않는 표현이다. 태극이 음양이라면 삼태극은 3음양이라는 말이 된다. 쌍둥이는 2명이므로 세 쌍둥이는 6명이란 말과 같다. 세쌍둥이가 아니라 삼둥이이다. 효자둥이, 재간둥이, 귀염둥이, 바람둥이, 칠삭둥이, 문둥이의 '둥이'는 동이東夷이다. 삼태극이라는 말은 세쌍둥이라는 말처럼 잘못된 표현이다. 우주의식이 된 상태를 군이 표현하자면 천지인이 혼연일체가 된 삼극이라고 할 수 있다. 삼태극은 삼극의 잘못된 표현이다. 『훈민정음』 정인지 서문에도

'삼극지의 이기지묘三極之義 二氣之妙'라는 문장이 나온다. 『태백일사』 삼
신오제본기에도 '천지인 삼극'이라는 말이 있고 「소도경전본훈」에도
'天之源及貫三極'의 삼극이라는 단어가 보인다. 삼태극은 삼극이고 이기
二氣는 음양, 태극이다. 태극은 팔괘로 설명이 되지만 삼태극은 다르다.
삼태극의 그림에 팔괘를 붙이는 것은 삼태극이 무엇인지도 모른다고
스스로 실토하는 것이다.(흑색-청색, 회색-홍색)

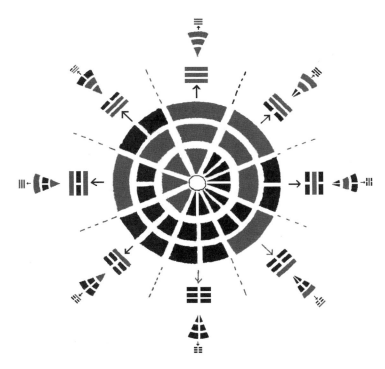

〈태극과 8괘의 생성원리〉

〈태극기의 표본〉

이렇듯 진리의 입장에서 보면 4원소나 5행, 하느님과 하나님, 태극이나 삼극이 서로 우열을 따질 수 있는 그러한 성격이 아니다. 그런데도 우주의식이 아닌 인간 개체의 학문적인 지식으로만 따지다보니 장님이 장님을 인도하는 것처럼 자꾸만 우왕좌왕, 시시비비가 일어나는 것이다.(흑색-청색, 회색-홍색, 괘도 마찬가지임)

4) 중성의 연구결과 분석

앞에서 설명한 바와 같이 중성을 <하도>와 연관시켜 이해한 연구는 조선시대 신경준(1712-1781)의 <중성도>(1750)를 필두로 하여『훈민정음』이 발견된 1940년 이후에는 오봉협(1909-1953)의 <모음도>(1951), 이탁(1898-1967)의 <하도의 원형>(1958)이 있고 조영진의 <중성도형도>(1969), 이정호(1913-2004)의 <중성평면도>(1972), 그리고 윤덕중·

반재원의 <중성도>(1983), 이성구의<하도 오행상생도>(1983), 김석연
의 <훈민정음 모음도>(2002) 등을 들 수 있다. 이들의 이론을 하나씩
살펴보기로 하겠다. 신경준은 다음과 같은 <중성도>를 제시하였다.

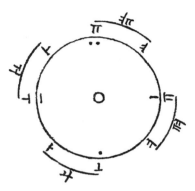

〈신경준의 중성도〉124)

  그는 "중앙의 ○은 태극이다. 태극이 동하여 일양―陽이 생하여 · 이
된다. 천일天―의 상象이며 북쪽에 위치한다. 태극이 정하여 일음―陰이
생하여 · · 이 된다. 지이地二의 상이며 남쪽에 위치한다."125)라고 설
명하고 있다. 신경준의 <중성도>는 동방에 ―와 ㅜ, 서방에 ㅣ와 ㅠ,
남방에 · · 와 ㅛ, 북방에 · 와 ㅗ가 배치되어 있다. 신경준은 중성
도를 <하도>에 한점(·)과 두점(· ·)을 배치하는 방법을 쓰지 않
고 중성의 ·, ―, ㅣ과 · ·을 사방에 배치하였다. 이것은 동방이
ㅏ와 ㅕ, 서방이 ㅓ와 ㅑ, 남방이 ㅜ와 ㅛ, 북방이 ㅗ와 ㅠ로 배치된

---

124) 최석정, 『경세훈민정음도설』, 신경준의 『훈민정음 운해』, 한국학연구원, 1985,
    203쪽.
125) 최석정, 『경세훈민정음도설』, 신경준의 훈민정음 운해, 한국학연구원, 1985,
    206쪽.

『훈민정음』제자해의 내용과 맞지 않는 중성도이다. 이 또한 훈민정음 해례본의 자세한 내용을 보지 못한 결과로 보인다.

오봉협(1909-1953)은 『중성의 하도기원론』(1951)에서 하도를 중성에 연관시켜 설명하였다. 그의 <모음도>는 ㅗ ㅠ가 북방에, ㅏ ㅕ가 동방에, ㅓ ㅑ가 서방에, ㅜ ㅛ가 북방에 배치되어 있다. 이것은 이정호의 <중성평면도>(1972)나 윤덕중·반재원의 <중성도>(1983)보다 앞서 나온 것으로 전형필이 공개한 『훈민정음』을 보았는지는 모르겠지만 제자해의 내용에 맞게 잘 배치되어 있다. 다음은 그의 <모음도>이다.

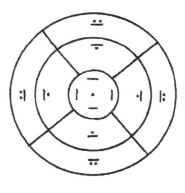

〈오봉협의 모음도〉

그는 "1·3·5·7·9는 천, 2·4·6·8·10 은 지이며, ㅗ·ㅏ· ㅜ·ㅓ는 수·목·화·금이며, ㅛ·ㅑ·ㅠ·ㅕ는 화·금·수·목이다. 이 순서는 하도의 좌회순행左回順行, 곧 목생화·화생토·토생금· 금생수의 상생의 순서를 따르고 있다."126) 라고 하였다. 이로 미루어

---

126) 허동진, 『조선어학사』, 한글학회, 1998. 348쪽.

보건데, 오봉협은 중성의 배열 순서 원리를 정확하게 파악하고 있었음을 알 수 있다. 가장 선구적인 연구 자료이다.

이탁은 중성과 <하도>의 관계에 대해 특이한 주장을 전개하였다. <하도>의 내북內北의 1점의 모양은 · 이며, 내남內南의 2점의 모양은 ― 이며, 내동內東의 3점은 ㅣ이며, 서방 내측의 4점은 ㅓ라고 설명하였다. 또 초성과 <하도>의 연관성을 주장하는 대목에서는 동방 8수를 네모꼴 (⊡) 로, 서방 9수는 세모꼴(◁) 로 보았다. 또 "북방의 6점과 남방의 7점과 서방 4점도 직선으로 한 것은 후세의 잘못된 그림이다."[127]라고 하였다. 그러나 그는 거기에 대한 구체적인 이유를 설명하지 않았다. 이 주장은 하도의 원래 도형에서 비약된 논리라고 할 수 있다. 왜냐하면 아래 이탁의 <하도 원형도>에서 동방의 네모꼴이나 서방의 세모꼴에 두점(· ·)을 더하면 중성의 글자꼴이 만들어지지 않기 때문이다. 즉 하도의 동방 8수와 서방의 9수의 모양이 일반적인 하도와 달라서 동방의 ㅕ와 서방의 ㅑ가 만들어질 수 없다.

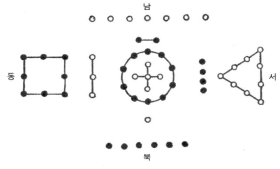

〈이탁의 하도 원형도〉[128]

---

127) 이탁, 『국어학논고』, 정음사, 1958, 73쪽.

조영진의 <중성 도형도>는 동방에 ㅓ, 서방에 ㅏ, 남방에 ㅗ, 북방에 ㅜ를 배치하였다.129) 그러나 이는 『훈민정음』제자해의 동방이 ㅏ, 서방이 ㅓ, 남방이 ㅜ, 북방이 ㅗ로 기록된 훈민정음의 중성이론과 모두 어긋난다.

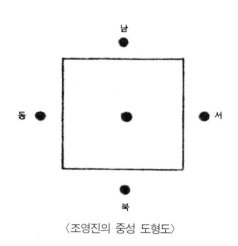

〈조영진의 중성 도형도〉

이정호(1913-2004)도 중성을 <하도>에 연관시킨 <중성 평면도>를 제시하였다. 그의 <중성 평면도>는 제자해의 내용과도 잘 부합되고 <오봉협의 모음도>와도 잘 맞는다. 다만 이정호의 <중성 평면도>의 가운데 •, ㅡ, ㅣ는 •를 중심으로 ╋로 표시하였으나 오봉협의 <모음도>에서 가운데의 •, ㅡ, ㅣ을 상하 좌우로 배치한 점이 서로 다르다. 그리고 이정호는 방도方圖로, 사각형이지만 오봉협의 <모음도>

---

128) 이탁, 『국어학논고』, 정음사, 1958, 75쪽.
129) 조영진, '훈민정음자형의 기원에 대하여', 『국어국문학』제 44호, 45호 합병호, 1969, 204쪽.

는 원도圓圖로 표현하였다.

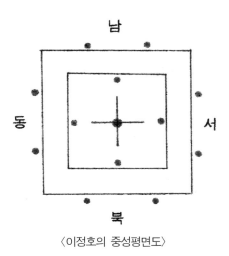

〈이정호의 중성평면도〉

다음 이정호(1913-2004)의 <훈민정음도>를 보면 초성과 중성을 모두 <하도>에 배당시켰다. 그의 <훈민정음도>는 <중성평면도>에 초성을 같이 배치한 것이다. 즉 한점(•)과 두점(••)을 하도에 대응시키면서 동시에 초성의 ㅇ, ㅁ, ㅅ등을 <하도>에 같이 배속시켰다. 즉 중성 • ― ㅣ ㅗ ㅏ ㅜ ㅓ ㅛ ㅑ ㅠ ㅕ의 11자를 배치한 중성도에 초성 17자를 함께 겹쳐서 배치하였다. 그는 "초성과 중성평면도를 종합하여 다음과 같은 전체 정음의 평면도를 그리고 그 명칭을 <훈민정음도>, 줄여서 <정음도>라고 한다. 이 그림이 복잡해 보이는 것은 협소한 도면속에 정음 28자가 다 들어있기 때문이다. 또 지극히 간단하다고 하는 것은 초성과 중성평면도를 겹쳐 놓은 데에 지나지 않기 때문이다."130)라고 하면서 초성의 겹친 모양을 따로 분리하여 아음, 설음,

순음, 치음, 후음의 차례로 설명하고 마지막에 중성평면도를 설명하였다.

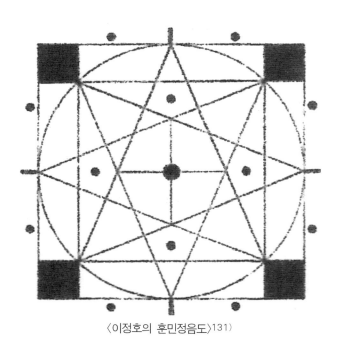

〈이정호의 훈민정음도〉131)

이정호의 <훈민정음도>에서 중성의 위치는 『훈민정음』 제자해에 기록된 "ㅗ는 천일생수天一生水, ㅏ는 천삼생목天三生木, ㅜ는 지이생화地二生火, ㅓ는 지사생금地四生金, ㅛ는 천칠성화天七成火, ㅑ는 천구성금天九成金, ㅠ는 지륙성수地六成水, ㅕ는 지팔성목地八成木, · 는 천오생토天五生土, ㅡ는 지십성토地十成土"132)라는 내용과는 잘 부합되어 있다.

---

130) 이정호, 『훈민정음의 구조원리』, 아세아 문화사, 1978, 87- 88쪽.
131) 이정호, 『훈민정음의 구조원리』, 아세아 문화사, 1978, 87쪽.

그러나 하도에 초성을 함께 배합한 것은 무리가 있다. 왜냐하면『훈민정음』제자해에 초성도 음양, 오행, 방위, 수를 가지고 있다고 하였는데 이 그림에서는 초성에서 그러한 것을 유추해 낼 수 없다. 중성의 방위와 수는『훈민정음』제자해의 내용대로 잘 부합되지만, 초성을 지지와 연관 짓지 못하므로 초성의 수를 논할 수 없기 때문이다. 이 부분은 뒤의 낙서와 초성의 배열에서 자세하게 설명할 것이다.<단원Ⅳ. 2.낙서천문도와 초성 참조>

김석연도 그의 <정음도>에서 이정호와 마찬가지로 초성과 중성을 모두 <하도>로 설명하고 있다.133)

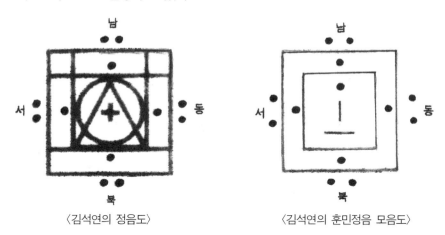

〈김석연의 정음도〉   〈김석연의 훈민정음 모음도〉

---

132)『훈민정음』, 23-24쪽. 제자해 : ㅗ初生於天 天一生水之位也 ㅏ次之 天三生木之位也 ㅜ初生於地 地二生火之位也 ㅓ次之 地四生金之位也 ㅛ再生於天 天七成火之數也 ㅑ次之 天九成金之數也 ㅠ再生於地 地六成水之數也 ㅕ次之 地八成木之數也 水火未離乎氣陰陽交合之初 故闔. 木金陰陽之定質 故闢.・天五生土之位也 ー 地十成土之數也.

133) 김석연, 『THE KOREAN ALPHABET Of 1446 훈민정음』, 아세아 문화사, 2002, 1쪽, 75쪽.

그런데 김석연의 <정음도>에서 상上은 남, 하下는 북으로 남북의 방위는 올바르게 표시하였으나 동, 서의 방위가 <하도>와 서로 반대이다. 김석연의 <정음도>는 동방은 ㅏ와 ㅑ, 서방은 ㅓ와 ㅕ, 남방은 ㅗ와 ㅛ, 북방은 ㅜ와 ㅠ가 배치되어 있다. 이것은 동방은 ㅏ와 ㅕ, 서방은 ㅓ와 ㅑ, 남방은 ㅜ와 ㅛ, 북방은 ㅗ와 ㅠ로 배치한 『훈민정음』 제자해의 내용과 어긋난다. 김석연도 그의 <정음도>에서 조영진의 <중성 도형도>와 같은 오류를 범하고 있다. 김석연은 동방에 ㅑ, 서방에 ㅕ, 남방에 ㅗ, 북방에 ㅜ를 배치함으로써 『훈민정음』제자해의 동방이 ㅕ, 서방이 ㅑ, 남방이 ㅜ, 북방이 ㅗ로 기록되어있는 내용과 모두 정반대로 배치하였다.

김석연과 조영진의 중성도는 "ㅗ ㅏ ㅜ ㅓ 에서 한점(•)을 더한 것은 처음으로 생겨난 뜻을 취한 것이고 ㅛ ㅑ ㅠ ㅕ 에서 두점(• •)을 더한 것은 두 번째로 생겨난 뜻을 취한 것이다. ㅗ ㅏ ㅛ ㅑ의 한점과 두점(•, • •)이 ㅡ의 위(上)와 ㅣ의 밖(右側)에 있는 것은 하늘에서 나서 양이 되기 때문이다. ㅜ ㅓ ㅠ ㅕ 의 한점과 두점(•, • •)이 ㅡ의 아래(下)와 ㅣ의 안(左側)에 있는 것은 땅에서 나서 음이 되기 때문이다."[134]라고 한 『훈민정음』제자해의 내용을 제대로 파악하지 못한 결과이다.

이성구도 중성의 원리가 <하도>에서 기인되었음을 말하고 있다.[135] 그의 <하도 오행 상생도>는 『훈민정음』제자해의 내용에 맞게

---

134) 『훈민정음』, 21-22쪽. 제자해(이정호, 해설역주 『훈민정음』, 1972, 36쪽 참조) : ㅗㅏㅜㅓ 始於天也 爲初出也 ㅛㅑㅠㅕ 起於ㅣ而兼乎人 爲再出也 ㅗㅏㅜㅓ之一其圓者 取其初生之義也 ㅛㅑㅠㅕ之二其圓者 取其再生之義也 ㅗㅏㅛㅑ之圓居上與外者 以其出於天而爲陽也 ㅜㅓㅠㅕ之圓居下與內者 以其出 於地而爲陰也.
135) 이성구, 「훈민정음의 철학적고찰」, 성균관대학교대학원, 석사학위논문, 1983.

잘 배치되어 있다. 그런데 중앙에 · 과 ㅡ만 표시되어 있고 ㅣ가 표시되어 있지 않다. 그것은 ㅣ는 일정한 방위와 수리가 없다고 한 제자해의 내용을 충실히 따른 것으로 본다.

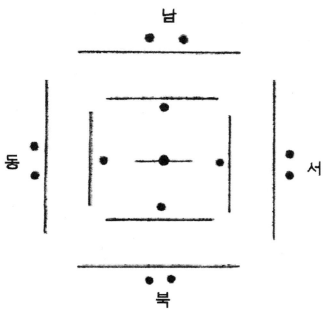

〈이성구의 하도 오행상생도〉

윤덕중·반재원의 <중성도>도 『훈민정음』 제자해의 내용에 잘 부합하고 있다.136) 윤덕중·반재원의 <중성도>는 앞에 소개된 오봉협의 <모음도>와 이정호의 <중성평면도>, 이성구의 <하도 오행상생

59쪽.

136) 윤덕중·반재원, 『훈민정음 기원론』, 국문사, 1983, 55쪽.

도>와 마찬가지로 『훈민정음』제자해의 중성해 내용에 합당하게 잘 배치되어있으며 특히 중성 11자의 음양과 수리를 동시에 표현 해주고 있다.

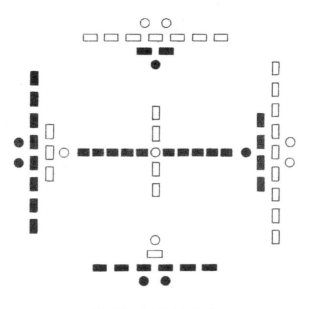

〈윤덕중·반재원의 중성도〉

이성구의<하도 오행상생도>와 다른 것은 ㅣ를 하도 중앙에 배치하였다는 점이다. 문자로서 위치를 정하자면 천(·), 인(ㅣ)합일의 자리인 중앙5토의 자리에 배치하는 것이 적합하다고 보았다.

근대의 역학자 야산 이달(1889-1958)은 중성을 오행에 배당하면서 이를 천간과 지지에 연결하여 설명하였다.

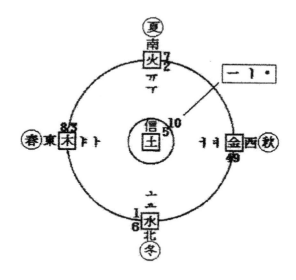

〈야산의 중성도〉

중성을 천간에 배속한 내용을 보면 "중성을 천간순서에 붙이면 ㅏ-갑, ㅑ-을, ㅓ-병, ㅕ-정, ㅗ-무, ㅛ-기, ㅜ-경, ㅠ-신, ㅡ-임, ㅣ-계가되고 지지순서에 붙이면 ㅏ-자, ㅑ-축 인, ㅓ-묘, ㅕ-진 사, ㅗ-오, ㅛ-미 신, ㅜ-유, ㅠ-술 해가 된다. 또 모음의 ㅗ와 ㅛ는 북방 1·6수水, ㅜ, ㅠ는 2·7화(火), ㅏ, ㅑ는 3·8목木, ㅓ, ㅕ는 4·9금金에 배속된다. 또 제자의 기본원리로 볼 때 ㅡ는 중앙의 5(천태극), ㅣ는 중앙의 10(지태극), ·은 5와 10이 생성하는 중앙토(인태극)로 간주하는 것이 타당하리라고 여겨진다."137)라고 하였다. 야산 이달의 설명은 본고의 <중성

---

137) 이응문, 『주역과 천도변화』, 동방문화진흥회, 2002, 77쪽. 也山 李達(1889-
1958) : 근현대에 활동한 걸출한 역학자로서 경북 금릉에서 출생하였다. 관향
은 연안이며, 본명은 佝永이다. 어려서부터 영면하여 김시습의 화신이라는 평을

과 천간, 수의 배속표>의 ㅏ-갑, ㅕ-을, ㅜ-병, ㅛ-정, ·-무, ㅡ -기, ㅑ-경, ㅓ-신, ㅗ-임, ㅠ-계의 내용과는 전혀 다르다. 그러나 야산의 중성도는 『훈민정음』을 보지 않은 상태에서 중성을 천간과 지지에 배속한 첫 역학적 시도라는 점에서 의미가 있다고 하겠다.

2. 낙서천문도와 초성

1) 초성의 배열원리

초성에도 중성과 마찬가지로 천지인 3요소가 있다. ㅇ ㅁ ㄴ이 초성의 천지인 삼재이다. ㅇ은 하늘이고 ㅁ은 땅이며 ㄴ은 사람이다. 하늘 (·)과 땅(ㅡ) 사이에서 사람(ㅣ)이 모든 일을 주관하듯이 하늘에 비유되는 목구멍(ㅇ)과 땅에 비유되는 입술(ㅁ) 중간에서 사람의 역할을 하는 혀(ㄴ)가 모든 소리(발음)를 주관한다. 제자해에 "목구멍은 소리를 내는 문門이요 혀는 소리를 가르는 고동(管)이다."[138]라고 하였다. 또 "ㄴ ㅁ ㅇ은 소리가 빠르지 않으므로 초성의 배열차례로는 비록 뒤에 있지만 그 형상을 본떠서 초성을 만드는 데는 시초가 되었다."[139]라고 하였다. 즉 필자는 하늘인 목구멍(ㅇ)과 땅인 입술(ㅁ)사이에 사람인 혀

들었다고 전해진다. 평생을 주역연구에 전념했다. 저서로는 『야산선생문집』이 전하며, 현재 동방문화진흥회(홍역학회)란 단체가 조직되어 야산선생의 역학사상을 연구하고 있다. 야산이달의 생애와 사상에 대해서는 임채우, 근대한국역학사상연구, 『동방논집』제4권, 2011. 2. 참조.

138) 『훈민정음』, 16쪽. 제자해 : 喉乃出聲之門 舌乃辨聲之管.

139) 『훈민정음』, 17쪽. 제자해 : ㄴㅁㅇ 其聲最不厲 故次序雖在於後 而象形制字則 爲之始.

(ㄴ)가 있음으로서 모든 발음을 주관하므로 ㅇ ㅁ ㄴ은 초성의 천(ㅇ), 지(ㅁ), 인(ㄴ)삼재로 보는 것이다. 이는 하늘(•)과 땅(ㅡ) 사이에서 사람(ㅣ)이 모든 일을 주관하는 중성의 천지인 삼재의 이치와 같다. <u>세종은 문자를 창제함에 있어서 음양과 오행성의 천문이론 뿐 아니라 천부경의 핵심이론인 천지인 삼재사상을 함께 원용하였다. 세종의 탁월함과 위대함이 바로 여기에 있다.</u>

『훈민정음』의 초성에 대한 설명은 다음과 같다.

"ㄱ 은 어금닛소리이니 군君자의 처음 나는 소리와 같다.
나란히 쓰면 뀸虯자의 처음 나는 소리와 같다.
ㅋ 은 어금닛소리이니 쾡快자의 처음 나는 소리와 같다.
ㆁ 은 어금닛소리이니 업業자의 처음 나는 소리와 같다.
ㄷ 은 혓소리이니 둏斗자의 처음 나는 소리와 같다.
나란히 쓰면 땀覃자의 처음 나는 소리와 같다.
ㅌ 은 혓소리이니 툰呑자의 처음 나는 소리와 같다.
ㄴ 은 혓소리이니 낭那자의 처음 나는 소리와 같다.
ㅂ 은 입술소리이니 볋彆자의 처음 나는 소리와 같다.
　나란히 쓰면 뽕步자의 처음 나는 소리와 같다.
ㅍ 은 입술소리이니 픙漂자의 처음 나는 소리와 같다.
ㅁ 은 입술소리이니 밍彌자의 처음 나는 소리와 같다.
ㅈ 은 잇소리이이니 즉卽자의 처음 나는 소리와 같다.
　나란히 쓰면 쫑慈자의 처음 나는 소리와 같다.

ㅊ 은 잇소리이니 침侵자의 처음 나는 소리와 같다.

ㅅ 은 잇소리이니 슗戌자의 처음 나는 소리와 같다.

　나란히 쓰면 쌍邪자의 처음 나는 소리와 같다.

ㆆ 은 목구멍소리이니 흡挹자의 처음 나는 소리와 같다.

ㅎ 은 목구멍소리이니 헝虛자의 처음 나는 소리와 같다.

　나란히 쓰면 뽕洪자의 처음 나는 소리와 같다.

ㅇ 은 목구멍소리이니 욕欲자의 처음 나는 소리와 같다.

ㄹ 은 반 혓소리이니 령閭자의 처음 나는 소리와 같다.

△ 은 반 잇소리이니 샹穰자의 처음 나는 소리와 같다."[140]

〈초성배열 순서, 언해본5-17쪽〉

---

140)『훈민정음』, 5-9쪽. 서문(국립 국어원,『훈민정음』, 2008, 91-92쪽 참조) :
ㄱ. 牙音 如君字初發聲 竝書與虯字初發 ㅋ.牙音 如快字初發聲 ㆁ牙音 如業字初
發聲 ㄷ.舌音 如斗字初發聲. 竝書 如覃字初發聲 ㅌ.舌音 如呑字初發聲 ㄴ.舌音
如那字初發聲 ㅂ. 脣音 如彆字初發聲. 竝書 如步字初發聲 ㅍ.脣音 如漂字初發聲
ㅁ.脣音 如彌字初發聲 ㅈ.齒音 如卽字初發聲. 竝書. 如慈字初發聲 ㅊ.齒音 如侵
字初發聲 ㅅ.齒音 如戌字初發聲. 竝書. 如邪字初發聲ㆆ.喉音 如把字初發聲 ㅎ.
喉音 如虛字初發聲 竝書 如洪字初發聲 ㅇ.喉音 如欲字初發聲 ㄹ.半舌音 如閭字
初發聲 △.半齒音 如穰字初發聲.

『훈민정음』서문의 초성배열 순서를 보면 오행상생의 순서로 ㄱㅋㆁ(목-아음), ㄷㅌㄴ(화-설음), ㅂㅍㅁ(토-순음), ㅈㅊㅅ(금-치음), ㆆㅎㅇ(수-후음)의 순서로 배열되어 있다.

이것은 중성의 글자 하나하나가 오행, 방위, 수, 천간에 배속되었듯이 초성 하나하나에도 음양오행, 방위, 수, 지지에 배속될 수 있음을 보여주는 단서이다.

2) 5행방위낙서와 초성배열원리

『훈민정음』제자해의 내용을 보면 "ㅋ은 ㄱ에 비하여 소리가 조금 더 빠르므로 획을 더하였다. ㄴ이 ㄷ, ㄷ이 ㅌ으로, ㅁ이 ㅂ, ㅂ이 ㅍ으로, ㅅ이 ㅈ, ㅈ이 ㅊ으로, ㅇ이 ㆆ, ㆆ이 ㅎ으로 그 소리로 인하여 획을 더한 뜻은 모두 같다."[141]라고 하여 소리의 빠름에 따라 획을 더하였음을 밝히고 있다. 그럼에도 『훈민정음』에는 발음이 느린 순서인 ㆁ→ㄱ→ㅋ, ㄴ→ㄷ→ㅌ, ㅁ→ㅂ→ㅍ, ㅅ→ㅈ→ㅊ, ㅇ→ㆆ→ㅎ 으로 배열하지 않았다. 그렇다고 빠른 순서인 ㅋ→ㄱ→ㆁ, ㅌ→ㄷ→ㄴ, ㅍ→ㅂ→ㅁ, ㅊ→ㅈ→ㅅ, ㅎ→ㆆ→ㅇ의 순서로 배열하지도 않았다. 그렇다면 『훈민정음』서문에 하필 ㄱ→ㅋ→ㆁ, ㄷ→ㅌ→ㄴ, ㅂ→ㅍ→ㅁ, ㅈ→ㅊ→ㅅ, ㆆ→ㅎ→ㅇ의 순서로 배열한 이유는 무엇일까? 그리고 초성의 수數는 어떻게 확인할 수 있는 것일까? 앞에서 살펴본 중성의 수가 10간+干과 일치하는 것으로 보아 초성의 수는 10간과 짝을 이루는 12지+二支에서 찾을 수 있을 것 같다.

---

141) 『훈민정음』, 13-14쪽. 제자해 : ㅋ比ㄱ 聲出稍厲 故加畫 ㄴ而ㄷ ㄷ而ㅌ ㅁ而ㅂ ㅂ而ㅍ ㅅ而ㅈ ㅈ而ㅊ ㅇ而ㆆ ㆆ而ㅎ 其因聲加畫之義皆同 而唯ㆁ爲異 半舌音ㄹ 半齒音ㅿ 亦象舌齒之形而異其體無加畫之義焉.

먼저 5행과 12지의 관계를 보면 다음과 같다.

木: 寅 卯 辰, 東.

火: 巳 午 未, 南.

土: 辰 戌 丑 未, 中央.

金: 申 酉 戌, 西.

水: 亥 子 丑, 北

앞의 12지에 첫소리를 배당해 보면 제자해의 내용에서 아음은 목이라고 했으니 목에 속하는 인, 묘, 진에는 ㅋ ㄱ ㆁ 이 배당되며, 설음은 화라고 했으니 화에 속하는 사, 오, 미에는 ㅌ ㄷ ㄴ이 배당된다. 치음은 금이라고 했으니 금에 속하는 신, 유, 술에는 ㅊ ㅈ ㅅ이 배당되며, 후음은 수라고 했으니 수에 속하는 해, 자, 축에는 ㅎ ㆆ ㅇ이 배당된다. 그리고 순음은 토라고 했으니 토에는 ㅍ ㅂ ㅁ이 배당됨을 알 수 있다.

제자해에 "초성에도 역시 음양과 5행, 방위, 수를 지니고 있다."[142]고 하였으나 중성과는 달리 초성의 수數에 대해서는 구체적으로 밝혀놓지 않았다. 오봉협(1909-1953)도 "초성도 중성과 마찬가지로 <하도>에 의거하였으며, 음의 청탁에 따라 순위를 잡았다"[143]라고 하였지만 초성의 수數에 대한 구체적인 언급은 없다. 이정호(1913-2004)도 초성을 중성과 같이 하도에 배치시켰으나 초성의 수에 대해서는 언급하지 않았다.

---

142) 『훈민정음』, 16쪽. 제자해 : 初聲之中 自有陰陽五行方位之數也.
143) 허동진, 『조선어학사』, 한글학회, 1998, 349쪽.

그러나 앞에서도 말했듯이 필자는 초성을 중성처럼 하도에 같이 배
속시키는 것은 무리라고 본다. 그래서 초성의 배열원리와 초성이 지니
고 있을 수를 알아보기 위하여, 12지가 배속되어 있는 <5행 방위도>
와 <지지가 배속된 5행 방위낙서>를 연관시켜 살펴보고자 한다.

"대개 사람이 소리를 내는 것이 5행에 근본 하므로 사시四時에 어울
려 보아도 거슬림이 없고 5음五音에 맞추어 보아도 틀림이 없다. 목구
멍은 입안 깊은 곳에 있고 젖어 있으니 오행으로 보면 수水에 해당한
다.

소리는 공허하게 통하여 물이 맑고 잘 흐르는 것과 같으니 계절은
겨울이요 음音은 우羽이다.

어금니는 크고 길어서 5행으로 보면 목木에 해당한다. 소리는 목구
멍소리와 비슷해도 여물기 때문에 나무가 물에서 나되 그 형상이 있음
과 같으니 계절은 봄이요 5음은 각角이다.

혀는 날카롭게 움직이므로 5행으로 보면 화火에 해당한다. 소리가
구르고 날리는 것은 불이 이글거리며 활활 타오름과 같고, 계절은 여
름이요 5음은 치徵이다.

이는 단단하여 다른 물질을 끊으니 5행으로 보면 금金에 해당한다.
소리가 부스러지고 걸리는 것은 쇠의 잔 부스러기가 단련되어 이루어
짐과 같고 계절은 가을이요 5음은 상商이다.

입술은 다물면 모가 나니 5행으로 보면 토土에 해당한다. 소리가 머
금고 넓은 것은 땅이 만물을 함축하여 넓고 큼과 같고 계절은 늦여름
이며 5음은 궁宮이다. 그러나 물은 만물을 낳는 근원이요, 불은 만물을

이루는 작용이기 때문에 5행 가운데에서도 물과 불(水·火)이 핵심이 된
다.

목구멍(水)은 소리를 내는 문이요 혀(火)는 소리를 구분하는 기관이기
때문에 오음 가운데에서도 목구멍소리와 헛소리가 주장이 된다.

목구멍은 뒤에 있고 어금니가 다음이므로 북쪽과 동쪽의 방위요 혀
와 이가 또 그 다음이므로 남쪽과 서쪽의 방위요 입술은 끝에 있으므
로 토는 일정한 방위가 없이 사시에 덧붙어서 왕성하게 한다는 뜻이
다. 이렇듯이 초성에도 당연히 음양, 5행, 방위, 수가 있는 것이다."144)

이상의 내용을 표로 정리하면 다음과 같다.

〈초성의 성질〉

	후음	아음	설음	치음	순음
오행	수	목	화	금	토
사시	겨울	봄	여름	가을	계하
오음	우	각	치	상	궁
방위	북	동	남	서	중앙

---

144) 『훈민정음』, 14-16쪽. 제자해(국립국어원, 『훈민정음』, 2008, 94-95쪽 참조)
: 夫人之有聲本於五行. 故合諸四時而不悖 叶之五音而不戾 喉邃而潤水也. 聲虛而
通 如水之虛明而流通也. 於時爲冬 於音爲羽 牙錯而長 木也. 聲似喉而實 如木之
生於水而有形也. 於時爲春 於音爲角. 舌銳而動 火也 於時爲夏 於音爲徵 齒剛而
斷 金也. 聲屑而滯. 如金之屑소而鍛成也. 於時爲秋 於音爲商. 脣方而合 土也. 聲
含而廣 如土之含蓄萬物而廣大也. 於時爲季夏 於音爲宮. 然水乃生物之源 火乃成
物之用 故五行之中 水火爲大. 喉乃出聲之門 舌乃辨聲之管 故五音之中 喉舌爲主
也. 喉居後而牙次之 北東之位也 舌齒又次之 南西之位也 脣居末土 無定位而寄旺
四季之義也 是則初聲之中 自有陰陽五行方位之數也.

(1) ㄱ ㅋ ㆁ 의 자리

여기서 아음 ㄱ ㅋ ㆁ 은 5행에서 목木이므로 <5행방위도>의 인,
묘, 진, 목木의 자리에 해당된다. 그 중에서 ㅋ은 차청次淸으로 소리가
빠르므로 목木중에서 양목陽木인 인寅의 자리에 해당된다. ㄱ은 전청全
淸으로 ㅋ보다 소리가 덜 빠르므로 음목陰木인 묘卯의 자리에 배당된다.
따라서 불청불탁인 ㆁ은 목의 남은 자리, 목 중 토인 진辰의 자리에 배
당된다.145) 따라서 ㄱ은 묘卯, ㅋ은 인寅, ㆁ은 진辰의 자리이다. <지지
가 배속된 5행 방위도>에 배치시켜보면 다음의 오른쪽 <5행방위도의
아음의 위치>에서 보는 바와 같다.

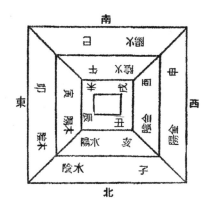

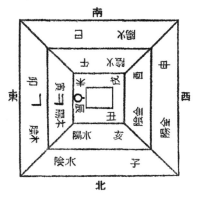

ㄱ : 卯 ㅋ : 寅 ㆁ : 辰

〈지지가 배속된 5행방위도〉146)   〈5행방위도의 아음의 위치〉

---

145) 辰을 목중 토라고 한 것은 이해를 돕기 위하여 사용한 단어이다. 未를 화중 토,
    戌을 금중 토, 丑을 수중 토라고 한 것도 이와 같다. ㅋ은 아음 중에서 소리가
    가장 거세므로 양목인 인의 성질에 속하고, ㄱ은 아음 중에서 소리가 덜 거세므
    로 음목 묘의 성질에 속한다. 따라서 ㆁ은 불청불탁으로, 남아있는 목중토인 진
    의 위치에 해당된다.
146) 淸, 王洪緖撰, 『卜筮正宗』, 中醫古籍出版社, 2012, 3쪽의 내용을 참조하여 그

(2) ㄷ ㅌ ㄴ의 자리

설음 ㄷ ㅌ ㄴ은 5행중에서 화火이므로 <5행방위도의 설음의 위
치>의 사, 오, 미의 자리에 해당된다. ㄷ ㅌ ㄴ과 사, 오, 미의 자리를
살펴보자. ㅌ은 차청次淸으로 소리가 빠르므로 양화陽火인 사巳의 자리
에 배당된다. ㄷ은 전청全淸으로 소리가 덜 빠르므로 음화陰火인 오午의
자리에 배당된다.147) 그리고 불청불탁인 ㄴ은 화 중 토인 미未의 자리
에 배당된다.

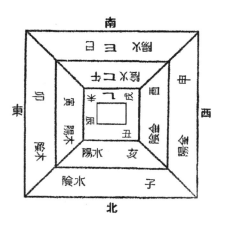

ㄷ : 午   ㅌ : 巳   ㄴ : 未

〈5행 방위도의 설음의 위치〉

---

147) 巳 : 體陰用陽. 巳中 7丙火. 7陽火를 用으로 쓰기 때문에 양화라고 한다. 午 :
  體陽用陰. 午中 2丁火. 2陰火를 用으로 쓰기 때문에 음화라고 한다. 5행 중 木
  金은 그렇지 않으나 水火는 상호 교감작용을 하므로 體陰用陽, 體陽用陰으로 바
  뀌어 작용한다. 오행 중에서 화인 巳는 12지지의 순서로 짝수인 6번째에 해당
  되므로 체는 음이고, 午는 홀수인 7번째에 해당되므로 체는 양이다. 그러나 巳
  중에 양인 丙火가 있어서 양을 用으로 쓰므로 巳가 陽火가 되어 체음용양이 되
  고, 午중에는 陰인 丁火 가 있어서 음을 用으로 쓰므로 午가 陰火가 되어 체양용
  음이 된다.

림으로 재구성하였다. 김우재외 1인, 『卜筮正宗 精解』, 명문당, 1972, 34쪽.

(3) ㅈ ㅊ ㅅ의 자리

또 치음 ㅈ ㅊ ㅅ은 5행중에서 금金이므로 <5행방위도의 치음의 위치>의 신, 유, 술의 자리에 해당한다. ㅈ ㅊ ㅅ과 신, 유, 술의 자리를 살펴보자. 차청次淸으로 소리가 빠른 ㅊ은 양금陽金의 자리인 신申의 자리에 배당된다. ㅈ은 전청全淸으로 ㅊ보다 발음이 덜 빠르므로 음금陰金인 유酉의 자리에 배당된다. 전청인 ㅅ은 남은 자리인 금 중 토인 술戌의 자리에 배당 된다.148)

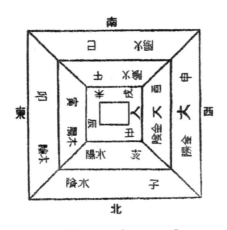

ㅈ:酉 ㅊ:申 ㅅ:戌

〈5행 방위도의 치음의 위치〉

(4) ㆆ ㅎ ㅇ의 자리

후음 ㆆ ㅎ ㅇ은 5행중에서 수水이므로 <오행방위도의 후음의 위치>의 해, 자, 축의 자리에 해당된다. ㅎ은 차청次淸으로 소리가 빠르므로 양수陽水인 해亥의 자리에 오게 된다. ㆆ은 전청全淸으로 ㅎ보다

---

148) 『훈민정음』, 17쪽. 제자해 : ㅅㅈ雖皆爲全淸 而ㅅ比ㅈ 聲不厲 故亦爲制字之始.

이상에서 살펴본 바와 같이『훈민정음』의 첫소리 순서가 <초성 5행 방위도>에 따라 배열되었음을 알 수 있다. 초성의 순서를 보면 5행상생의 순서인 목→화→토→금→수의 차례로 배열하되, 음陰을 먼저하고 양陽을 뒤에 둠으로써 지지의 묘(음목)→인(양목)→진(목중 토), 오(음화)→ 사(양화)→미(화중 토), 유(음금)→신(양금)→술(금중 토), 자(음수)→해(양수)→ 축(수중 토)의 차례로 하였다.

즉 ㄱ-묘(음목), ㅋ-인(양목), ㆁ-진(목중 토), ㄷ-오(음화), ㅌ-사(양화), ㄴ -미(화중 토), ㅈ-유(음금), ㅊ-신(양금), ㅅ-술(금중 토), ㆆ-자(음수), ㅎ-해(양수), ㅇ-축(수중 토)의 순서로 배열되어 있다. 입술소리 ㅂ, ㅍ, ㅁ의 순서도 이 순서에 따른 것이다.[151]

따라서 초성이 ㄱ→ㅋ→ㆁ, ㄷ→ㅌ→ㄴ, ㅂ→ㅍ→ㅁ, ㅈ→ㅊ→ㅅ, ㆆ→ㅎ→ㅇ으로 배열된 이유를 이것으로 확인할 수 있다. 전탁인 ㄲ, ㄸ, ㅃ, ㅉ, ㅆ, ㆅ은 각자 병서로서 초성의 배열순서에는 포함시키지 않았다.[152]

3) 5행 방위낙서와 초성배열원리

이상에서 논한 초성의 위치를 <지지가 배속된 5행 방위낙서>에 대응시켜 설명하면 다음의 오른쪽 그림 <초성 5행 방위낙서>를 작성할

---

151) ㅂ, ㅍ, ㅁ은 입술소리로 5행상 중앙 토에 배당하였다. 따라서 다른 초성처럼 따로 지지와의 관계를 연결할 수 없다. 그러나 ㄱㅋㆁ (목), ㄷㅌㄴ(화), ㅂㅍㅁ (토), ㅈㅊㅅ(금), ㆆㅎㅇ(수)의 순서에 따라 ㅂㅍㅁ(토)의 순서로 배열하였다.
152)『사성통해』에는 전청-차청-전탁-불청불탁의 순서로 되어있으나『훈민정음』에는 전청-전탁-차청-불청불탁으로 배열되어있다.

수 있다. 앞의 <초성 5행 방위도>보다 화살표 방향의 배열순서가 더 일목요연하다.

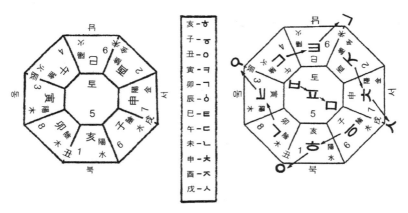

〈지지가 배속된 5행 방위낙서〉〈지지와 초성〉　　〈초성 5행 방위낙서〉

앞의 그림에서 보는 바와 같이 훈민정음 첫소리의 순서가 木→火→ 土→金→水의 5행 상생의 순서에 따랐으며, 앞의 <초성 5행 방위 낙 서>의 화살표 방향으로 ㄱ-묘(음목), ㅋ-인(양목), ㆁ-진(목중 토), ㄷ-오(음 화), ㅌ-사(양화), ㄴ-미(화중 토), ㅈ-유(음금), ㅊ-신(양금), ㅅ-술(금중 토), ㆆ-자(음수), ㅎ-해(양수), ㅇ-축(수중 토)의 순서로 배열하였음을 볼 수 있 다. "ㄹ과 △은 이체자異體字로 가획한 뜻이 없으며"[153], 5행 상생 순서 에 따라 ㄹ(화)과 △(금)은 끝에 배열하였다. 앞의 <초성 5행 방위도> 에서 ㆁ, ㄴ, ㅅ, ㅇ이 중앙 토의 진, 미, 술, 축에 배당되었으며, <초성 5행 방위낙서>에서도 ㆁ, ㄴ, ㅅ, ㅇ 이 사방의 토인 진, 미, 술, 축에

---

153)『훈민정음』, 14쪽. 제자해 : 半舌音ㄹ 半齒音△ 亦象舌齒之形而異其體無加畫之 義焉.

배당되었다. 그런데 ㆁ, ㄴ, ㅇ 은 불청불탁으로 토인 진, 미, 축에 배당
되었으나 술의 자리에는 불청불탁인 △이 아니라 전청인 ㅅ이 자리하
고 있음을 볼 수 있다. 그것은 『훈민정음』 제자해에서 "ㅅ과 ㅈ이 모두
전청이지만 ㅅ이 ㅈ보다 소리가 빠르지 않으므로 ㅅ을 글자 만드는
시초로 삼았다."154)라고 한 내용 때문이다. 여기서 △보다 ㅅ을 초성을
만드는 시초로 삼은 것은 예외이다. 그것은 △의 발음이 제대로 형성
되지 못하기 때문으로 본다.

그리고 지금까지 초성을 전청, 차청, 불청불탁의 순서로 배열한 이
유가 중국음운체계를 따랐기 때문이라는 주장은 있었으나, 왜 전청→
차청→불청불탁의 순서가 되었는지에 대한 연구가 없었다. 그것은 바
로 <지지가 배속된 5행 방위도>와 <지지가 배속된 5행 방위낙서>를
초성창제의 이론적인 배경으로 삼았기 때문이라는 것이 이로써 밝혀
졌다. 따라서 초성의 배열이 중국의 음운체계인 전청→ 차청→ 불청불
탁의 순서를 따랐다는 이론은 수정되어야 한다.

이상의 지지와 초성의 관계를 연관시켜 파악하는 작업은 제자해에
기술해놓은 '초성에도 음양, 5행, 방위, 수가 있다'라는 내용 때문에 가
능하였으며 초성의 음양, 5행, 방위, 수와 배열 순서를 밝히는 단서가
되었다. 초성의 배열순서와 음양, 5행, 방위, 수를 천간이 아닌 지지와
연관시켰을 때 비로소 그 실마리가 풀어지는 것이다. 표로 정리하면
다음과 같다. 여기서 지지의 수는 일반적인 역易의 이론을 따른 것이
다.155)

---

154) 『훈민정음』, 17쪽. 제자해 : ㅅㅈ雖皆爲全淸 而ㅅ比ㅈ聲不厲 故亦爲制字之始.
155) 앞의 <지지가 배속된 초성 5행 방위 낙서>에서는 오와 사가 4수와 9수, 유와 신
    이 2수와 7수로 서로 바뀌어 있다. 이것은 금화호역金火互易의 이치 때문이며

〈초성과 지지, 수의 배속표〉

초성	ㄱ	ㅋ	ㆁ	ㄷ	ㅌ	ㄴ	ㅈ	ㅊ	ㅅ	ㆆ	ㅎ	ㅇ
오행	목	목	토	화	화	토	금	금	토	수	수	토
방위	동	동	동남	남	남	서남	서	서	서북	북	북	동북
지지	묘	인	진	오	사	미	유	신	술	자	해	축
수	8	3	5	2	7	10	4	9	5	6	1	10

　이상에서 살펴보았듯이 초성의 배열순서와 수는 <5행 방위도>와
<5행 방위낙서>에서 근원하였음을 알 수 있다. 지금까지 중성을 <하
도>에 연관시킨 연구는 있었으나 초성을 <낙서>의 지지에 연관시킨
연구는 없었다. 그것은 <5행 방위낙서>와 초성의 이론적인 관계를 연
관시킬 생각을 못하였기 때문이다.

　지금 알고 있는 ㄱㄴㄷㄹㅁㅂㅇㅅㅈㅊㅋㅌㅍㅎ의 순
서보다 원래 만들어졌던 ㄱㅋㆁ, ㄷㅌㄴ, ㅂㅍㅁ, ㅈㅊㅅ, ㆆ
ㅎㅇ, ㄹ, △의 순서가 배열원리에 맞다. 왜냐하면 어금니 소리는 어금
니 소리끼리 모아서 배열하고 혓소리는 혓소리끼리 모아서 배열하는
것이 지금의 배열순서보다 더 합리적이기 때문이다. 또 한글을 배우는
외국인이나 우리 어린이들에게도 가획순서에 따라 ㆁ-ㄱ-ㅋ, ㄴ-ㄷ-
ㅌ, ㅁ-ㅂ-ㅍ, ㅅ-ㅈ-ㅊ, ㅇ-ㆆ-ㅎ 의 순서로 배우는 것이 훨씬 더 효
과적이다. 우리는 지금까지 우리의 시각으로 훈민정음을 바라보려는
노력이 부족하였다.

　영국의 제쓰(f)러(r) 샘슨(Geoffrey Sampson)교수는 한글은 의심할 여지없

　원래의 지지의 수는 아니다. 일반적으로 지지의 수는 묘·인-8·3, 오·사-2·
7, 유·신-4·9, 자·해-6·1, 진·술-5, 축·미-10이다. 여기서는 오·사-
2·7, 유·신-4·9의 이론을 따랐다.

는 인류의 가장 위대한 지적 성취 중 하나로 꼽혀야 한다고 하면서, 초
성의 가획원리가 기본자에 획을 하나씩 더함으로써 새로운 문자가 탄
생한다는 것을 매우 높이 평가하였다. 그것은 ㄴ-ㄷ-ㅌ처럼 한 획씩
가획함에 따라 발음이 달라지는 이치를 말한 것이다. 중성의 경우도
천지인(· ― ㅣ) 삼재를 기본으로 하여 ―와 ㅣ에 상하 좌우로 1점과
2점으로 구분한 것을 보고 자질(資質, feature system)문자라는 표현을 썼
다.156) 자질문자란 글자의 형태를 일정하게 변화시킨 문자라는 뜻이다.
그러나 글자의 형태만을 논한 샘슨의 '자질문자'라는 말은 표현이 명확
하지 않아 어설프고 애매하다.

왜냐하면 앞의<중성과 천간, 수의 배속표>와 <초성과 지지, 수의
배속표>에서 초성과 중성의 음양, 오행, 방위, 천간과 지지, 수에 대한
언급이 전혀 없기 때문이다. 이러한 점에서 볼 때 필자는 훈민정음이
자연(自然)에서 찾아낸 천연(天然)덕스러운 문자이므로 '자연문자'나 '천연문
자'라고 부르는 것이 적합하다고 본다. 정인지서문에도 "천지자연의 소
리가 있으면 반드시 그 소리를 내는 천지자연의 성문(聲紋)(소리의 자취, 흔
적, 문양)이 있는 법이니 그 소리의 자취를 본따서 훈민정음을 만들었
다."157)라고 분명하게 기록되어있다. 이렇듯이 소리가 나는 이치(소리의
문양인 입, 혀, 목구멍의 형상)를 찾아내어 만든 것이 훈민정음이므로 "후세
사람들이 함부로 바꿀 수 있는 일이 아니다."158)라고까지 하였다. 또
천지자연의 이치를 밝힌 하도와 낙서천문도에 이론적인 바탕을 두고

---

156) 제프(f)레(r) 샘슨 저, 신상순역, 『세계의 문자 체계』, 한국 문화사, 2000.
195쪽.
157) 『훈민정음』, 63쪽. 정인지서문 : 有天地自然之聲 則必有天地自然之文 所以古人
因聲制字.
158) 『훈민정음』, 63쪽. 정인지서문 : 以載三才之道 而後世不能易也.

만들어졌다는 점에서 볼 때 훈민정음을 '자연문자', '천연문자', '천문문
자'라고 이름 짓고자 한다.159)

---

159) 천문도에 의거하여 만든 초성과 중성은 모두 수를 지니고 있기 때문에 앞으로
    디지털 문자로 변신할 수 있는 좋은 조건을 갖추고 있다.

昜이 있었다는 기록이 보인다. 윷판 중앙의 둥근 점은 북극성을 나타낸 것이다. 얼굴을 고요한 물이나 거울에 비추면 좌우가 바뀌어 보이는데 그것이 윷판의 말을 반시계방향으로 돌리는 이유이다. 지구의 자전방 향과 같다. 그래서 윷판을 일명 성경도星鏡圖라고 한다. 예로부터 28수 二十八宿를 그린 윷판 암각화가 많이 전해지고 있으며, 고인돌의 덮개돌 에도 북두칠성 암각화가 그려져 있다. 『홍사한은』의 배달국 제10세 한 웅 제망 석근조 계묘 29년에도 "조양가朝陽街에 감성관監星官을 두었다 ."162)라는 기록이 나온다. 또 『홍사한은』의 배달국 13세 한웅 정해 39 년에 "감성관監星官 팽기에게 천문을 관측하게 하였다."163)라는 기록이 있다. 또 『태백일사』의 「소도경전 본훈」에 신시 때에 "우주는 본체이 며 28수는 가변체"164)라는 기록이 있는 것으로 보아 한웅때부터 해박 한 천문지식이 있었다.

조선朝鮮의 조朝를 파자하면 일日 월月 성十 신十 이다. 날일(日) 위의 성十은 북극성이며 날일(日) 밑의 신十은 계명성이다. 뒤의 월月은 달이 다. 따라서 조朝는 천문으로 이루어진 글자이다. 선鮮은 어업을 위주로 하는 해양족(魚)과 목축업을 위주로 하는 고산족(羊)이 통합한 의미(魚+

---

162) 반재원, 『주해 홍사한은』, 도서출판 한배달, 4345(2012), 73쪽.
   원문 6쪽-癸卯二十九年置監星官于朝陽街.
   필자주-요령성의 朝陽이 아니고 연길의 朝陽街로 보인다. 연길시를 관통하는 부
   얼하통하와 합류하는 강이 조양천이다. 연길비행장을 포함하는 일대를 朝陽川
   鎭이라고 한다. 요령성 심양북쪽에 있는 지금의 朝陽은 100여 년 전에 개명한
   땅이름이다. 그 당시 당나라 때에는 영주부 유성현이었다. 봉천은 지금의 심양
   이고 신경新京은 지금의 장춘이다.
163) 반재원, 『주해 홍사한은』, 도서출판 한배달, 4345(2012), 84쪽.
   원문 10쪽-命監星官彭基 觀測天度.
164) 『태백일사』, 「소도경전본훈」, 단단학회, 광오이해사, 1979, 88쪽 : 天白是本無
   體 而二十八宿乃假爲體也.

羊)이다. 고산족은 신시 배달국이며 해양족은 바다연안에 거주하는 족들이다. 신시배달국은 그 당시 이미 천문이 정립된 나라였다. 즉 천문을 숭상한 배달국이 해양족과 합쳐 다시 선 나라가 조선朝鮮이라고 볼 수 있다. 배달국과 단군조선, 고구려시대의 왕들은 모두 천문으로 나라를 다스린 뛰어난 천문학자들이었다. 『단기고사』와 『단군조선 47대사』에 35세 사벌단군 병자 8년(서기전 765년) 4월에 일식이 있었다는 기록이 보인다.

『천문유초』의 전욱(서기전2513-서기전2436년)때의 기록을 보면 갑인년에 '일월 오성이 자子방향에 모였다.'라는 천문기록이 있다. 한국 천문연구원 천문대장을 지낸 박석재 박사는 단군때의 오성취루 기록(서기전 1733년)보다 700여 년 전의 기록이라고 하였다. 삼황오제 중 한 사람인 전욱고양顓頊高陽은 황제의 손자이며 아버지는 창의昌意이고 어머니는 촉산蜀山씨의 딸이라고 전한다. 또 낙빈기의 『금문신고』에 의하면 전욱(서기전 2467-서기전2421년 재위기간47년)은 신농의 손자라고 하였으며 희화씨가 그의 생부이며 어머니는 상아라고 하였다. 『천문유초』에는 회화씨도 천문관으로 기록되어있다. 중국의 서양지徐亮之교수는 1943년 그의 『중국사전사화中國史前史話』에서 중국의 역법은 동이에서 비롯되었으며 역을 만든 회화씨는 은나라의 동이조상이라고 하였다.

하북성 보정保定 고양성高陽城 부근에서 출토되어 심양고궁박물관에 보관되어있는 전욱고양의 자손이 만든 <삼병명三兵銘>이 중국의 근세학자인 곽말약에 의하여 삼황오제시대의 병기였음이 밝혀졌다. 이 창날에 기록된 전욱고양의 3대 족보 '조일을祖日乙'과 '조일기祖日己'와 '대조일기大祖日己'가 '할아범'과 '큰 할아범'으로 해독됨으로써 삼황오제때의 말이 우리말이라는 주장이 가능해진다. 따라서 전욱고양이 우리 조상이라는 주장도 설득력을 얻는다. <삼병명>에 새겨져있는 '祖日乙'의 할애비조의 '할'과 날일의 '날'과 새을의 '새'가 '할날새' '할날시' '할아시' '할마시' '할아바시'로 읽을 수 있다. '祖日己'와 '大祖日己'의 己(몸)는 '할날몸' '할멈' '큰할날몸' '큰할멈'으로 읽을 수 있다. 또 '乙'과 '己'는 '巳(뱀)'와 뜻이 서로 넘나들므로 '祖日乙' '祖日己' '大祖日己'는 모두 '祖日巳' '祖日巳' '大祖日巳'로 보아 '할날뱀' '할날뱀' '큰할날뱀' 즉 '할아범' '할아범' '큰할아범'이 된다. 『홍사한은』의 배달국 12세(전욱고양 재위26년) 무오27년에 "무룡씨가 쇠를 녹이는 용광로를 만들고 옥을 새겨 예술품을 만들었다."[165]라는 기록은 옥기문화가 우리 것이라는 반증이다. 따라서 삼황오제시대의 홍산 옥기문화가 배달국시대의 우리 유적임을 알 수 있다.

한국천문연구원 고천문학자 양홍진 박사는 화투의 그림과 천문과의 관계를 설명하였다. 1월 송학과 8월 공산에는 떠오르는 해와 보름달이 있으며 4월 흑싸리에는 일식현상이 나타나 있다고 하였다. 48장은 4장씩 12달과 12절기를 상징하고 있다고 하였다. 화투도 우리나라에서 일본으로 건너간 것이 19세기에 다시 들어온 것이다. 북두칠성을 가리키고 있는 우리 조상들의 상투(上斗), 하늘을 그대로 땅에 펼쳐놓은 지리풍수의 나경패철羅經佩鐵 등 천문 아닌 것이 없다. 무덤 둘레석의 12지신상과 내부의 벽화와 상여 앞에 들고 가는 운삽雲翣과 상여 뒤에 들고 가는 불삽黻翣,[166] 그리고 상여의 12지신상에도 천문의 의미가 그대로

165) 반재원, 『주해 홍사한은』, 도서출판 한배달, 4345(2012), 80쪽.
166) 雲翣과 黻翣-시신을 묻을 때 고인의 기준에서 왼쪽허리에 雲, 오른쪽 허리에 불을 넣고 함께 묻어준다.(左雲右黻.已) 「雲」은 고인의 魂이 구름을 타고 하늘로

들어있으며 60갑자도 지구 세차운동의 1주기인 상원, 중원, 하원갑자 60년을 나타낸 것이다. 또 자, 오, 묘, 유년에 실시하던 식년과거시험에 문과는 33천을 의미하는 33인을, 무과는 28수를 의미하는 28명을 뽑았다. 또 광화문을 여는 새벽 4시에는 33번의 종을 치고 문을 닫는 저녁 8시에는 28번의 종을 친 것도 모두 천문에 따른 것이다. 흔히 33천을 불교의 우주관으로 알고 있으나 석가보다 단군의 천문학이 2천년이나 앞서있음을 알아야한다.

　『홍사한은』의 5세 구을 단군 갑자 13년에도 "감성관 팽운이 천체관측 기구인 혼천의渾天儀를 만들어 천도를 관측하게 하였다."[167]라는 기록이 나오고 15년에 국력國曆을 만들었다는 기록이 보인다. 또 같은『홍사한은』 5세 구을 단군 을축 14년에도 천문관측과 5행성과 사계절의 변화를 설명하고 있다. 감성관 황보덕이 아뢰기를,

　"신이 천문을 관측한지 50년에 천체를 대강 추측하였습니다. 천체의 중심이 되는 큰 별은 북극성과 같은 항성이요, 그 다음은 태양과 같은 것입니다. 그 다음으로 수성, 금성, 지구성, 화성, 목성, 토성, 천명성, 해명성, 음명성과 같은 행성이 있어 태양을 중추로 삼아 회전하고 있으니 우리가 살고 있는 지구는 태양계의 한 행성이요, 태양은 땅의 온도를 조화하여 만물의 생장을 조성하고, 지구의 외곽에는 붉은 막이

잘 올라가기를 염원하는 의미가 있으며, 「弶.亞」은 고인의 魄을 수호하여 명부冥府에 잘 인도되기를 염원하는 의미가 들어있다. 즉 살았을 때 기러기 솟대가 육신의 수호신이라면「雲」과「弶.亞」은 영혼의 수호신인 솟대의 역할을 한다.「弶.亞」은 '묘한 짐승이름 불'이다. 활弓자나 몸己자가 서로 대칭으로 등을 대고 있는 모습이다. '亞(버금아)'자가 아니다.

167) 반재원,『주해 홍사한은』, 도서출판 한배달, 4345(2012), 149쪽.
　　원문 20쪽-甲子十三年 命監星官彭雲 製渾天儀 觀測天度.

둘러싸서 지면의 각종 기체를 보전함으로써 기체가 발산하지 못하고 태양의 뜨거운 열을 받아 바람과 눈도 되고 비와 우박도 되고 전뢰도 되고 이슬과 서리도 되어 사시의 기후가 각각 다르게 되는 것입니다."168) 라는 기록이 보인다. 『홍사한은』 13세 흘달 단군 병신 28년에도 유위자가 말한 우주의 운행이치와 대기순환에 대한 구체적인 기록이 나온다.169)

『단군세기』의 13세 흘달 단군 무진 50년(서기전 1733년)에 수성, 금성, 화성, 목성, 토성이 일직선상에 나타났다는 오성취루五星聚婁 현상의 천문 관측 기록이 보인다.170) 또 『단군세기』에 19세 구모소 단군때 "주천력周天曆과 팔괘상중론八卦相重論을 지었다"171)라는 기록이 보인다. 『태백일사』「소도경전 본훈」의 삼일신고에도 "신이 김을 불어 지구를 싸시고 지구 밑까지 빛과 열을 쪼이니 기는 것, 나는 것, 뛰는 것, 심는 물건 등 온갖 것이 번성하게 되었다"172)라고 기록되어 있다. 또 『개천경』의 「삼일신고」 세계훈에 지구는 우주에서 하나의 작은 구슬에 지나지 않음을 말하고 있다. 「삼일신고」는 홍암이 서대문부근에 있던 옛 서울역에서 백전伯佺노인으로부터 「신사기」와 함께 전해 받은 것으로

168) 반재원, 『주해 홍사한은』, 도서출판 한배달, 4345(2012), 149쪽.
　　　원문 20쪽-乙丑十四年監星官黃甫德 ～ 陰陽四時.
169) 반재원, 『주해 홍사한은』, 도서출판 한배달, 4345(2012), 173-174쪽.
170) 『단군세기』, 단단학회, 광오이해사, 1979, 23쪽 : 戊辰五十年五星聚婁黃鶴來捿苑松.
171) 『단군세기』, 단단학회, 광오이해사, 1979, 26쪽 : 己未五十四年支離叔作周天曆八卦相重論.
172) 『태백일사』, 「소도경전본훈」, 단단학회, 광오이해사, 1979, 90쪽 : 神呵氣包底照日色 熟行蟲化 游栽物繁殖.

알려져 있다. 「삼일신고」는 크게 3가지 본이 있는데 대종교에서 쓰고 있는 <발해 석실본>과 의정부 <회암사 태소암본>과 <고경각의 신사기본>이다. 삼일신고는 발해 이전부터 존재했으므로 '제왈帝曰~'로 시작되는 <발해 석실본>이 원본이 될 수는 없고 <회암사 태소암본>은 그 후대의 것이므로 이 또한 원본이 될 수 없으며 '주약왈자이중主若曰咨爾衆~'으로 시작되는 <고경각 신사기본>을 가장 원전으로 보는 것이다. 왜냐하면 '제帝왈~'은 임금(帝)이라는 단어가 나오므로 이미 국가가 형성된 이후의 것이며 '주主약왈~'의 주主는 국가형성 이전의 기록으로 보기 때문이다.

『태백일사』의 「삼신오제본기」의 "한인桓仁씨는 1이 변화하여 7이 되고 2가 변화하여 6이 되는 운運 즉 1.6수, 2.7화를 말하였고 신시神市씨(한웅)도 천일天一이 물을 낳고 지이地二가 불을 낳는 위位 즉 천일생수, 지이생화라는 <하도천문도>를 말하였고, 왕검씨는 원둘레가 지름의 3.14가 되는 기機를 말하였다."[173] 또 「삼한관경본기」의 「마한세가」 상에도 '천일생수의 도와 지이생화의 도'를 언급한 기록으로 보아 이미 한웅 시대에 수학과 천문지식이 정립되어 있었음을 알 수 있다. 『단군세기』의 10세 노을단군 때에 "불함산에 누웠던 돌이 일어나고 천하天河의 거북이가 등에 그림을 지고 나타났는데 그 그림이 마치 윷판과 같았다"[174]라고 하였다.

---

173) 『태백일사』, 「삼신오제본기」, 단단학회, 광오이해사, 1979, 51쪽 : 桓仁氏 承一變爲七~神市氏 承天一生水~王儉氏 承徑一周三徑一 囬四之機 專用王道而治天下天下從之.
174) 『단군세기』, 단단학회, 광오이해사, 1979, 21쪽 : 不咸臥石自起天河神龜負圖而現圖如枏板.

이것을 낙서洛書라고 하는데 옛부터 하늘에 제사 지내던 제수도구로 쓰였던 별자리 그림이 새겨진 거북의 등껍질이 강가의 모래속에 묻혀 있다가 발굴된 것이다. 따라서 지금까지 알려진 살아있는 거북이가 그림을 지고 물에서 기어나온 것이 아니라 천제天祭의 제수도구로 사용되던 거북의 등껍질이며 거기에 새겨진 그림이 바로 낙서천문도이다.175) 『단군세기』의 36세 매륵 단군조에도 "하도는 별의 문양이다."176) 라고 하였으며 소강절의 『황극경세』에도 하도와 낙서의 점들은 별자리라고 하였다.

또 「정교증주 태백속경」에 의하면 "단군 조선 때에 단군이 책을 만들어 새겨서 금 거북이 속에 감추어 바다에 띄워 보내면서 말하기를 이것을 얻는 자 성인이 되리라고 하였는데 낙수洛水가에서 우虞가 거두었기에 이에 낙서洛書가 되었다."177)라는 기록이 보인다. 『주비산경』에 이르기를 "우임금이 천하를 다스린 힘이 바로 천문지식에서 나온 것이다."178)라고 하였다. 28수를 그린 윷판 암각화도 오랜 옛날부터 전해지

---

175) 필자주-낙서는 천제의 제수도구로 쓰이던 죽은 거북이 껍질에 새겨진 별자리 그림으로 九星圖이다. 이 거북이 껍질이 하남성 낙양부근의 洛水가 모래밭에서 발굴된 것이다. 살아있는 거북이가 그림을 지고 나타난 것이 아니다. 이런 것 때문에 하도 낙서가 학문의 범주에 들지 못하고 전설의 고향으로 취급 받고 있다.

176) 『단군세기』, 단단학회, 광오이해사, 1979, 32쪽 : 辛亥三十五年龍馬出於天河 背有星文.

177) 이유립, 『大倍達民族史 3』, 「訂校增註太白續經」, 고려원, 1987, 294쪽 : 大辯說 曰初 檀君書成以其刻 藏之金龜而泛諸海日之東之西 ~ 時 禹之洛水 見而收之 是爲洛書也.

178) 『周髀算經』, 禹之所以治天下者 此數之所生也. 주비산경의 저자는 모르며 3세기 경에 쓰인 것으로 전해진다. 周公旦과 商高의 대화를 주고받은 천문, 수학책이다. 周는 주나라를 일컫는 것이라고 한다. 그러나 周는 하늘의 圓周를 의미하는 것으로 보인다. 왜냐하면 髀는 해시계의 그림자를 뜻하기 때문이다.

고 있다.

천문학자들의 말에 의하면 오랜 우주 역사에 비하면 인류의 탄생은 3초전이었다고 한다. 고고학자로서 '오리진'이라는 책을 쓴 리처르드 리키(Richard Leakey)는 180만 년 전에 직립인간인 호모 에럭투스(Homo erectus)가 생겨났다고 한다. 인도네시아 자바와 중국 북경에서 발견된 화석이 여기에 속한다. 호모 에럭투스가 오늘날 인류의 조상인 호모 사피엔스로 진화하였다. 그런데 불과 1만 년 전의 한웅시대를 석기시대라고들 한다. 배달국 14세 자오지 한웅인 치우가 벌써 동두철액의 투구를 사용하였다는 기록은 무엇을 의미하는가? 배달국인 한웅시대가 벌써 청동기와 철기시대였다는 증거이다. 칼 세이건은 우주의 역사 137억년을 지구의 1년으로 축약하여 설명하였다. 그의 이론에 의하면 우주가 탄생한지 얼마 안 된 1월 24일에 은하가 등장한다. 우리 태양계는 9월 9일에, 지구는 9월 14일에 생겨났고 지구에 생명체가 생긴 것은 9월 30일이다. 석가와 예수는 12월 31일 밤 11시59분55초와 56초에 태어났다고 한다. 이로 미루어 볼 때 6000년 전 한웅시대는 인류 탄생 역사로 보면 최근세사에 속한다. 따라서 앞의 기록들로 보아 한웅시대는 이미 천문학이 정립된 시기라고 보아 무리가 없다. 우리민족을 천손민족이라고 하는 것은 천문민족이라는 말이다. 천문이론을 가장 먼저 정립한 민족이기 때문이다. 천부경도 천문에 다름 아니다.

소강절邵康節은 서기1000년대에 이정지李挺之로부터 도서선천상수圖書先天象數라는 도학道學을 배워 『황극경세서皇極經世書』라는 저서를 남긴 역리학의 조종祖宗이다. 소강절의 『황극경세서』를 근거로 하여 지구의 운행 괘적을 추수推數해 본 어느 역리학자의 주장에 따르면 단기4350

년(서기2017년)은 지구가 수성과 금성의 괘도를 떠나 지금의 괘도에서 공전과 자전운동을 시작한지가 1015,5934년째가 된다는 이야기이다. 이것을 천지 개벽수인 1원元(12,9600년)으로 나누면 78원이 지나가고 4,7134번째의 공전 운동에 들어가 있는 것이다. 『주비산경』에는 1원이 12,7680년으로 기록되어 있으나 대체로 『황극경세서』의 12,9600년으로 통용되고 있다.

1015,5934년을 60갑자로 나누면 16,9265 나머지 34이다. 즉 16,9265 번의 갑자甲子년이 지나고 2017년이 34년째에 해당되므로 60갑자의 34번째 간지가 2017년 정유년이 되는 이유이다. 즉 2017년은 지구가 태양계에서 좌표를 점지 받은 후 16,9266번째로 맞는 정유년이 되는 셈이다.

지구의 운명을 이야기할 때 1원元을 단위로 천지개벽이 이루어지는 것으로 보았다. 전술한 내용대로라면 현재의 지구는 여태까지 78번이나 대 개벽을 치루고 79번째 개벽으로 달려가기를 서기 2017년인 올해로 4,7134년째가 되는 해이다. 앞으로 79번째 대 개벽이 오려면 8,2466 년(12,9600년-47134년=82466년)이 지나야 한다는 계산이 나온다. 여기서 1 원元인 12,9600년에서 봄, 여름, 가을, 겨울의 각 주기인 겨울주기 3,2400년을 8,2466년에서 제하면 앞으로 5,0066년이 우주의 79번째 늦여름과 가을철이 되는 것이다. 12,9600년 중 늦여름과 가을철 후반기 5 만년이라는 계산이 나온다. 그러나 "그것이 지구의 종말이 아니라 3,2400년의 겨울 빙하기가 끝나면 80번째의 우주의 봄이 오면서 12,9600년의 우주의 1년(1원)이 다시 시작되는 것이다. 그다음 81번째 (9x9=81)의 개벽이 끝나면 태양으로부터 떨어져 나온 신성新星이 수성

의 괘도로 진입하고 지구는 화성 자리로 밀려나서 죽은 별이 되고 금
성이 밀려나와 지금의 지구 괘도를 차지하면서 생명체가 사는 별로 바
꿔게 되는 것이다. 그리고 우리 태양계의 완전수인 10수를 유지하기
위하여 11번째가 되는 명왕성은 사라지게 되는 것이다.179) 이 계산에
따른다면 올해 서기 2017년으로부터 34,1666년 후의 일이다. 지구가
수성의 괘도에 있을 때부터의 지구 전체 역사가 45억년이 지난 것으로
보이지만 이 천문계산에 따르면 이러한 추수推數가 가능해진다는 것이
다.(12,9600×81원=1049,7600년) 따라서 지금의 화성은 밀려난 옛날의 지구
였다. 그런데 78원(12,9600×78) 즉 천만년이 지난 지금 화성을 탐사하여
생명체를 찾는 것은 의미가 없다. 흙부스러기와 돌멩이밖에 주워올 것
이 없다. 화성 탐사를 할 인력과 비용으로 그 때가 되면 지구의 괘도에
진입할 금성으로 이주할 준비를 해야 할 것이다.

소강절의 『황극경세서』에 의하면 우주의 1시간(120분)은 지구의 30년
(1시간은 30도)이며 우주의 하루는 지구의 360년(30년×12시간)이며 우주의
한달은 지구의 1,0800년(360년×30일)이고 우주의 1년은 지구의 12,9600
년(1,0800년×12달)이다. 이러한 관점에서 볼 때 수리數理로 이루어진 천
부경天符經도 천문에 부합하는 경전이다. 천부경은 우주 생성원리와 운
행이치를 무극, 태극, 5행과 하도낙서천문도의 원리로 설명하면서 인
간이 우주의 운행원리에 순천順天하면서 자연의 순리에 따라 살아야

---

179) 필자주 - 9x9=81의 마침 수에 따른 필자의 추수推數 이론이다. 여기서 숫자의
　　단위를 4자리로 한 것은 우리 고유의 방법을 따른 것이다. 156만을 3자리인
　　1,560,000으로 표기하기보다 4자리인 156,0000으로 표기하면 쉼표 앞의
　　156을 156만으로 바로 읽을 수 있다. 일반인들은 단위를 금방 파악할 수 있어
　　서 오히려 더 편리하다.

한다는, 삶의 방향을 제시해준 백성들에게 내린 도덕의 지침서이다. 모든 종교와 도와 과학이 천문과 수를 떠나서는 있을 수 없다. 모든 학문과 사상과 종교의 벼리는 천문이다. 이러한 우주 자연의 이치를 설명한 글이기 때문에 최치원도 천부경을 '더없이 큰 도(玄妙之道)'라고 하였다. '현묘玄妙'란 '묘하다'는 뜻이 아니다. '위없이 크다'는 의미이다. 그래서 그는 불교의 지감, 도교의 조식, 유교의 금촉, 유불선 3교를 비롯하여 '만교萬敎'를 포함하고 있는 시원사상始原思想'으로 보았다.

우리 민족의 전통문화와 영혼관은 천문을 떠나서 이야기 할 수 없다. 고분 벽화의 사신도도 28수 천문도에 다름 아니다. 우리 민족은 죽는다는 것이 본 고향인 우주로 돌아가는 것임을 알고 있었다. 우리는 죽음을 '돌아가셨다' '도(道-무극의 기운)로 가셨다'라고 표현한다. 그래서 망자를 북두칠성의 칠성판 별자리에 뉘여 묻었으며 무덤 내부의 공간도 우주공간의 스물여덟 별자리로 장식하였다. 이는 전국의 고인돌에서 북두칠성 암각화가 발견되는 것으로 보아 선사시대부터 내려오는 우리민족의 천문관이었음을 알 수 있다.

우리의 궁궐과 부속건물인 주합루宙合樓, 규장각奎章閣, 취규정聚奎亭, 양의문兩儀門 등의 이름도 천문에 바탕 하였다. 규장각은 왕실의 서고書庫이다. 규奎는 서방7수의 첫 번째 별자리 이름이며 문文과 학學을 관장하는 별이다. 또 창덕궁의 북쪽문인 태일문太一門은 북극성을 뜻한다. 임금이 왕위에 오르는 것도 우주의 중심인 북극성北極星의 자리에 오른다는 뜻으로 '등극登極'한다고 하였다. '취임就任'과는 격이 다르다. 옥좌

뒤의 일월 오악도는 <음양 오행도>에 다름 아니다. 음양은 해와 달이며 오행은 수성, 목성, 화성, 토성, 금성의 오행성을 나타낸 천문도이다. 경복궁 근정전의 월대의 동서남북에 세워놓은 청룡, 백호, 주작, 현무, 사방신四方神 석상들도 북극성에 해당하는 옥좌를 호위하는 28별자리를 상징한 것이다. 궁궐은 하늘의 지도 즉 천문도天文圖를 지상에 펼쳐 놓은 별(星)천지이다. 창덕궁 내에 돌아가신 선대왕들의 어진御眞을 모신 건물이 선원전璿源殿이다. 임금의 초상화를 보관하는 이 선원전도 북두칠성의 2성인 천선天璇의 선璇에서 연유한 이름이다. 옛날에 황도와 적도 등 천문을 관측하던 기기機器도 2성인 천선天璇(거문)과 3성인 천기天璣(녹존)를 따서 선기옥형璇璣玉衡이라고 하였다. 더구나 북두칠성의 9번 째 별인 내필內弼은 서양에서도 망원경이 발달한 최근에 와서야 비로소 알려진 별인데 우리조상들은 이미 수 천 년 전부터 알고 있었다. 동서남북 4대문과 중앙의 보신각도 하도천문도의 산물이다. 1세기 고구려의 <천상열차분야지도>는 중국의 <순우천문도>보다 12세기나 앞섰다. 1년 365일에 맞춘 365개의 돌과 24절기에 맞춘 상단과 하단의 24단, 28수를 상징한 전체 28단의 경주 첨성대는 우리 천문지식의 정수이다. 『삼국사(기)』에도 일식, 혜성, 유성, 객성 등의 천문 현상이 200여건이나 기록되어있다, 신라왕관의 날출出자 일곱 가지와 칠지도의 일곱 가지도 북두칠성신앙에서 온 것이다.

이렇듯이 천문이라는 개념을 떠나서는 천부경과 한글창제원리와 태극원리를 비롯한 우리 민족의 저변에 살아 숨 쉬고 있는 사상과 예술과 문화의 맥을 짚어낼 수 없게 되어 있다. 자식의 이름항렬도 5행성의 상생순서에 기본 하였고, 또 제사 축문祝文의 2016년 음 5월 21일을 '維歲次 丙申 五月 戊午朔 二十一日 甲戌'이라고 하는데 여기서 세차, 병신, 무오, 갑술이라는 단어는 목성의 세차운동과 5월 21일 날의 지구의 공전과 자전의 위치 즉 제사일의 시공간의 좌표인 천문현황을 밝힌 것인데 이를 케케묵은 구습으로 안다. 앞에서 보았듯이 올해4350(2017)년이 정유년이 되는 것도 지구의 공전으로 인한 천문현상에서 비롯된 것이다. 혼사 때 보내는 사주단자도 태어난 날 황도 상에 들어오는 별자리와 오행성과 지구와의 관계를 살피는 천문 현황을 적은 것이므로 '사성四星'이라고 하였다. 또 사람이 태어나는 것을 별의 탄생으로 보아 별辰자를 써서 '생신生辰'이라고 하는 것이다. 또『부도지』의 북신北辰이나 칠요七曜,『태백일사』의 「소도경전 본훈」의 "허공은 하늘의 질량이다."180) 라고 한 내용이나 "태백진교는 천부에 근원한 것으로 지구의 공전과 자전에 합한다."181)라는 기록이 모두 천문에 대한 내용이다.

　더구나『태백일사』의 「삼한관경본기」의 한웅의 제천祭天행사때 풍백이 천부를 새긴 거울을 들고 앞서가는 장면182)이 나오는데 거울에 새긴 천부를 복희의 하도천문도나 북두칠성으로 보는 것이다.『격암유록』의 사답칠두락寺畓七斗洛의 칠두도 절 안의 칠성각을 의미하며 북두칠성을 믿는 우리민족을 상징한 것으로 본다. 배필配匹이라는 '배配'도 유시酉時에 짝을 맞는다(酉+己)는 뜻이다. 이처럼 천문을 떠나서는 우리의

---

180)『태백일사』,「소도경전본훈」, 단단학회, 광오이해사, 1979, 95쪽 : 虛空爲天之質量.
181)『태백일사』,「소도경전본훈」, 단단학회, 광오이해사, 1979, 95쪽 : 太白眞教源於天符而合地轉.
182)『태백일사』,「삼한관경본기」, 단단학회, 광오이해사, 1979, 73쪽 : 盖風伯天符刻鏡而進.

삶과 문화를 이야기할 수 없다. 이 또한 세종이 훈민정음을 천문도에 이론적인 바탕을 두고 만들게 된 필연적인 연유로 보는 것이다. 이어서 세종의 천문지식을 살펴본 후 훈민정음 28자와 28수 천문도의 연관성에 대하여 논하여 보고자 한다.

2) 세종의 천문지식

세종실록에 의하면 세종이 천문관측에 몰두했다는 기록들을 여러 곳에서 확인할 수 있다. 그중에서 중요한 몇 가지만을 들어보면 다음과 같다.

세종3년인 1421년에 세종이 천문비기天文秘記를 가까이 두고 연구하였으며 세종실록15년에는 "정초, 박연, 김빈 등이 새로 만든 혼천의를 바쳤다. 세자(문종)가 간의대에 나아가 정초, 이천, 정인지, 김빈 등과 함께 간의와 혼천의 제도를 강문하였다. 김빈과 내시 최습에게 명하여 간의대에서 숙직하면서 해와 달과 별들을 관찰하여 그 문제점을 파악하게 하였다. 당시 숙직 때문에 고생하는 김빈에게는 옷까지 하사하였다."[183]

세종은 세종 13년(서기1431)부터 새로운 역법을 연구하도록 명하였다. 이순지의 <제가역상집>과 <동국문헌비고>에 따르면 세종15년(서기1433년)에 세종이 직접 한양의 북극고도를 표준으로 28수의 거리와 도수, 12궁에 드나드는 별의 도수를 일일이 측후하여 김담, 이순지에게 명하여 그것을 석판에 새기게 하였다. 같은 해 정초, 김빈, 정인지, 이천 등이 혼천의를 제작하였다. 세종10년(1428년) 무렵 진주에 사는 한

---

183) 『세종실록』, 권60, 세종 15년 조. (1433년)

백성이 자기 아버지를 살해한 사건이 있었는데 세종이 큰 충격을 받고 이때부터 삼강행실도 제작지시와 함께 천문에 바탕을 둔 문자창제를 준비한 것 같다. 세종24년(서기1442)은 『칠정산내외편』을 완성한 뜻 깊은 해이다. 이것은 바로 천문의 자주 독립을 쟁취한 혁명이었다. 이후부터 명나라 대통역을 '중국역'으로 부르고 우리역을 '본국역'으로 구분하여 부르도록 명칭을 바꾸었다. 비로소 명나라의 하늘에서 벗어나 '조선의 하늘'을 가지게 되었다. 그러나 명나라의 하늘도 원래 대륙의 배달국과 대륙 단군조선의 하늘이었으니 세종의 이러한 천문연구는 배달국과 고조선 때부터 면면히 내려오던 천문이론을 계승한 것이었다. 조선의 하늘을 가진 그 연장선상에서 세종28년에 천문도를 이론적인 바탕으로 한 문자를 공표하였으니 바로 조선의 하늘을 이고 사는 조선백성에게 가르칠 조선의 문자 훈민정음이다. '훈민정음'은 '바른 소리'라는 번역보다는 '조선백성에게 가르칠 표준어'라는 뜻이다. 저자는 세종이 <28수천문도>를 이론적인 바탕으로 삼아 창제한 <훈민정음28자>를 세종25년에 공식 발표하지 않고 3년간의 검토과정을 거쳐 <세종28년>에 공표하여 수리를 28로 맞춘 것도 우연의 일치라기보다 <하도천문도>와 중성의 수리, <5행방위도>와 <낙서천문도>의 초성의 수리를 중시한 세종의 의도가 담겨져 있었다고 본다. 또 <훈민정은 언해본>의 반포문 글자 수를 108자로, 『훈민정음』 예의편의 반포문 글자 수를 108자의 절반인 54자로 한 것도 세종의 의도였을 것이다. 불교의 108배도 원래 신선도 수련에서 기氣를 모으는 기초수련법이었다. 100일기도도 하도천문도 55수와 낙서천문도 45수의 100수에서 기원한 것으로 보는 것이다.

　세종16년(1434년)에는 경복궁 경회루 북쪽에 높이 31자(9.4m), 길이 47
자(14m), 너비 32자(9.7m)의 돌로 쌓은 관측대를 만들었다. 또 그곳에 1
년 만에 간의簡儀184)를 준공하였다. 이 간의대簡儀臺185)에는 혼천의渾天
儀,186) 혼상渾象,187) 규표圭表188)와 방위 지정표인 정방안正方案189) 등이
설치되었다. 간의대 서쪽에 설치된 거대한 규표는 동표의 높이가 40자
(12m)였다. 청석으로 만든 규의 표면에는 장, 척, 촌, 푼의 눈금을 매겨
한낮에 동표의 그림자 길이를 측정하여 24절기를 확정하는 데 사용하
였다. 이것은 원나라의 곽수경이 세운 관성대觀星臺 이후 동양에서 가
장 큰 간의대였다. 대간의대는 하늘을 원으로 하여 365도 1/4의 눈금
이 새겨진 적도환이 있었다. 그 안쪽에 12시 100각의 눈금이 새겨진

---

184) 簡儀- 조선시대에 천체의 운행과 현상을 관측하는데 쓰던 간의. 지금의 첨성대.
　　간의대 위에는 간의와 정방안이 있었으며, 그 양쪽에 渾儀, 혼상각과 규표가 설
　　치되었다.
185) 簡儀臺 : 해시계, 물시계, 혼천의(천문시계)과 함께 천체의 운행과 현상을 관측
　　하던 기구의 하나. 오늘날의 角度器와 비슷한 구조를 가졌으며, 혼천의를 간소
　　화한 것이다. 세종15년(1433년)에 이천, 장영실 등이 구리로 제작하였고 세종
　　16년에 준공하였다. 간의대는 조선시대의 천문 관측대. 천체관측 기구인 간의
　　를 설치했으므로 간의대라고 한다. 경복궁 경회루 북쪽에 있었다.
186) 渾天儀 : 천체의 운행과 그 위치를 측정하여 천문시계의 구실을 하였던 儀器.
　　璇璣玉衡, 渾儀, 渾儀器라고도 한다. 정초, 정인지 등이 고전을 조사하고 1433
　　년(세종15년) 이천, 장영실 등이 제작하였다. 12宮, 24氣와 28수가 새겨져 있
　　다. 지금의 지구본과 유사하다.
187) 渾象 : 하늘의 별들을 보이는 위치 그대로 둥근 구면에 표시한 천문기기를 말하
　　며, 별이 뜨고 지는 것, 계절의 변화와 시간의 흐름을 측정할 수 있다. 정초, 정
　　인지가 고전을 조사하고 세종 14년(1432)에 이천, 장영실이 구리로 제작하였
　　다.
188) 圭表 : 천문 관측기계의 하나. 곱자처럼 생겼으며, 그림자의 길이로 태양의 시차
　　와 1년의 길이와 동지, 대한, 입춘 등 24절기를 관측하였다.
189) 正方案 : 방위를 바로 잡아서 동서남북을 표시하는 水平板. 경회루 북쪽에 돌을
　　쌓아 대를 만들었는데 높이가 31척, 길이가 47척, 너비가 32척이었다. 그 꼭대
　　기에 간의를 놓았다.

백각환이 있고 중심에 사유환이 있어 천체의 변화 위치를 관측하였다. 이 간의대는 세종 20년(1438년)부터 서운관書雲觀이 주관하여 매일 밤 5명의 관리가 교대로 관측에 임하게 하여 실질적인 기능을 다 하였다. 앙부일구를 처음으로 혜정교와 종묘앞에 설치하였다.190)

그리고 고려시대부터 내려오던 서운관은 나중에 관상감觀象監으로 개편하였다. "관상감은 천문, 지리, 역수曆數에 관한 업무를 맡아본 관아로써 물시계, 해시계의 발명도 여기서 이루어졌다."191) 천문과 과학의 중요성을 인식한 세종의 적극적인 지원에 힘입어 "관상감의 관원을 34명에서 80여명으로 확대하였다."192) 당시 명나라 천문 기관인 흠천감欽典監의 인원이 11명이었던 점을 보면 세종이 얼마나 천문에 심혈을 쏟았는지 알 수 있다. 그 당시 조선의 천문학은 세계최고의 수준에 올라있었다. 중성을 <하도천문도>에 배경을 두고 창제할 생각을 하였다는 것은 목성, 화성, 토성, 금성, 수성의 공전과 지구의 공전, 자전현상을 꿰뚫고 있었다는 증거이다.

또 세종16년(1434년)부터 짓기 시작하여 세종20년(1438년)에 준공된 흠경각欽敬閣193)은 경복궁 강녕전 곁에 있었다. 12지신상을 만들어 때마

---

190) 『세종실록』, 권 66, 세종16년 조(1434년).
191) 『세종실록』, 세종 20년 조.
192) 이기원, 「조선시대관상감의 직제 및 시험제도에 관한연구」, 한국지구과학회지, 2008, 29호. 98-115쪽 : 관상감은 천문(일식, 월식, 혜성, 유성 등), 지리, 역수(책력), 점산, 측후, 각루刻漏 등의 일을 담당했던 국가 기관이다. 1392년에는 서운관 직원이 34명으로 추정되며, 1445년(세종 27년)에는 전체 인원이 80명 이상으로 늘어났다. 서운관은 세조12년에 관상감으로 개칭되었다.
193) 흠경이라 함은 '서경'에 나오는 '하늘을 우러르고 하늘이 지시하는바 대로 삼가 인간에게 때를 알려준다.'는 뜻을 취한 것이다. 흠경각은 세종이 직접 지은 이름이며 경복궁 안에 있었다. 흠경각 안에 있는 옥루는 장영실이 만든 자동물시계

다 시각을 알렸다. 세종 19년에는 일성정시의日星定時儀라는 관측기를 완성하여 사용하였다.194) "평양에 있었던 고구려 석각 천문도가 전란戰 亂 중에 대동강에 빠뜨려 잃어버리고 없었는데, 태조 이성계 등극 초기 에 그 탁본을 바친 자가 있어서 전하께서 보물처럼 중하게 받았다."195) 라는 기록으로 보아 태조 이성계부터 천문도와 천문관측기구 제작에 커다란 관심을 가졌음을 볼 수 있다.

세종이 신하들의 극심한 반대를 물리치고 장영실을 중용하여 '혼천 의' '관천대' '일성정시의' '앙부일구' '자격루' '옥루' '대간의' '소간의' 등 새로운 천문기기를 제작하게 한 것은 세종이 천문연구에 얼마나 심혈 을 기울였는지를 보여주는 좋은 예이다. 『세종실록』1437년(세종19년) 3 월 11일부터 14일간 미수尾宿자리(전갈자리)에서 관측된 신성新星에 대한 기록도 2017년 8월 30일날 발표한 국제학술지 '네이처'가 나서서 밝힘 으로써 조선천문학의 우수성을 입증해주었다. 이것은 2005년에 고천문 학자 양홍진박사가 이미 발표한 사실이기도하다. 이러한 천문에 대한 세종의 깊은 지식과 관심으로 미루어 볼 때 훈민정음을 천문도에 바탕 을 두고 창제한 것은 당연한 수순이었을 것이다. 이러한 세종의 천문 연구는 유구한 역사를 통하여 한국桓國, 배달국, 단군조선, 고구려를 이 어 면면히 계승되어온 결과였다. 1882년에 성경을 처음 번역하고 가로 쓰기와 띄어쓰기를 시도하였다고 전해지는 스코틀랜드 출신 존로스 (John Ross)선교사와 공동번역자인 서상륜과 백홍준의 노력과 한글사랑의

이다.
194)『세종실록』, 권77, 세종 19년 조. (1437년) 日星定時儀 : 세종 19년(1437)에 만든 시계. 밤낮으로 시각을 잴 수 있도록 만든 주야 측후기로 만춘전, 함경도병 영, 서운관, 평안도병영에 각각 하나씩 두었다.
195) 나일성, 『한국천문학사』, 서울대학교출판부, 2000, 76쪽.

선구자 헐버르으트(Hulbert)가 세종의 훈민정음을 부활시킨 인물이라면 세
종은 배달국 때부터 내려오던 우리 고대 천문학을 부활시킨 인물이다.
이러한 시각에서 훈민정음 28자와 <28수 천문도>의 관계를 논하여
보고자 한다.

3) 훈민정음 28자와 28수 천문도

(1) 정음과 천문도

훈민정음 창제는 역易의 근본인 천문도와 불가분의 관계가 있다. 최
석정(1646-1715년)도 "임금이 지으신 언문 28자는 바로 열수列宿의 상이
다."[196]라고 하여 28수와 연관이 있다고 하였다. 홍양호(1724-1802년)도
"훈민정음 28자는 열수列宿에 응應하였다."[197]라고 하였다. 이러한 기록
을 보면 조선시대의 학자들도 훈민정음 28자와 천문 28수도가 서로 연
관성이 있는 것으로 인식했었다.

그러나 근대에 들어와서는 이런 견해가 별로 주목받지 못하였다. 예
를 들면 김윤경(1894-1970년)은 홍양호가 제기한 28수 기원설은 별로 인
정할 것이 못된다고 하였다. 김윤경은 홍양호의 '자형은 규벽원곡의 상
이며, 점과 획은 소전과 분예의 체를 모방했다.'는 문장의 내용을 들어
"상형설과 한자설을 주장한 것같이도 보이므로 다소 애매한 말이다."[198]

---

196) 최석정, 『경세훈민정음도설』, 한국학연구원, 1985, 8쪽 : 御制諺文二十八字 卽
列宿之象也.
197) 홍봉한외, 『增補 文獻備考』, 중권, 권108, 악고(樂考) 19장, 명문당, 1985,
304쪽 : 洪良浩曰 我世宗大王 創制訓民正音二十八字 以應列宿之數 而字形則觀
奎壁圓曲之象 點劃則倣小篆分隸之禮(훈민정음 28자는 열수-천상열차분야지도-
에 응하였고 글자의 모양은 규벽원곡의 형상이고 점과 획은 소전과 분예의 형체
이다).
198) 김윤경, 『한결 김윤경 전집 1』, 연세대학교 출판부, 1985, 179-180쪽.

라고 비판하였다. 영국의 샘슨교수도 그랬지만 최현배(1894-1970년)도 "중국 옛적 별갈(星學)에서 별자리를 28로 가르는데, 그 28수에 맞추어 만들었다는 것이니, 엉터리없는 괴이한 견해에 지나지 않는 것이다."[199] 라고 일축하였다.

그렇지만 역학자 이정호(1913-2004년)는 한글 28자를 천문도에 연결하여 해석하고자하였다. 그는 "정음도는 천문도와 흡사하다. 정음도에는 28수와 같은 별들이 깔려있다."[200]라고 하면서 다음과 같은 그림을 제시하였다.

그는 다음 그림에서 "우리는 사정칠수四正七宿의 하나하나가 모두 천황대제天皇大帝인 북신北辰을 향하여 공수拱手하고 있는 모양을 볼 수 있다. 이 이십팔수의 용用은 무엇인가. 1개월을 편의상 30일로 한다면 28수의 일월一月 주천周天의 주회도수周回度數는 존공尊空될 천황대제의 자리로 둘(天心과 皇心, 그림의 내십자와 외십자의 중심)을 합하여 대개 30에 해당한다고 보겠다."[201]라고 설명하고 있다. 그는 <정음도>를 통하여 천문도와 어떤 연관이 있을 것이라는 암시를 주고 있다. 그러나 초, 중성이 28수와 어떻게 관련되는지에 대하여는 더 이상의 구체적인 설명이 없다.

---

199) 최현배, 『고친한글갈』, 정음문화사, 4315(1982), 617쪽.
200) 이정호, 『훈민정음의 구조원리』, 아세아 문화사, 1978, 98쪽.
201) 이정호, 『훈민정음의 구조원리』, 아세아 문화사, 1978, 99쪽.

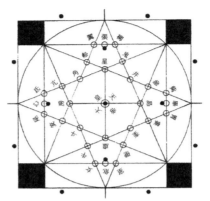

〈이정호의 28수를 대응시킨 정음도〉202)

다음의 천문도는 황제내경 오운행대론편五運行大論篇의 내용에 의거하여 작성된 <천문도>이다.

〈천문도〉203)

---

202) 이정호, 『훈민정음의 구조원리』, 아세아 문화사, 1978, 98쪽.
203) 백윤기역, 『황제내경운기해석』, 고문사, 1972, 211쪽 :『황제내경운기해석』에

이는 천구天球를 동, 서, 남, 북으로 나누고 각각 7별자리씩 배당하여 모두 28별자리로 나누어 놓은 동양 천문도이다. 가장 바깥쪽 원에는 10천간을 배속시켜 놓았으며, 그 안쪽 원에는 동서남북 4방에 각각 7수씩 28별자리가 배속되어 있으며, 그 다음 원에는 12지지가 배속되어 있고 가장 안쪽 원에는 동방청룡, 북방현무 등 사신도의 위치가 기록되어 있다.

그런데 고구려 벽화의 별자리는 앞의 <천문도>203)과는 달리 동방 7수를 서쪽에, 서방 7수가 동쪽에, 그리고 남방과 북방의 7수도 서로 반대로 배치되어 있다. 중국에서는 동방, 서방, 남방, 북방의 별자리가 본래의 방향대로 배치되어 있다. 그러나 고구려 벽화에 나타나는 별자리 체계는 북두칠성을 북방에, 남두육성을 남방에 두는 체계를 따르고 있다. 고구려 사람들은 28수 별자리를 채택하였지만 북두칠성을 북방에 두는 전통을 유지하기 위하여 28수를 180도 반대 방위에 배정하였음을 다음의 덕화리 2호 고분에서 볼 수 있다.204)

다음의 <고분벽화에 바탕한 천문도>는 덕화리 고분 천문도의 28수 위치에 맞추어 바깥원의 천간과 안쪽원의 지지를 그대로 두고 두 번째

는 천문도의 아래가 동, 위가 서로 되어 있으나 여기서는 이해를 쉽게 하기 위하여 오른쪽으로 90도 회전시켰다. 이 그림은 봄철의 별자리이다. 고구려고분의 별자리체계에 따라 해석하면 본고에서 사용하는 별자리 배치와 해석이 달라지고 천문도의 초, 중성의 위치에 혼선이 일어난다. 본고의 천문도와 고구려 고분 천문도가 근본적인 틀은 다르지 않다는 것이 천문학계의 통설이므로 여기서는 본고의 황제내경 오운행대론편의 <천문도>203)을 기준자료로 삼고자 한다. 고구려 고분 벽화 천문도와 방위가 맞는 천문도를 작성하여 소개하는 것으로 의미를 두고자 한다.[<고분벽화에 바탕한 천문도>206) 참조]. 필자는 고구려 고분 천문도가 현실속에서 사용하는 천문도가 아니라, 무덤속의 천문도임을 감안해 볼때 이승과 저승의 양과 음의 개념차이에서 생기는 방위의 차이로 본다.

204) 박창범·양홍진, 「고구려 고분벽화별자리와 천문체계」, 한국과학사학회지, 31권 1호, 2009, 41쪽.

바깥원에 배치되어 있는 28별자리와 중앙의 사신도의 위치만 180도로 좌회전시킨 천문도이다.

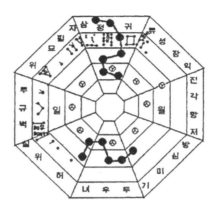

〈덕화리 2호 고분 벽화의 천문도〉205)

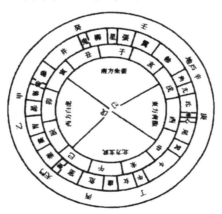

〈고분벽화에 바탕한 천문도〉206)

---

205) 김일권, 『고구려별자리와 신화』, 사계절, 2008, 38쪽 : 이 고분 별자리는 1981
년 북한의 사회과학원 학자 리준걸이 그린 덕화리 2호무덤 그림이다.
206) 〈천문도〉203)을 고구려 벽화의 천문도에 맞추어 바깥원의 천간과 안쪽원의 지
지를 그대로 두고 두 번째 원에 배치되어 있는 28별자리와 가운데 원의 사신도
의 위치를 180도로 좌회전시켜 작성한 천문도이다.

그런데 또 고구려 고분의 사신도 그림은 중국식을 따라 청룡은 동쪽, 백호를 서쪽, 주작을 남쪽, 현무를 북쪽벽에 그렸다. 이는 고구려인들이 사신도의 방위도 중국식을 따랐고 28수도 받아들였지만 별자리의 배치만은 중국과 반대로 하였음을 말해주고 있다. 이로써 사신과 28수와의 관계가 파괴되었는데도 고구려인에게는 그것이 문제가 되지 않았던 모양이다.[207] 그것은 아마도 우리의 오랜 칠성신앙으로 보아 28수를 받아들이기 전에는 동서남북 계절별로 이동하는 북두칠성이 그 자리를 대신하였기 때문이라고 본다.

먼저 28수에 대한 설명을 보자. 이십팔수는 해와 달과 그 밖의 혹성의 소재를 밝히기 위하여 황도에 따라서 천구를 스물여덟으로 구분한 것이다. 사방에 동방 청룡칠수, 북방 현무칠수, 서방 백호칠수, 남방 주작칠수로 배열되어 있다. 『천문유초』에 의하면 28수의 위치를 다음과 같이 표시하고 있다.

동방의 일곱 별 자리가 각角, 항亢, 저氐, 방房, 심心, 미尾, 기箕이고, 북방의 일곱 별자리가 두斗, 우牛, 여女, 허虛, 위危, 실室, 벽壁이다. 서방의 일곱 별자리는 규奎, 루婁, 위胃, 묘昴, 필畢, 자觜, 삼參이며, 남방의 일곱 별자리는 정井, 귀鬼, 유柳, 성星, 장張, 익翼, 진軫으로 모두 28별자리로 나누어 놓았다. [208]

"○ 각-동방 청룡 칠수에 속함. 지지地支의 진辰에 해당됨. 12度 對 奎. 각성 1도를 지날 때 추분이 들어온다.

207) 박창범·양홍진, 「고구려 고분벽화별자리와 천문체계」, 한국과학사학회지. 31권 1호, 2009, 43쪽.
208) 서방7수 중 參은 '별자리 심'으로도 읽는다.

○항-동방 청룡 칠수에 속함. 지지의 진에 해당됨. 9度 婁.

○저-동방 청룡 칠수에 속함. 지지의 묘卯에 해당됨. 15度 對 胃.

○방-동방 청룡 칠수에 속함. 지지의 묘에 해당됨. 5度 對 昴.

○심-동방 청룡 칠수에 속함. 지지의 묘에 해당됨. 5度 對 畢.

○미-동방 청룡 칠수에 속함. 지지의 인寅에 해당됨. 18度 對 觜.

○기-동방 청룡 칠수에 속함. 지지의 인에 해당됨. 11度 對 參.

○두-북방 현무 칠수에 속함. 지지의 축표에 해당됨. 26度 1/4對 井.
　두성 13도를 지날 때 동지가 들어온다.

○우-북방 현무 칠수에 속함. 지지의 축에 해당함. 8度 對 鬼.

○여-북방 현무 칠수에 속함. 지지의 자子에 해당됨. 12度 對 柳.

○허-북방 현무 칠수에 속함. 지지의 자에 해당됨. 10度 對 星.

○위危-북방 현무 칠수에 속함. 지지의 자에 해당됨. 17度 對 張.

○실-북방 현무 칠수에 속함. 지지의 해亥에 해당됨. 16度 對 翼.

○벽-북방 현무 칠수에 속함. 지지의 해에 속함. 9度 對 軫.

○규-서방 백호 칠수에 속함. 지지의 술戌에 해당됨. 16度 對 角.
　　규성 8도를 지날 때 춘분이 들어온다.

○루-서방 백호 칠수에 속함. 지지의 술에 해당됨. 12度 對 亢.

○위胃-서방 백호 칠수에 속함. 지지의 유酉에 해당됨. 14度 對 氐.

○묘-서방 백호 칠수에 속함. 지지의 유에 해당됨. 11度 對 房.

○필-서방 백호칠수에 속함. 지지의 유에 해당됨. 16度 對 心.

○자-서방 백호 칠수에 속함. 지지의 신申에 해당함. 2度 對 尾.

○삼(심)-서방 백호 칠수에 속함. 지지의 신에 해당됨. 9度 對 箕.

○정-남방 주작 칠수에 속함. 지지의 미未에 해당됨. 33度 對 斗.

정성 15도를 지날 때 하지가 들어온다.

ㅇ 귀-남방 주작 칠수에 속함. 지지의 미에 해당됨. 4度 對 牛.

ㅇ 유-남방 주작 칠수에 속함. 지지의 오午에 해당됨. 15度 對 女.

ㅇ 성-남방 주작 칠수에 속함. 지지의 오에 해당됨. 7度 對 虛.

ㅇ 장-남방 주작 칠수에 속함. 지지의 오에 해당됨. 18度 對 危.

ㅇ 익-남방 주작 칠수에 속함. 지지의 사巳에 해당됨. 18度 對 室.

ㅇ 진-남방 주작 칠수에 속함. 지지의 사에 해당됨. 17度 對 壁."[209]

또 천간과 지지와 28수와의 관계를 보면,

"갑은 방각方角으로는 인·묘의 사이이며, 그氣는 심·미心·尾에서 발한다.

을은 방각으로는 묘·진의 사이이며, 그 기는 항·저亢·氐에서 발한다.

병은 방각으로는 사·오의 사이이며, 그 기는 장·익張·翼에서 발한다.

정은 방각으로는 오·미의 사이이며, 그 기는 유·귀柳·鬼에서 발한다.

무는 토土에 속하므로 중앙이고, 방각에 배당이 없으며, 그 기는 천문天門인 술戌의 방각인 규·벽奎·壁에서 발한다.

기는 토土에 속하므로 중앙이고, 방각에 배당이 없으며, 그 기는 지호地戶인 사巳의 방각인 각·진角·軫에서 발한다.

---

209) 王鳴鶴撰, 『登壇必究』, 1599.
　　김수길외 1인, 『천문유초』, 대유학당, 1998, 14, 88, 139, 192, 238쪽.

경은 방각으로는 신·유 申·酉이며, 그 기는 묘·필昴·畢에서 발한다.

신은 방각으로는 유·술酉·戌의 사이이며, 그 기는 루·위婁·胃에서 발한다.

임은 방각으로는 해·자亥·子의 사이이며, 그 기는 위·실危·室에서 발한 다.

계는 방각으로는 자·축子·丑의 사이이며, 그 기는 우·여牛·女에서 발한다."[210]라고 하였다.

이형상(1653-1733년)의 『병와집』에 의하면 지지와 28수와의 관계를 다음과 같이 설명하고 있다.

"자방子方의 여女, 허虛, 위危는 여의 8도에서부터 위의 15도까지이다.

축방丑方의 두斗, 우牛, 여女는 두의 12도, 여의 7도까지이다.

인방寅方의 미尾, 기箕, 두斗는 미의 10도에서부터 두의 11도까지이다.

묘방卯方의 저氐, 방房, 심心, 미尾는 저의 5도에서부터 미의 9도까지이다.

진방辰方의 진軫, 각角, 항亢, 저氐는 진의 12도에서부터 저의 4도까지이다.

사방巳方의 장張, 익翼, 진軫은 장의 17도에서부터 진의 11도까지이다.

오방午方의 유柳, 성星, 장張은 유의 9도에서부터 장의 16도까지이다.

미방未方의 정井, 귀鬼, 유柳는 정의 16도에서부터 유의 8도까지이다.

---

210) 백윤기역, 『황제내경운기해석』, 고문사, 1972, 11-12쪽 : 皇帝内徑 五運行大論篇 五運論篇 제67. 陸 抮, 『王肯堂醫學全書』, 中國中醫葯出版社, 1999, 2618쪽. 五運行大論을 참고하여 구성하였다.

신방申方의 필畢, 자觜, 삼參, 정井은 필의 12도에서부터 정의 15도까지이다.

유방酉方의 위胃, 묘昴, 필畢은 위의 7도에서부터 필의 11도까지이다.

술방戌方의 규奎, 루婁, 위胃는 규의 5도에서부터 위의 6도까지이다.

해방亥方의 위危, 실室, 벽壁, 규奎는 위의 16도에서부터 규의 4도까지이다."211)

이로써 28수와 천간, 지지와의 연계성을 살펴보았다.

(2) 천문도의 초성자리

다음 <천문도>에는 천간과 지지가 배치되어 있어서 천문도의 지지자리에는 초성을, 천간자리에는 중성을 배정할 수 있다. 먼저 초성을 배정하여 설명하고자 한다. 단원IV. 2의 3)5행 방위낙서와 초성배열원리의 <초성과 지지, 수의 배속표>에 정리된 초성과 12지지의 관계를 보면 ㅎ-해, ㆆ-자, ㅇ-축, ㅋ-인, ㄱ-묘, ㆁ-진, ㅌ-사, ㄷ-오, ㄴ-미, ㅊ-신, ㅈ-유, ㅅ-술의 자리에 배당되었다. 따라서 다음 <초성천문도>의 12지의 자리에 맞게 초성을 배치하였다.

〈초성과 지지〉

초성	ㄱ	ㅋ	ㆁ	ㄷ	ㅌ	ㄴ	ㅈ	ㅊ	ㅅ	ㆆ	ㅎ	ㅇ
지지	묘	인	진	오	사	미	유	신	술	자	해	축

211) 이호형 외 4인, 『국역甁窩集』권7, 한국정신문화연구원, 1990, 113-114쪽.

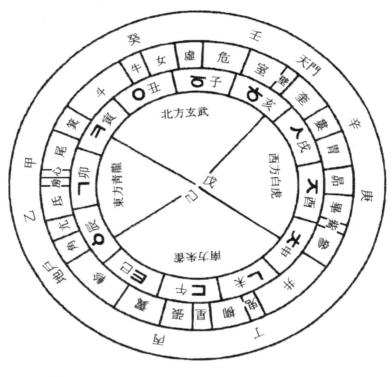

〈초성 천문도〉

(3) 천문도의 중성 자리

또 단원Ⅳ. 1의 1)하도천문도에 의한 중성배열원리의 <중성과 지지, 수의 배속표>에 정리된 중성은 갑-ㅏ ,을-ㅕ, 병-ㅛ, 정-ㅜ, 무-·, 기- ㅡ, 경-ㅑ, 신-ㅓ, 임-ㅗ, 계-ㅠ의 자리에 배당되어있다. 따라서 다음 <중성천문도>의 천간의 자리에 맞게 중성을 배치하였다.

〈중성과 천간〉

중성	●	─	ㅣ	ㅗ	ㅏ	ㅜ	ㅓ	ㅛ	ㅑ	ㅠ	ㅕ
천간	무	기	(무)	임	갑	정	신	병	경	계	을

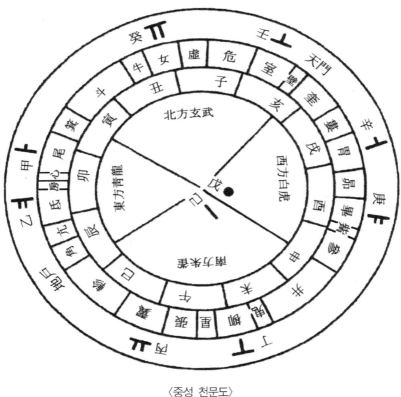

〈중성 천문도〉

<천문도>의 지지와 천간의 자리에 초성과 중성을 함께 배치하면 다음 그림과 같은 <초, 중성 천문도>가 이루어진다.

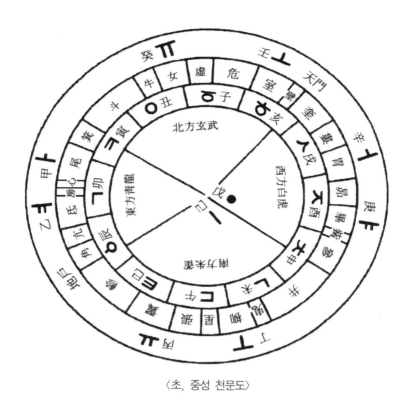

〈초, 중성 천문도〉

앞의 <초 , 중성 천문도>에 배당된 초성, 중성과 28수와의의 관계를 종합적으로 분석, 정리하면 다음과 같다.

앞에서 갑甲은 천삼생목天三生木의 자리이고 방각方角으로는 인·묘寅·卯 사이이며, 그 기氣는 심·미心·尾의 성좌에서 발發한다고 했으므로 <초, 중성 천문도>에서 천간 갑의 자리에는 ㅏ가 자리하고, 지지 인의 자리에는 ㅋ이 자리하고, 지지 묘의 자리에는 ㄱ이 자리한다. (ㅏ-갑, ㅋ-인, ㄱ-묘)

을乙은 지팔성목地八成木의 자리이고 방각으로는 묘·진卯·辰 사이이며, 그 기는 항·저亢·氐의 성좌에서 발한다고 했으므로 앞의 천문도에서 천간 을의 자리에는 ㅋ가 자리하고, 지지 묘의 자리에는 ㄱ이 자리하고, 지지 진의 자리에는 ㆁ이 자리한다. (ㅋ-을, ㄱ-묘, ㆁ-진)

병丙은 천칠성화天七成火의 자리이고 방각으로는 사·오巳·午 사이이며, 그 기는 장·익張·翼의 성좌에서 발한다고 했으므로 앞의 천문도에서 천간 병의 자리에는 ㅛ가 자리하고, 지지 사의 자리에는 ㅌ이 자리하고, 지지 오의 자리에는 ㄷ이 자리한다. (ㅛ-병, ㅌ-사, ㄷ-오)

정丁은 지이생화地二生火의 자리이고 방각으로는 오·미午·未 사이이며, 그 기는 유·귀柳·鬼의 성좌에서 발한다고 했으므로 앞의 천문도에서 천간 정의 자리에는 ㅜ가 자리하고, 지지 오의 자리에는 ㄷ이 자리하고, 지지 미의 자리에는 ㄴ이 자리한다. (ㅜ-정, ㄷ-오, ㄴ-미)

무戊는 천오생토天五生土의 자리이고 중앙으로 방각에 배당이 없으며, 그 기는 천문天門인 술戌의 방각인 규·벽奎·壁의 성좌에서 발한다고 했으므로 앞의 천문도에서 천간 무의 자리에는 •가 자리하고, 지지 술의 자리에는 ㅅ이 자리한다. (•-무, ㅅ-술)

기己는 지십성토地十成土의 자리이고 중앙으로 방각에 배당이 없으므로 그 기는 지호地戶인 사巳의 방각인 각·진角·軫의 성좌에서 발한다고 했으므로 앞의 천문도에서 천간 기의 자리에는 ㅡ가 자리하고, 지지 사의 자리에는 ㅌ이 자리한다. (ㅡ-기, ㅌ-사)

경庚은 천구성금天九成金의 자리에 해당되고 방각으로는 신·유申·酉 사이이며, 그 기는 묘·필昴·畢에서 발한다고 했으므로 앞의 천문도에서 천간 경의 자리에는 ㅑ가 자리하고, 지지 신의 자리에는 ㅊ이 자리하고, 지지 유의 자리에는 ㅈ이 자리한다. (ㅑ-경, ㅊ-신, ㅈ-유)

신辛은 지사생금地四生金의 자리이고 방각으로는 유·술酉·戌 사이이며, 그 기는 루·위婁·胃의 성좌에서 발한다고 했으므로 앞의 천문도에서 천간 신의 자리에는 ㅓ가 자리하고, 지지 유의 자리에는 ㄱ이 자리하고, 지지 술의 자리에는 ㅅ이 자리한다. (ㅓ-신, ㅈ-유, ㅅ-술)

임壬은 천일생수天一生水의 자리이고 방각으로는 해·자亥·子 사이이며, 그 기는 위·실危·室의 성좌에서 발한다고 했으므로 앞의 천문도에서 천간 임의 자리에는 ㅗ가 자리하고, 지지 해의 자리에는 ㆆ이 자리하고, 지지 자의 자리에는 ㆆ이 자리한다. (ㅗ-임, ㆆ-해 ㆆ-자)

계癸는 지륙성수地六成水의 자리이고 방각으로는 자·축子·丑 사이이며, 그 기는 우·여牛·女에서 발한다고 했으므로 앞의 천문도에서 천간 계의 자리에는 ㅠ가 자리하고, 지지 자의 자리에는 ㆆ이 자리하고, 지지 축의 자리에는 ㅇ이 자리한다. (ㅠ-계, ㆆ-자, ㅇ-축)

이상에서 고찰한 바와 같이 중성인 ㅏ와 초성인 ㅋ, ㄱ의 관계, 중성인 ㅕ와 초성인 ㄱ, ㆁ 의 관계, 중성인 ㅛ와 초성인 ㅌ, ㄷ의 관계, 중성인 ㅠ 와 초성인 ㄷ, ㄴ의 관계, 중성인 •와 초성인 ㅅ의 관계, 중성인 ㅡ와 초성인 ㅌ의 관계, 중성인 ㅑ와 초성인 ㅊ, ㅈ의 관계, 중성인 ㅓ 와 초성인 ㅈ, ㅅ의 관계, 중성인 ㅗ와 초성인 ㆆ, ㆆ의 관계, 중성인 ㅠ와 초성인 ㆆ, ㅇ의 관계에서 초, 중성이 서로 제각각 같은 기운으로 응하여 그 행성의 파장에 맞는 기운을 소리로 발산하는 것이 훈민정음이라는 것을 천문도로 표현한 것이다.

"훈민정음 지으심이 꾀와 재주로 한 것이 아니라 그 소리에 맞게 그 이치를 다하였을 뿐이다. 그 이치가 둘이 아니니 어찌 천지귀신과 그 쓰임을 다하지 않겠는가."212)라고 한 내용에서 '그 소리에 맞게 그 이치를 다하였다'는 말과 '천지귀신'이라는 말은 '천문' 또는 '자연의 섭리'라는 뜻으로 이해하여야 할 것이다. 『규원사화』에도 천지귀신이 밝게 비추어 안다는 내용이 있다.

앞의 내용으로 미루어 볼 때 필자의 생각으로는 천간은 우주에서 지상으로 연결되는 각 성좌들의 기운과 파장을 표현한 것으로 보며, 또 지지는 그 천간의 기운을 받는 시기(年-시간)를 표현한 것으로 본다. 예를 들면 갑자년에는 지구가 심 · 미心 · 尾의 성좌에서 발하는 '갑甲'이라는 기운의 파장을 자子년에 가장 강하게 받아들이게 된다는 의미로 해석된다. 세종이 문자 창제를 함에 있어서 수를 중요시하면서 천문 이론에 바탕을 둔 것도 한글을 언어를 표현하는 문자로만 보지 않고 천문과 우주 변화의 작용까지 읽을 수 있는 도구로 사용될 수 있기를 바랐던 것으로 보인다. 따라서 초성과 지지, 중성과 천간과의 관계는 28수의 성좌에서 발하는 파장과 그 파장을 받는 시간과의 관계를 나타낸 것이다. 훈민정음의 글자모양은 발성기관과 발성원리에 두었으되, 이론적인 배경을 천문에 두었으므로 우주의 이치에 부합하는 천지자연의 글자가 되었다.

(4) 나머지 초, 중성의 자리

그러나 아직 <천문도>에 배당되지 않고 남아 있는 글자는 초성 ㅂ, ㅍ, ㅁ, ㄹ, △과 중성 ㅣ까지 모두 6자이다. 그리고 초성과 중성에 배

---

212) 『훈민정음』, 12-13쪽. 제자해 : 今正音之作 初非智營而力索 但因其聲音而極其
理而已 理旣不二 則何得不與天地鬼神同其用也.

속되지 않고 남아 있는 성좌는 기箕, 두斗, 허虛, 자觜, 삼參(심), 정井, 성星, 방房 8자리이다.

① ㅣ과 ㄹ의 자리

『훈민정음』제자해에 ㅣ를 사람에 비유하였다. 필자는 ㅣ가 중성으로서 사람을 상징한다면 초성 ㄹ은 혓소리로서 사람을 상징하고 있다고 본다. 중성에서 삼재에 해당하는 하늘(ㆍ)과 땅(ㅡ) 사이에 사람ㅣ)이 모든 일을 주관하듯이 초성에도 중성처럼 삼재에 해당하는 목구멍(하늘ㅇ)과 입술(땅ㅁ) 사이에서 혀(사람ㄴ)가 조음자로서 모든 소리를 변별하는 역할을 한다.(舌乃辨聲之管) ㄹ도 ㄴ과 같은 설음으로 사람의 역할을 한다. 따라서 ㅣ는 중성으로서 양의 사람(陽人)으로, ㄹ은 초성으로서 음의 사람(陰人)으로 구별하고자 한다. 중성은 천간의 성질을 지녔으므로 양에 속하고 초성은 지지의 성질을 지녔으므로 음에 해당되기 때문이다.

그러므로 ㅣ는 양의 영역인 양도陽道의 영역에 대응시킬 수 있다. 그리고 ㄹ은 음의 영역인 음도陰道의 영역에 대응시킬 수 있다. 따라서 "ㅣ는 양도가 시작되는 지점인 기箕 두斗의 자리에 배치하였으며 ㄹ은 음도가 시작되는 지점인 삼參 정井의 자리에 배치하였다."213)

---

213) 陽道는 箕와 斗에서 시작하여 參과 井에 이르는 영역으로 보았고, 陰道는 參과 井에서 시작하여 箕와 斗에 이르는 영역으로 보았다. 왜냐하면『천문유초』에 기와 두를 동지점으로 보았고 삼과 정을 하지점으로 보았다.『천문유초』에 의하면 斗星 261/4도 중 13도를 지날때 동지가 들어오는 것으로 보았으며, 井星 33도 중 13도를 지날 때 하지가 들어오는 것으로 보았다. 그래서 ㅣ는 중성으로서 양에 속하므로 양도의 영역이 시작되는 지점인 기箕 두・斗 사이의 자리에 배당하였으며, ㄹ은 초성으로서 음에 속하므로 음도의 영역이 시작되는 지점인 삼參 정・井 사이의 자리에 배당하였다. 이에 대해서는『훈민정음』에서도 언급하지

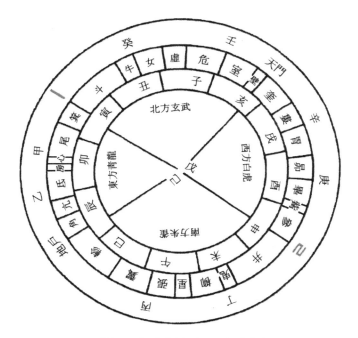

〈천문도에 배치된 ㅣ과 ㄹ 의 위치도〉

② ㅂ, ㅍ, ㅁ, △의 자리

마지막으로 ㅂ, ㅍ, ㅁ, △ 4자와 성星, 방房, 허虛, 자觜 4자리가 남아 있다. 성, 방, 허는 남방주작, 동방청룡, 북방현무 7수의 각각 중앙에 해당되는 자리이다. ㅁ ㅂ ㅍ은 토에 해당되며, 토는 방위상 중앙에 위치한다. 그래서 다음 천문도에서 이 중앙의 자리에 ㅁ ㅂ ㅍ을 배치

않았을 뿐 아니라 선행연구 자료도 없어서 ㅁ, ㅂ, ㅍ, ㄹ, △, ㅣ의 자리 배치는 필자의 주관적인 해석을 첨가하였다. 張介賓, 『類經圖翼』, 권1, 運氣 상, 文光 圖書有限公司印行, 27쪽 : 春分二月中 日纏壁初 以次而南～ 秋分八月中 日纏翼 未 以交於軫 循次以北～要非門戶而何 然自奎壁而南 日就陽道 故曰天門 角軫而 北 日就陰道 故曰地戶.

시켰다. 그리고 12지지에 배치한 초성의 발음이 거센 순서에 따라 ㅍ을 허虛에, ㅂ을 방房에, ㅁ을 성星에 배치하였다. △는 마지막으로 남아있는 자觜의 위치에 배치하였다.[214]

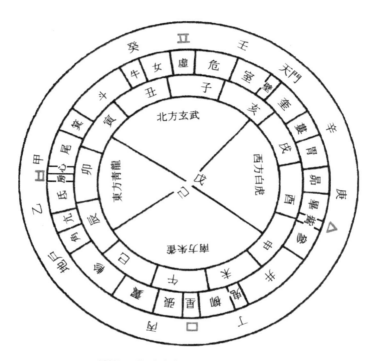

〈천문도에 배치된 ㅍ ㅂ ㅁ △의 위치도〉

---

214) 허, 방, 성은 남방주작. 동방청룡, 북방현무 7수의 각각 중앙에 해당되는 자리이므로 중앙 土의 성질에 해당된다고 보았다. 순음 ㅍ, ㅂ, ㅁ 역시 5행상 토에 해당되므로 12지와 초성의 배속 순서대로 ㅍ, ㅂ, ㅁ의 차례로 배치하였다. 그러나 허, 방, 성이 7수의 각각 중앙에 자리하고 있다고 해서 토의 성질과 연관이 있는가 하는 문제가 남는다. 따라서 순음 ㅍ, ㅂ, ㅁ을 허, 방, 성의 자리에 배당시킨 것은 필자의 견해이다.

(5) 28자와 28수

그 결과 다음과 같이 정음 28자를 28수 천문도에 모두 배치하였다. 이로써 <28자 천문정음도>가 완성되었다.

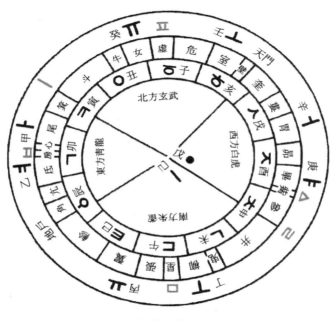

〈28자 천문정음도〉

다음은 동지와 하지, 양도와 음도, 천문과 지호의 경계를 좀더 쉽게 구별하기 위하여 앞의 <28자 천문정음도>를 횡도橫圖로 나타내었다. 다음의 <28자 천문정음 횡도>에서 보는 바와 같이 두성斗星이 동지가 들어오는 자리이며, 정성井星이 하지가 들어오는 자리이다. 『유경도익』 에 "벽壁과 규奎의 별자리 사이를 춘분자리로 보았고 각角과 진軫의 별자리 사이를 추분의 자리로 보았다."215) 그래서 다음 횡도의 절기란에 벽壁과 규奎의 사이를 춘분·천문天門이라고 표시하였고 각角과 진軫의 사이를 추분·지호地戶라고 표시하였다.

〈28자 천문정음 횡도〉

천간	기一	을ㅓ	ㅂ갑ㅏ	ㅣ	계ㅠ	ㅍ임ㅗ무	·신ㅓ	경ㅑ	△ㄹ	정ㅜ	ㅁ병ㅛ	기一
28수	각 항 저	방 심 미	기	두 우 여	허 위	실 벽	규 루 위	묘 필 자	삼	정 귀 유	성 장 익	진
지지	진ㅇ 진ㅇ	진ㅇ묘ㄱ 묘ㄱ	묘ㄱ인ㅋ	인ㅋ 인ㅋ축ㅇ	축ㅇ자ㅎ	자ㅎ 자ㅎ해ㅎ	해ㅎ 해ㅎ술ㅅ	술ㅅ 술ㅅ유ㅈ	유ㅈ	유ㅈ신ㅊ 신ㅊ	신ㅊ미ㄴ 미ㄴ	미ㄴ오ㄷ 오ㄷ	오ㄷ사ㅌ 진ㅇ사ㅌ
사방 7수	동방 청룡7수			북방 현무7수			서방 백호7수			남방 주작7수		
절기	추분·지호			동지·양도시작		춘분·천문			하지·음도시작			추분·지호

앞의 <28자 천문정음 횡도>의 맨 밑칸 절기란의 동지와 하지점을 점선으로 나눈 것은 두성斗星 26 1/4도 중 13도부터 동지가 들어오고

---

215) 張介賓, 『類經圖翼』, 권1, 運氣 상, 文光圖書有限公司印行, 27쪽 : 春分二月中 日纏壁初 以次而南三月入奎婁~ 秋分八月中 日纏翼末 以交於軫 循次以北 九月 入角亢.

정성井星 33도 중 13도를 지날 때 하지가 들어온다는 것을 표시한 선이
다.216) 동지와 하지의 기점을 점선으로 표시하여 양도陽道와 음도陰道의
기준을 명확하게 표시함으로써 뒤의 <천문도에 배치된 ㅋ ㅌ, ㅊ ㆆ의
위치도>에서 보는바와 같이 ㅋ ㅌ과 ㅊ ㆆ 의 가획모양을 다르게 한
이유를 분명하게 설명할 수 있다.

2. 28수천문도로 본 초성의 가획원리

한글 초성 글꼴의 변천을 보면 100여 년 이상 원래의 글꼴이 유지된
것으로 보인다. 15세기에 간행된『소학독본』이나『정속언해』,『장수경
언해』,『무예제보』등에는 ㅊ과 ㆆ의 글꼴이 그대로 쓰였다. 세종 때 고
승 학조가 쓴『지장경언해地藏經諺解』에도 ㅊ과 ㆆ이 그대로 살아있
다.217) 15세기에 간행된『육조법보단경 언해』에서부터 서서히 변화가
나타나기 시작했지만, 17세기『연병지남』부터 ㅊ과 ㆆ의 획이 옆으로
뉘여 쓰는 현상(ㅊㆆ)이 원래 글꼴인 ㅊ ㆆ과 함께 혼용하여 쓰이기 시
작하였다.218) 그 이유는 필사筆寫의 편의성 때문으로 보인다. 또 미적
감각을 중시하는 방향으로 변화하면서 서글(한자)의 흘림체를 닮아가는
현상 때문이었을 것이다.

---

216) 김수길 외 1인,『천문유초』, 대유학당, 1998, 14쪽.
217) 김두식,『한글 글꼴의 역사』, 시간의 물레, 2008, 375쪽, 497쪽, 532쪽, 533
쪽.
218) 김두식,『한글 글꼴의 역사』, 시간의 물레, 2008, 534-536쪽.

1) ㅋ ㅌ과 음도陰道의 관계

첫소리 중에서 ㅋ ㅌ과 ㅊ ㅎ의 가획 모양이 서로 다른 이유에 대하여 구체적으로 살펴보기로 하겠다. 훈민정음 해례본에 초성의 가획원리는 "ㅅ이 ㅈ, ㅈ이 ㅊ, ㅇ이 ㅎ, ㆆ이 ㆅ으로 그 소리로 인하여 획을 더한 뜻은 모두 같다"[219]라고 하였다. 그러나 다음의 <『훈민정음』의 ㅋ ㅌ, ㅊ ㅎ 의 가획 모양>에서 보는 바와 같이 ㅋ ㅌ과 ㅊ ㅎ을 다같이 획(—)을 더한 글자라고 했으면서도 ㄱ과 ㄷ에는 ㅋ ㅌ으로 획(—)을 더 하였지만 ㅈ과 ㆆ에는 ㅊ ㅎ(ㅊ ㅎ)으로 획(—)이 아닌 각점(■)을 더하였다. ㅊ ㅎ의 ■을 세로획으로 생각할 수도 있겠지만 짧게 가점한 모양으로 볼 때 세로획보다는 가점으로 보고자한다.

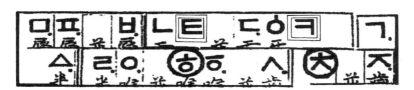

〈『훈민정음』의 ㅋ ㅌ, ㅊ ㅎ 의 가획 모양〉[220]

필자는 그 이유를 다음의 <천문도에 배치된 ㅋ ㅌ, ㅊ ㅎ의 위치도>에서 찾아보자고 한다. 이 천문도에서는 28수를 양도 천문과 음도 지호의 영역으로 나누어서 설명하고 있다. 앞의 <28자 천문정음 횡도>에서 살펴보았듯이 <천문도에 배치된 ㅋ ㅌ, ㅊ ㅎ의 위치도>에

---

219) 『훈민정음』, 13-14쪽. 제자해 : ㅅ而ㅈ ㅈ而ㅊ ㅇ而ㆆ ㆆ而ㆅ 其因聲加畫之義 皆同.

220) 『훈민정음』, 5-9쪽.

는 동지부터 하지까지 일조량이 길어지는 양의 영역인 양도陽道와 하
지부터 동지에 이르기까지 일조량이 짧아지는 음의 영역인 음도陰道로
나누어져 있다.

<천문도에 배당된 ㅋ ㅌ, ㅊ ㅎ의 위치도>를 보면 ㅋ ㅌ은 지호가
있는 음도의 영역에, ㅊ ㅎ은 천문이 있는 양도의 영역에 위치하고 있
다. 따라서 ㅋ과 ㅌ은 음도의 영역에 자리하고 있으므로 음을 상징하
는 획(一)을 더한 것으로 본다.

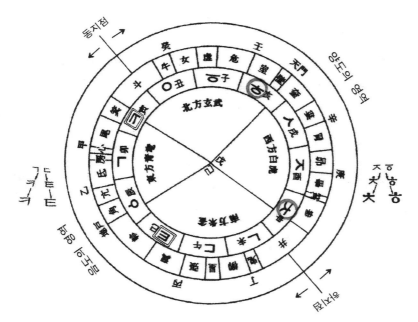

〈천문도에 배치된 ㅋ ㅌ, ㅊ ㅎ의 위치도〉

2) ㅊ ㅎ과 양도陽道의 관계

반면에 ㅊ과 ㅎ은 양도의 영역에 위치하고 있다. 그래서 ㅊ과 ㅎ은 음을 상징하는 획(一)을 더하지 못하고 양을 상징하는 원(●)을 더하고자 했을 것이다.[예-(ㅊ ㅎ)] 그러나 초성과 중성을 비교하자면 중성은 근본이 천간天干에 뿌리를 두고 있는 양陽의 성질을 지닌 글자인 반면에 초성은 근본이 지지地支에 뿌리를 두고 있는 음陰에 해당되는 글자이다. 그래서 초성인 ㅈ과 ㆆ에 양의 상징인 ●을 더할 수 없었던 것으로 보인다. 그러나 ㅈ과 ㆆ이 양도의 영역에 배속되어 있으므로 음의 상징인 一(획)을 더하는 것이(예-ㅊ ㅎ) 이치에 맞지 않으므로 음(一)과 양(●)의 중간 형태인 각점(■)을 더한 것으로 보고자 한다. [(ㅊ ㅎ)]221)

지금까지 살펴보았듯이 훈민정음은 천지자연의 법칙인 음양 5행과 천문도에 바탕을 두고 창제되었기 때문에 글자의 획 하나에도 음양의 이치를 정확하게 적용하였다. ㅋ ㅌ과 ㅊ ㅎ의 가획 모양을 분석해보면 훈민정음 창제와 천문도는 뗄 수 없는 관계임을 다시금 확인할 수 있다.

앞의 내용을 근거로 하여 기존의 다른 연구와 본 연구의 차이점을 나열하면 다음과 같다.

첫째, 본 연구는 초성을 <하도>가 아닌 <낙서>에 연관시켰기 때문에 초성과 지지와의 관계를 알아낼 수 있었고,

---

221) 필자 주 ■을 각점으로 표현하였다.

둘째, 그러므로 초성의 수리를 밝혀낼 수 있었으며,

셋째, 중국의 음운체계를 떠나서 『훈민정음』의 초성 배열순서가 전청-차정-불청불탁의 순서로 배열한 이유가 <초성5행 방위도>와 <초성5행 방위낙서>에서 기인한 것임을 밝혔으며,

넷째, 28자를 28별자리에 하나하나 대응시킴으로써 훈민정음이 28자로 만들어진 연유를 밝혔으며,

다섯째, ㅋ ㅌ과 ㅊ ㆆ 을 서로 다르게 가획한 이유를 천문도의 음도와 양도와의 관계를 통하여 규명할 수 있었다.

이정호의 연구가 역易과 훈민정음 창제원리를 밝힌 선구적인 개론서라면, 필자의 연구는 천문과 훈민정음과의의 관계를 밝힌 각론적인 연구서이다. 왜냐하면 본고는 중성과 하도천문도, 초성과 5행 방위낙서천문도, 중성과 초성의 배열순서 원리, 훈민정음 28자와 28수천문도와의 관계, ㅋ ㅌ과 ㅊ ㆆ 의 가획 모양이 다른 이유 등을 비로소 구체적으로 밝히고 있기 때문이다.

훈민정음은 천문 즉 천지자연에서 찾아낸 문자이다. 서양 언어학으로는 글자 하나하나의 오행 배속이나 방위와 수리 등 천문 분야를 설명할 방법이 없다. 그러므로 서양언어학의 잣대로 창제원리를 분석하고 비판하는 것은 언어도단이다. 글자에 수리數理가 결합되어 있는 문자는 훈민정음이 유일하다. 이런 특성으로 인하여 앞으로 숫자로 된 디지털 문자가 출현할 경우 다른 어떠한 문자보다도 큰 역할을 할 수 있을 것이다. 세종실록 12년 10월 23일에 정인지가 부제학으로 있던 시절, 젊은 세종이 『계몽산啓蒙算』이란 수학책으로 곱셈, 나눗셈, 분수,

원주율, 제곱근 등의 계산법을 공부하는 내용이 나온다. 천문학은 수학이며 과학이다.

다음 장에서는 훈민정음 본래의 다양한 소리를 표기할 수 있는 <기능성 한글> 작업의 일환으로 사장된 4글자 ·, △, ㆆ, ㆁ 의 음가와 현대적인 표기방안, 그리고 합용병서법을 원용한 외국어 표기방안에 대하여 알아보도록 하겠다.

VI. 사장된 글자와 합용병서의 음가문제

조선총독부는 한일합방 직후인 1912년 보통학교용 언문철자법을 제정하면서 자기네 글자보다 훨씬 적은 한글 24자와 종성 10자만 사용하게 하고 옛글자와 순경음 사용을 금지시켰다. 그로 인하여 현재까지 세상의 모든 소리를 폭넓게 기록할 수 있는 기능을 잃어버리고 외국어 표기가 불가능한 반쪽 훈민정음이 되고 말았다. 총독부가 옛글자를 금지시킨 것은 세계의 언어를 모두 표기할 수 있는 한글을 모국어만 표기할 수 있는 자기네 문자 수준으로 격하시키기 위한 작업이었다고 본다.

그 뒤 1930년에 조선총독부는 한글 24자와 종성 21자를 사용하는 언문철자법을 다시 만들었다. 여기에 참여한 사람은 경성제국대학 교수 오꾸라신뻬이, 다까하시도루와 조선총독부 통역관 다나까도꾸따로, 후지나미기데이, 니시무라신따로 등 일본인이 5명이고 한국인은 연희전문학교 교수인 최현배와 중앙고등 보통학교 교원 권덕규, 중동고등 보통학교 교원 정열모, 진명여자 고등보통학교 교사인 이세정, 경성사범 부속보통학교 훈도 심의린, 조선교육협회 이사 신명균, 조선어연구회 회장 이완응 그리고 조선일보사 지방부장 장지영, 매일신보사 편집 국장 김상회 등 9명이었다. 또 1933년 10월 29일에 정인섭, 이극로, 이 희승 등 한국인 18명이 모여 한글 24자로 된 <한글 맞춤법 통일안> 을 제정하였지만 옛글자와 합용병서를 사용하지 않으면 외국어를 표 기할 수 없는데도 앞의 조선총독부 언문철자법을 그대로 따라 '외국어 표기에는 옛글자를 쓰지 아니한다'라고 다시 대못을 박았다. 이번에는 한국인만 참여하였지만 오꾸라신뻬이의 입김이 그대로 작용하였다.

그러자 1년 후인 "1934년 7월 보성전문 학교 교장을 지낸 박승빈을 비롯하여 윤치호, 최남선, 지석영, 이병도, 권병훈 등 112여명의 이름 으로 한글 24자로는 우리말과 글이 제 기능을 하지 못하므로 훈민정음 28자를 모두 써야한다는 요지의 '한글식 신 철자법 반대성명서'를 내었 다."[222] 또 주시경, 어윤적, 지석영 등은 '옛글자와 순경음이 우리말에 는 필요치 않더라도 외국어 표기에는 반드시 필요하다'고 순종에게 건 의하였다.[223] 그러나 상소문은 관철되지 못하였다.

해방 후 1948년에 최현배, 피천득. 언더우드 등 22명이 참여하여 '들 온말 적는법'을 공표하였다. 그때 순경음 ㅸ , ㅱ 등 4자를 추가하였다. 그러나 '외국어 표기에는 한글 24자 외의 옛글자나 새 문자와 기호를 사용하지 않는다'는 1933년 10월 29일에 발표한 규정을 내세워 오꾸라 신뻬이의 수제자인 이희승 등이 극렬하게 반대하는 바람에 또 폐기되 고 말았다. 그 후부터 지금까지 사장된 4글자와 그 밖의 초성의 합용 병서표기는 학계에서 공식적으로 거론된 적이 없다.

---

222) 조선어학연구회, 「정음5호」, 1934. 11. 1.
223) 『역대한국문법대계』, 제3부 제5책, 융희2월 9월 16일.

필자는 본 연구를 통하여 4글자의 음가와 초성합용병서의 필요성을 고찰해보고자 한다. 이것은 일제 총독부의 쇠말뚝 박기보다 더 악랄한 오꾸라신뻬이의 잘못된 한글표기법 청산을 부르짖은 1948년 이후 70년 만에 그 불씨를 새로 살리는 작업이 될 것이다. 아울러 이 작업은 세종대왕의 홍익정신의 뜻을 살리고 우리 민족의 자존심을 회복하는 일이 될 것이다. 이것은 훈민정음 광복운동이다

1. ㆍ, ㅿ, ㆆ, ㆁ의 음가

1) ㆍ의 음가 변천과정

ㆍ는 ㅡ와 혼용하여 쓰였다. 세종의 한글 반포 약 70년 후인 중종 때 최세진의 『훈몽자회』까지는 어느 정도 지켜졌다. 영조 6년(1730)에 간행된 『삼강행실도』에서 혼용이 심했던 것으로 보아 대략 17세기부터 독자적인 기능은 사라졌다.[224) ᄋᆞ의 소멸 시기도 17세기로 보고 있다.[225) 그러나 ㆍ는 그 뒤로도 계속 존재하다가 조선어 학회 주관으로 한 권덕규, 김윤경, 박현식, 신명균, 이극로, 이병기, 이윤재, 이희승, 장지영, 정열모, 정인섭, 최현배로 구성된 12인 위원회에서 1933년 10월 29일 제정된 한글 맞춤법 통일안 때 투표에 의하여 없애버린 글자이다.[226)

『훈민정음』의 글자꼴인 �, ᅡ, ᅮ, ᅥ 등의 ㆍ는 반포 이듬해인 1447

---

224) 최현배, 『고친한글갈』, 정음 문화사, 4315(1982), 488쪽 및 505쪽.
225) 이숭녕, 『국어음운론연구』, 을유문화사, 1947, 289쪽.
226) 박종국, 『국어학사』, 문지사, 1994, 317쪽.

년의 용비어천가와 1447년의 석보상절에서 ㅗ ㅏ ㅜ ㅓ등의 획으로 바꾸어 사용하였다.

다음 그림의 <ㆍ 와 다른 중성과의 관계>에서 보듯이 ㆍ는 나머지 중성에 모두 연관되어 있다. 논어에 "북극성이 그곳에 있어서 모든 별들이 그를 중심으로 돌고 있다."[227]라고 하였듯이 ㆍ도 북극성처럼 나머지 27중성中聲을 거느리고 있는 형상이다. 제자해에도 "ㆍ가 ㅗ ㅏ ㅜ ㅓ ㅛ ㅑ ㅠ ㅕ의 여덟 소리에 모두 꿰어있는 것은 마치 양이 음을 거느려서 만물을 두루 흐름과 같다."[228]라고 하였다. 즉 ㆍ는 나머지 중성의 벼리가 되는 글자임을 강조하고 있다.

〈 ●와 다른 중성과의 관계〉

---

227) 『논어』, 위정편 : 譬如北辰 居其所 而衆星 共之.
228) 『훈민정음』, 22쪽. 제자해 : ㆍ之貫於八聲者 猶陽之統陰而周流萬物也.

김동소는 ·의 존재를 부정하였다. 그는 "·는 초기 훈민정음 문헌을 따르려는 의지였을 뿐 현실 발음과는 상관없이 표기에만 사용되어 왔던 것이다."[229]라고 주장하였다. 그러나 그의 주장과는 달리『훈민정음』용자례에 다리를 'ᄃ리'로, 가래나무를 'ᄀ래', 사슴을 '사ᄉᆞᆷ'으로 사용하고 있다.[230] 그리고 ·의 음가는 "하늘을 본떠 소리가 가장 깊다."[231]라고 음가까지 명시되어 있다. 김동소의 주장은 이러한『훈민정음』용자례의 내용을 부정하는 내용이기 때문에 필자는 이 주장에 동의할 수 없다.

지금까지 제기된 ·의 음가를 살펴보면, 유희와 최현배의 ㅏ ㅡ의 사이 소리설, 이숭녕과 오꾸라신뻬이(小倉進平)의 ㅏ ㅗ의 사이 소리설, 주시경의 ㅣ ㅡ의 합음설, 이능화의 ㅏ ㅓ ㅡ ㅜ의 사이 소리설, 이극로의 ㆆ음설, 고오노(河野六郎)의 ㅿ설 등이 있다.[232] 최현배는 '고올(郡)'이 고을, 'ᄒᆡ다(白)'가 희다, 'ᄀᆞᆫ(根)'이 근, 'ᄀᆞ득(滿)'이 그득, 'ᄀᆞ눌(陰)'이 그늘로 변한 것은 · 가ㅡ로 변한 것이라 하였다. 그는 또 'ᄀᆞᆯᄋᆞ치다(敎)'가 가르치다, 'ᄀᆞ술(秋)'이 가을로, 'ᄆᆞ술(洞)'이 마을로, 'ᄇᆞᄅᆞᆷ(風)'이 바람 등으로 변한 것을 들어 ·을 ㅏ ㅡ의 사이 소리설을 주장하였다.[233] 유희도 그의『언문지』에서 ㅏ ㅡ의 사이 소리라고 하였다.[234]

이숭녕의 ㅏ ㅗ의 사이 소리설의 근거는 바로 "·는 혀가 오그라들

---

229) 김동소,「한국어변천사 연구의문제점」, 배달말 39호, 31쪽.
230)『훈민정음』, 60-61쪽. 용자례 : ᄃ리爲橋 ᄀ래爲楸 사ᄉᆞᆷ爲鹿.
231)『훈민정음』, 34쪽. 제자해 : 呑擬於天聲最深.
232) 김석득,『우리말연구사』, 정음문화사, 1983, 435쪽. 김민수,『주시경연구』, 탑출판사, 1977, 202쪽.
233) 최현배,『고친한글갈』, 정음문화사, 4315(1982), 462-468쪽.
234) 유희,『언문지』 : 東俗不明於·多混於ㅏ 亦或混一.

고 소리가 깊다. ㅗ와 · 는 같되 입이 오무라지고, ㅏ와 · 는 같되 입
이 벌어진다는 내용에 의거하여 ㅏ ㅗ의 사이 소리라고 하였다. 그래
서 ♀를 아, 어, 오와 같은 우물라우트 권내에 들어가는 후설모음이라
는 점을 근거로 ㅏㅗ의 사이 소리이다."235)라고 결론지었다.

주시경은 ㅣ의 합음설(겹소리)을 주장하였다.236) 최현배는 해례본의
합자해合字解에 " · ㅡ가 ㅣ에서 일어나는 소리는 우리말에는 사용되지
않으나 어린이의 말이나 시골말에 가끔 있다. 당연히 두 자를 합하여
쓰되 깅, 긩 등과 같은 것이니 세로를 먼저 쓰고 뒤에 가로로 쓰는 것
이 다른 글자와는 다르다."237)라는 내용을 들어 반박하였다. 그는 ㅣ
ㅡ의 합음은 긩 처럼 적으라는 것인데 · 가 ㅣㅡ의 합음이라면 굳이
긩 라는 글자가 무슨 필요가 있겠는가라고 하였다.238)

오봉협은 " · 의 위치로 보면 복판소리이며, 단모음에서 중모음으로
벌려졌으니 단모음이며, 양과 음의 복판에 있으니 가운데소리이며, 합
闔과 벽闢의 교차점에 있으니 사이소리이고, 천5天五의 위치에 있으니
양성모음이다. 그러므로 · 의 음가문제가 해결되었다."239)라고 하였다.
그러나 그는 구체적인 예를 들지 않아 음가를 알 수 없다.

이능화는 · 를 모음 중의 모음이라고 하였다. 그는 지석영과 어윤적
의 · 폐지 주장을 반박하였다. 그 이유로 · 가 홀소리의 제자기준임을
강조하면서 ㅏ ㅓ ㅡ ㅜ의 사이 소리라고 하였다.240) 또 제주지방에서

---

235) 김석득, 『우리말연구사』, 정음문화사, 1983, 436-437쪽 및 575쪽.
236) 박태권, 『국어학사연구』, 세종출판사, 2008, 402쪽.
237) 『훈민정음』, 55-56쪽. 합자해 : · ㅡ起ㅣ聲於國語無用 兒童之言 邊野之語 或有
    之 當合 二字而用 如깅, 긩 之類 其先縱後橫 與他不同.
238) 최현배, 『고친한글갈』, 정음문화사, 4315(1982), 454-455쪽.
239) 허동진, 『조선어학사』, 한글학회, 1998, 348-349쪽.

쓰고 있는 사투리에 '훈저'가 '혼저'에 가까운 깊은 발음이 나고, '똘'은 '똘'에 가까운 깊은 발음이 나므로 ᅌ음설이라고 한 이극로의 주장에 대해 최현배는 지방 사투리가 옛 발음의 실체를 천명하는 데에는 유리한 손잡이가 될 가능성은 있지만 절대적인 근거는 될 수 없다. 왜냐하면 지방의 소리도 장구한 세월동안 변할 수 있기 때문이라고 하였다.[241] 신경준은 "·를 홑홀소리이며 ㅣ ㅡ와 ㅏ ㅑ의 사이 소리로서 소리가 똑똑하지 못하다"[242]라고 하였다.

그러나 필자는 이러한 설들이 "·는 혀가 오그라들고 소리가 깊다. ㅗ와·는 같되 입이 오무라지고, 그 형상은·와 ㅡ가 합하여 이루어진 것이다. ㅏ와·가 같되 입이 벌어지고 그 형상은 ㅣ와·가 합하여 이루어진 것이다."[243]라는 제자해의 내용에서 보듯이 ·이 ㅗ와 ㅏ의 중간 음이라든지 ㅏ ㅡ의 중간 음, ㅣ ㅡ의 합음설과는 그 의미가 다르다고 본다. 'ㅗ는 ㅏ에 비해 입이 덜 벌어진다'라는 이 내용은 ㅗ와 ㅏ의 발음에 대한 설명일 뿐이다. 필자는 앞에서 언급한 바와 같이 ·는 '혀가 오그라들고 소리가 깊다'라고 하여 깊은 소리임을 강조하고자 한다.

· 는 1933년까지 쓰였다. 공식적이지는 않으나 일부 사람들이 '배돌문화' '춤크랙카' '춤맛' '씨올의 소리' 등으로 지금도 사용하고 있으며, 제주도에서 현재 사용되고 있는 글자이다. ·는 창제 이후 다양하게 변

---

240) 최현배, 『고친한글갈』, 정음문화사, 4315(1982), 456쪽. 이능화, 『조선불교통사』 하편, 637쪽 : · 是母音之基點 亦是 ㅏ ㅓ ㅡ ㅜ之間音.
241) 최현배, 『고친한글갈』, 정음 문화사, 4315(1982), 457-458쪽.
242) 최현배, 『고친한글갈』, 정음 문화사, 4315(1982), 454쪽.
243) 『훈민정음』, 19-20쪽. 제자해 : ·舌縮而聲深 ~ ㅗ與·同而口蹙-ㅏ與·同而口張-ㅣ與·合而成-ㅡ與·合而成.

하였다. 1748년의 『동문유해』에서의 '하늘'이 하늘로, '오늘'이 오늘로, '부술부술'이 부슬 부슬로, '이슬'이 이슬로, '흙'이 흙으로 바뀌어·가 ·가 —로 변하였다.[244] 또 '돌(月)'은 달로, '퐂'은 팥으로, '사룸'은 사람으로, '혹(學)'이 학으로 바뀌어·가 ㅏ로 변하였다.[245] 또 '초ᄒᆞᄅ'는 초하루로, 바뀌어·가 ㅏ와 ㅜ로 변하였으며,[246] '브린 받'은 버린 밭으로, '특'이 턱으로 바뀌어·가 ㅓ로 변하였다.[247] 그리고 '아춤'은 아침으로, '다ᄉᆞ마'가 다시마로 바뀌어·가 ㅣ로 바뀌었다.[248] 광해군 9년 (1617) 『동국 신속 삼강행실도』의 '홀온히'는 홀연히로, '돌(石)'은 돌로 변하여 ·가 ㅕ와 ㅗ로도 변하였다.[249] 그밖에 영조 50년(1774)에 펴낸 『삼역총해』에 '너기ᄂᆞ니'가 여기나니와 여기노니로 변하여 ㅏ와 ㅗ로 바뀌었다.[250] 『월인천강지곡』의 'ᄆᆞ츠시니'가 마치시니로 변하여 ㅏ와 ㅣ로 바뀌었다.[251] 1459년 『월인석보』의 '향ᄇᆞᄅ고'가 향바르고로 변하여 ㅏ와 —로 바뀌었다.[252]

이상에서 살펴보았듯이 ·가 오늘날 ㅗ ㅜ ㅏ ㅓ — ㅣ 등으로 그 발음이 다양하게 변하였음을 알 수 있다. 심지어는 앞의 '홀온히'에서 보듯이 ·가 ㅕ로도 변하였음을 볼 수 있다. 이러한 예로 미루어 볼 때 이능화의 설이 가장 근접한 설명이다. 앞의 그림 < ·와 다른 중성과의

---

244) 『同文類解』, 상. 1748. 3~8쪽.
245) 『同文類解』, 상. 1748. 4쪽.
246) 『同文類解』, 상. 1748. 8쪽.
247) 『同文類解』, 하. 1748. 131쪽.
248) 『同文類解』, 상. 1748. 8쪽.
249) 『동국 신속삼강행실도』, 열녀도 . 1617. 2쪽.
250) 『三譯總解』, 1774. 56쪽.
251) 『월인천강지곡』, 1447. 3쪽.
252) 『월인석보』, 권7. 1459. 5쪽.

관계>에서 보듯이 •의 발음이 어느 특정 중성의 사이소리가 아니라, ㅗ ㅜ ㅏ ㅓ ㅡ ㅣ등으로 두루 변한 소리임을 알 수 있다.

(1) • 의 현대적 표기방안

필자는 이러한 관점에서 •와 목, 화, 토, 금, 수, 초성의 5행과 연계 하여 •의 음가를 살펴보도록 하겠다.

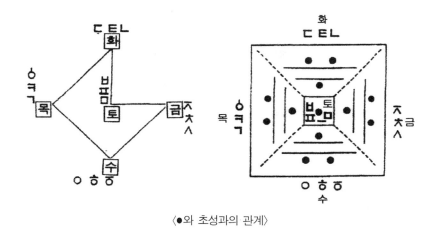

〈●와 초성과의 관계〉

앞의 < • 와 초성과의 관계>에서 초성과 중성을 같은 5행끼리 대 응시킨 오른쪽의 그림을 토대로 하여 • 의 음가를 살펴보도록 하겠다.

필자는 목에 속하는 아음 ㄱ ㅋ ㆁ 과 중앙의 • 가 결합할 때는 목 에 속하는 ' ㅏ'의 기운이 섞인 깊은 발음이 나고

화에 속하는 설음 ㄷ, ㅌ, ㄴ과 • 가 결합할 때는 화에속하는 'ㅜ'의

기운이 섞인 깊은 발음이 나고,

금에 속하는 치음 ㅈ ㅊ ㅅ 과 • 가 결합할 때는 금에 속하는 ' ㅓ'의 기운이 섞인 깊은 발음이 나고,

수에 속하는 후음 ㆆ ㅎ ㅇ과 • 가 결합할 때는 수에 속하는 'ㅗ'의 기운이 섞인 깊은 발음이 나고,

그리고 토에 속하는 순음 ㅂ ㅍ ㅁ과 • 가 결합할 때는 토에 속하는 'ㅡ'의 기운이 섞인 깊은 발음이 나는 것으로 보고자 한다.

즉, ㄱ는 목이니 '가'의 깊은 소리가 나고,

ㄴ는 화이니 '누'의 깊은 소리가 나고,

ㅅ는 '금이니 서'의 깊은 소리가 나고,

ㅇ는 수이니 '오'의 깊은 소리가 나고,

ㅁ는 토이니 '므'의 깊은 소리가 난다.

이러한 관점에서 보면 이능화의 ㅏ ㅓ ㅡ ㅜ의 사이 소리설과 유사하다. 『훈민정음』언해본의 반포문(광포문)에는 • 가 23곳이 나온다. 앞의 예를 살려 • 와 결합되어있는 초성의 5행에 맞추어 깊게 발음하면 옛 발음에 가깝게 낭독할 수 있다.253) 현재 제주도에서 사용되고 있는

---

253) 『훈민정음』, 언해본, 1-6쪽 : 나랏말ㅆ미 듕귁에 달아 문쭝와로 서르 ㅅ못디 아니홀씨 이런젼ㅊ로 어린빅셩이 니르고져 흟배이셔도 ㅁ촘내 제쁘들 시러펴디 몯홇노미하니라 내이롤 윙ᄒᆞ야 어엿비너겨 새로 스믈여듧쫑롤 ᄆᆡᇰᄀᆞ노니 사룸마다 히ᅇᅧ 수빙니겨 날로뿌메 뼌한킈 ᄒᆞ고져홇 ᄯᆞᄅᆞ미니라. (ㅆ는 써의 깊은 발음, 쫑는 쩌의 깊은 발음, ㅅ는 서의 깊은 발음, ㅁ은 믓의 깊은 발음, 홀은 홀의 깊은 발음, ㅆ는 쎄의 깊은 발음, ㅊ는 처의 깊은 발음, 빅은 빅의 깊은 발음, ㅁ는 므의 깊은 발음, 츰은 첨의 깊은 발음, 흟은 흟의 깊은 발음, 롤은 룰의 깊은 발

'ᄒᆞᆫ저 옵서예'에서 'ᄒᆞᆫ저'의 'ᄒᆞᆫ'은 ㅗ의 깊은 소리로서 '혼저'에 가까운 깊은 발음이 난다. 또 구령소리 중 '앞으로가'의 짧고 힘찬 발음은 '앞으로 갓'도 아니며, '앞으로 간'도 아니다. '앞으로 ᄀᆞ'나 아니면 '앞으로 강'로 하는 것이 '가'의 깊은 소리이므로 더 정확한 표기이다. 앞의 예를 따르면 '딸'을 뜻하는 'ᄄᆞᆯ'도 옛 발음은 '뚤'에 가까운 깊은 발음이었을 것으로 보인다. '자전거'를 표기한 'ᄌᆞ중개'의 'ᄌᆞ중'도 ㅓ의 깊은 소리로서 '저정개'의 깊은 발음이 났을 것으로 보인다. ·가 어느 5행의 초성과 합해지느냐에 따라 그에 해당되는 중성의 깊은 음으로 발성된다는 것을 짐작할 수 있다. '바블'이 밥을, 마을의 옛 표기인 'ᄆᆞ술'을 제주도에서는 앞의 예처럼 '므설(셜)'에 가깝게 발음하고 있는 것이 좋은 예라 하겠다.

· 자체의 음가는 어느 첫소리와 결합하더라도 깊은 발음임에는 변함이 없다. 예를 들면 중국어의 兒, 二(ér)[254]이나 아랍어의 'ع' 등의 '깊은 발음과 흡사하다. 아랍어의 인사말인 '안녕히 가세요, 또 만나요(مع السلامة وإلي اللقاء)'를 '마앗셀레마 와일라리ᄭᆞ'로 표기할 수 있다. 아랍어는 유엔공용어이자 아프리카 회의의 공식어이다. 한국에서는 아랍어가 다소 생소하지만 아라비아 반도와 북 아프리카에서 20여 개국, 약 3억 명의 인구가 사용하는 국제적으로 큰 비중을 차지하고 있는 언어이다. 현재 아랍어만큼 · 의 발음이 많이 쓰이는 언어는

음, ᄒᆞ는 호의 깊은 발음, ᄆᆡᆼ은 묑의 깊은 발음, ᄀᆞ는 가의 깊은 발음, ᄅᆞᆷ은 룸의 깊은 발음, ᄒᆡ는 회의 깊은 발음, ᄯᆞ는 ᄯᅮ의 깊은 발음, ᄅᆞ는 루의 깊은 발음으로 낭독해야 옛 음가를 잘 표현할 수 있다).

254) 국제 어학연구소 중국어학부, 『중국어회화』, 국제어학연구소, 2004, 138쪽.

없다. 또 칵과 쿡, 깍과 꾀에서도 칵과 깍보다 쿡과 꾀이 발음이 깊고
급하다. 조선 시대에 발간된 거문고 악보인 <양금 신보>에는 거문고
의 소리를 '딩동 스랭'으로 표기하고 있다. 여기서 '스랭('ㅅ'는 'ㅅ'에 가까
운 깊은 발음)'은 거문고의 줄을 '스르룽(서르룽)'하고 긁는 소리의 표기이
다. 후대에 와서 '·ᆢ·'도 보이나 이것은 1750년에 나온 <운해 훈민
정음>에서 신경준이 만든 것으로 '·ᆢ·'의 음가는 · 보다 조금 더
무겁고 조금 더 길다고 하였다.[255] '야무지다'를 '윽윽하다'로, '여섯'
을 'ᅌᆞᆺ'으로, '야무락지다'를 'ᅌᆞ망지다'로, '염통'을 '옴통'으로, '여러
가지'를 'ᅌᆞ라가지'로 적었다.[256] 지금도 이 발음이 살아 있으니 연변의
우리 동포들은 '여러분'을 'ᅌᆞ러분'으로 발음하고 있다. 'ᅌᆞ'는 'ㅠ'의 깊
은 발음으로 보인다.[앞의 < · 와 초성과의 관계> 오른쪽 그림 참조]
　· 의 이름에 대해서도 여러 가지 주장이 있다. 훈몽자회의 초, 중
성 음절표대로 가, 갸, 거, 겨, 고, 교, 구, 규, 그, 기, ᄀᆞ의 순서에 의하
여 ᄀᆞ가 맨 아래에 있다고 해서 · 를 '아래아'라고 하였다. 그러나
· 의 이름은 초성의 순서를 나타내는 의미보다는 음가를 잘 나타낼
수 있는 명칭이어야 한다. 후대의 초, 중성 음절표를 굳이 따라야 할
이유가 없다. 또 '아래아'를 첫소리의 아래에 쓰인다는 뜻으로 붙인 이
름이라면 이 역시 맞지 않다. ㅗ를 첫소리의 아래에 쓴다고 해사 '아래
오'라고 하지 않으며 ㅏ를 첫소리의 오른쪽에만 쓴다고 해서 '오른 아'
라고 하지 않기 때문이다.

255) 강신항, 『운해훈민정음연구』, 한국 연구원, 1967, 25쪽 : ᆢ 其聲比 · 差重
　　ᆢ 其氣比 · 差長. 김석득, 『우리말연구사』, 태학사, 2009, 230쪽.
256) 서정범, 『음운의 국어사적연구』, 집문당, 1982, 184쪽.

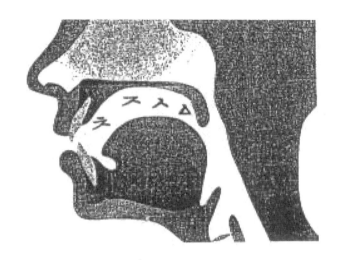

〈△의 음가〉

1447년의 『석보상절』과 1459년의 『월인석보』의 '어버싀'는 반포 68년 후인 1514년에 지은 『속삼강행실도』에서 '어버이'로 변하였다. '아바싀'와 '어마싀'가 함경도에서는 '아바이'와 '어마이'로, 경상도에서는 '아바시'와 '어마시'로 변하였다. 또 함경도에서는 '할아바싀'가 '할아바이'로, '할마싀'는 '할마이'로 변하였고 경상도에서는 '할아바시'와 '할마시'로 변하였다. 『석보상절』의 '손소'와 '프성귀(草介)'272)가 지금은 '손수' '푸성귀'로 변하였다. 1446년의 『훈민정음』 용자례의 '너싀'와 '아ᅀᅮ'273)는 지금 '너시(너새)'와 '아우'로 변하였다. 1690년의 『역어유해』에서는 '싈(日)'이 '일'로, '술(兒)'은 '아'274)로 변하였다.

---

272) 이동림, 『주해석보상절』, 권6, 동국대출판부, 단기4292년, 54쪽 : 프성귀(草介).

273) 『훈민정음』, 60쪽. 용자례 : 아ᅀᅮ爲弟, 너싀爲鴇.

274) 『譯語類解』, 상, 아세아문화사, 1974, 3쪽, 4쪽. : 싈(日), 술(兒).

또 1778년의 『방언유석』에서는 '슈(乳牛)'[275]가 '유'로 변하였고, 1590 년의 『논어언해』에서는 '셔(如)'와 '신(人)'이[276] '여'와 '인'으로 변했다. 1590년의 『맹자언해』의 '싀(而)' '신(人)'[277]이 '이'와 '인'으로 변했다. 『월 인천강지곡』에서는 이(二)를 '싀'로, '인(人)'은 '신'으로, '일(日)'은 '싏'로 표 기하고 있다.[278] 1670년의 『노걸대 언해』의 '슐(兒)'이나 1677년의 『박 통사 언해』의 '신(人)'[279]도 마찬가지다. 정경일은 "1747년에 간행된 박 성원의 『화동정음 통석운고』에는 箭(션), 數(수), 嗽(수), 欶(숙) 등의 표기 에만 △이 쓰였고 다른 용례가 나타나지 않는다"[280]라고 하였다.

그러나 그 이전인 1518년의 『번역소학』에서는 '仁'이 '인'으로, '人'은 '신'[281]으로 서로 다르게 나타난다. 1657년의 『어록해』에는 'ᄀ숨'이 'ᄀ 슴'[282]으로 △이 ㅅ으로 바뀐다. 그렇다고 해서 △이 후대에 모두 ㅅ 이나 ㅇ으로 변한 것은 아니었다. 예를 들면 1459년에 발행된 월인석 보에 '가ᅀᆞᆷ'으로 쓰였는데 그 보다 75년 후인1535년의 『몽산화상 법어 약록언해』에서는 '마음에'가 'ᄆᅀᅡ매'로 쓰였고,[283] 93년 후인 1553년에 간행된 『부모은중경』에는 '가ᅀᆞᆷ'으로 되어 있는 경우도 있어서 일관적 으로 변화된 것은 아닌 것으로 보인다. 또 그 당시에는 책을 새로 간행

---

275) 박애니, 「〈方言類釋〉에 반영된 中國語 音韻 體系 硏究」, 이화여대중어중문학과 석사학위 논문, 2010, 61쪽 : 슈(乳牛), 수(乳母).
276) 『논어언해』, 권2, 한양대부설국학연구원, 1974, 122쪽.
277) 『맹자언해』, 권1, 한양대부설국학연구원, 1974, 1쪽.
278) 『월인천강지곡』, 상, 84쪽.
279) 『노걸대·박통사언해』, 아세아문화사, 1973, 4쪽, 381쪽.
280) 정경일, 「〈華東正音通釋韻考〉 漢字音 聲母硏究」, 고려대국어국문학과, 박사학 위논문, 1989, 13쪽.
281) 『번역소학』, 권8, 홍문각, 1984, 3쪽.
282) 『어록해』, 초간본, 홍문각, 2005, 2a.
283) 『몽산화상 법어약록언해』, 세종대왕기념사업회, 2002, 1ㄴ.

하는 것이 쉬운 일이 아니어서 후대에 와서 다시 간행할 때 발행연도
만 바꾸어 초간본의 내용을 그대로 찍어내는 경우가 있기 때문에 그럴
수도 있었을 것이다. 그러나 앞에서 살펴본 바로는 △은 대부분 ㅇ과
ㅅ으로 음이 변하였음을 알 수 있다.

△은 외국어 표기나 우리말의 개신改新을 위하여 만든 글자로 보인
다. 우리말 개신의 예를 들면 지방에 따라 다르게 발음되는 '여우'와
'여수' '여시'의 두 단어를 한 가지 발음으로 통일하기 위한 중간 절충
음을 '여ᅀᅮ'로 하였던 것으로 보인다. '브업'과 '브섭' '부섭'의 절충음을
'브ᅀᅥᆸ'으로, 또 '버어'와 '버서'의 중간음을 '버ᅀᅥ'로 표기한 것으로 보인
다.284) 흔히 △을 신라의 향가나 중부지방에서 사용된 Z음으로도 보지
만 경주지방의 향가나 지금 중부지방 사투리나 다른 지방사투리에도
Z발음이 남아있지 않는 것으로 보아 원래 있던 발음을 표기하기 위한
글자가 아니었던 것으로 보인다.285) 서정범은 △음과 Z음과는 연관성
이 없음을 단호하게 주장하였다.286)

(1) △의 현대적 표기방안

△의 원래 음가는 Z음이 아니고 ㅅ보다 여린 발음이다. Z음의 정확
한 표기는 합용병서인 'ᅘᅧ'이다. 아음 ㆁ과 치음 ㅈ의 합음이다.

---

284) 『훈민정음』, 46쪽. 종성해 : 엿의 갗爲虎皮.
　　　『훈민정음』, 61쪽. 용자례 : 브섭爲籠.
285) 이숭녕, 『신라시대의 표기법 체계에 관한 시론』, 탑출판사, 1978, 27, 114,
　　　128쪽 : ᄀᆞ우리(제주도), 다본(다음), 이숣기(是白只) 등은 있으나 △은 보이
　　　지 않는다.
286) 서정범, 『음운의 국어사적연구』, 집문당, 1982, 54쪽.

'ゆずちゃ(柚子茶)'를 '유쯔차'로, 'すず冷(び)え(15℃정도)'를 '스쯔삐에'로 표기할 수 있다. 또 'ずっと(계속)'를 '쯧또'로, 'なぜですか(왜죠?)'를 '나쎄떼스까'로, 'はいどうぞ(예, 여기 있습니다)'를 '하이 또우쬬' 등으로 사용할 수 있다. 영어의 Z발음 뿐 아니라 이딸리아어의 Z음의 표기도 가능하다. 예를 들면 'grazie(고맙습니다)'를 '그라쎄에'로 표기할 수 있으며, 브라질어나 뽀르뚜깔어의 'casa(집)'는 '까싸'로 표기 할 수 있다. 또 네떼란드어의 'Tot ziens!(안녕하세요!)'는 '똔트 쎈스'로 표기할 수 있다.

로마자로는 'Design(dizain)'을 '디싸인'으로, 'television(televizyon)'을 '텔레쎄연' 등의 Z음에 두루 사용할 수 있다.

그러나 △을 Z음으로 사용할 수 있는 일말의 근거는 '삼월 삼일(三月三日)'의 日(싫)이 '삼월 삼질'로 변한 것과 '거의(殆)'가 '거진'의 ㅈ음으로 변한 경우도 있기 때문이다. 그것이 Z음으로도 쓸 수 있는 한 가닥의 가능성을 보여주고는 있다.(디싸인, 텔레비전 등) 그러나 △음의 정확한 음가는 어디까지나 'ㆁㅅ'이며 Z음은 '쎄'이다. 그리고 △의 이름은 '싀읏'이며 '여린 ㅅ'이다.

3) ㆆ의 음가 변천과정

이 글자는 세조 이후부터 잘 쓰이지 않다가 1527년 중종 때 소멸되었다. 창제 약 80년 후에 지은 최세진의 『훈몽자회』부터 쓰이지 않았다. 최현배는 "ㆆ은 목청 터짐의 맑고 빠른 소리임이 분명하며 입성入聲 표기에 쓰인다."라고 하였다.[287]

---

287) 최현배, 『고친한글갈』, 정음문화사, 4315(1982), 530쪽.

타경』(1464)까지 보이다가 그 후에는 나타나지 않는다. 그러다가『속 삼
강행실도』(1514)에 나타나기도 한다. 이것은 관습에서 오는 표기라고
하겠다. 그러나 『아미타경』(1464)까지 사용되었다고 보면 훈민정음을
반포한지 불과 20년도 안되어 사라진 것으로 보인다."302)

『훈민정음』서문에 "ㅇ을 순음아래에 이어 쓰면 순경음이 된다."303)
라고 하였다. 또 제자해에 "입술이 잠깐 합하지만 목구멍소리가 많아
서 가벼운 소리가 된다."304)라고 하였다. 이로 미루어 보건데 ㅸ은 입
술을 잠깐 합하였다가 ㅇ처럼 내는 소리이다. 그러므로 ㅂ보다 가벼운
소리임을 알 수 있다. 그러나 Ⅴ발음과는 다르다. 퐁 뽕도 ㅸ음가의 예
와 같다. 유희의『언문지』에는 "두 입술을 덜 닫고서 내는 가벼운 소리이
다."305)라고 하였다.

(1) ㅸ 퐁 뽕의 현대적 표기방안

흔히 ㅸ을 로마자의 Ⅴ 발음으로, 퐁을 f 발음으로 쓸 것을 주장하는
경우를 본다. 그러나 필자는 '입술이 잠깐 합하므로 순음에 비하여 목
구멍소리가 많다'는 내용으로 보아 v나 f 와는 전혀 다른 발음이다. ㅸ,
퐁, ㅱ, 등은 우리말 사투리나 몽골어 등 외국어발음을 보다 정확하게
표기할 수 있는 글자들이다. 또 표준말인 '더워'와 경상도 사투리인 '더
버'라는 두 가지 발음을 절충하기 위하여 '더붜'로, 또 '더러워'와 '더러

---

302) 서정범,『음운의 국어사적연구』, 집문당, 1982, 16쪽.
303)『훈민정음』, 10쪽. 서문 : ㅇ連書脣音之下 則爲脣輕音.
304)『훈민정음』, 19쪽. 제자해:ㅇ連書脣音之下 則爲脣輕音者 以輕音乍合而喉聲多
　　也.
305) 최현배,『고친한글갈』, 정음 문화사, 4315(1982), 534쪽.(재인용)

버'를 절충하기 위하여 '더러버' 등으로 표기한 것으로 보인다.

　순경음 ㅸ, ㅱ의 소리가 지금은 사라져 거의 남아있지 않지만, 이 발음을 사용하고 있는 국가의 음가표기로 사용한다면 요긴하게 사용할 수 있다. 예를 들면 몽골어의 'B'를 '붸(ㅸㅔ)'로 표기할 수 있다, 또 문장 중에 잘 보이지는 않지만 슬로빠끼아어와 네델란드어의 'W'를 '붸(ㅸㅔ)'로 표기 할 수 있다. 그리고 '멍멍'이라는 의성어를 **'뗭뗭' '퉁퉁'** 등으로, '음메'를 **'음뻬' '훌뫃'** 등으로 표기할 수 있다. 이렇듯 옛 글자를 살려 쓰면 외국어 표기 뿐 아니라 의성어도 더 정확하게 표기할 수 있다. 그 밖에 『화어유초』에 福(부), 賁(분), 浮(부)[306] 등으로 쓰인 'ㅸ'은 '부부夫婦'의 실제 발음이 '부뿌'로, '바보'가 '바뽛'로, '부비다'가 '부뷔다'로, '얇으니'가 '얄뵈니'로 발음되고 있는 숨은 발음의 표기이기도 하다. 또 관세음보살의 '보살'을 염불소리로 길게 발음하여 ㅸ를 '브ㅗ살'로 표기한 경우도 있다.[307] 그러나 ㅸ ㆄ ㅱ나 ㅭ도 합용병서의 형식인 'ㅂㅇ' 'ㅍㅇ' 'ㅁㅇ'와 'ㄹㅇ'로 표기하는 것이 일관성이 있다. 창제 570여년이 지난 지금은 그때와는 발음도 많이 변했기 때문에 순경음이나 합용병서법도 개량하여 사용해야 할 것이다.

　또한 중성해中聲解에서 · ― ㅣ(천지인)로 이루어진 가운뎃소리는 ㅗ, ㅏ, ㅜ, ㅓ, ㅛ, ㅑ, ㅠ, ㅕ 팔성자를 이루어 "ㅗ와 ㅏ는 ㅘ, ㅛ와 ㅑ는 ㆇ 로, ㅜ와 ㅓ는 ㅝ, ㅠ와 ㅕ는 ㆊ로 서로 합하여도 거슬리지 않는다."[308]라고 하였다. 그밖에 "두 글자로 된 가운뎃소리가 ㅣ와 서로 합

---

306) 김기정, 『화어유초』, 선문대학교 중한번역 문헌연구소, 2004, 43쪽, 110쪽 및 112쪽.
307) 벽산한인, 『정음증보관음문자正音增補觀音文字』, 갑호, 운문도장, 불기2659. (국립중앙도서관소장)

한 것이 넷이라 하였으니 ᅫ, ᅰ, ᅫ, ᅰ 이다"[309]라고 하였다. 지금도 외국어 표기에 모두 사용이 가능한 글자이다.

2. 초성의 이름

1) 최세진의 초성 이름

ㄱ - 기역 ㅋ - 키윽 ㄷ - 디귿 ㅌ - 티읕

ㄴ - 니은 ㅂ - 비읍 ㅍ - 피읖 ㅁ - 미음

ㅈ - 지읒 ㅊ - 치읓 ㅅ - 시옷 ㆆ - 히읗

ㅇ - 이응 ㄹ - 리을

2) 바루어야 할 초성의 이름

현재 사용되고 있는 초성의 명칭은 일관성이 없으므로 정비되어야 한다. 다음의 명칭은 각 초성에 중성의 천天(·)만 조합하거나 또는 지地(ㅡ)나 인人(ㅣ)을 조합한 것이다.

예) 초성에 · 를 조합하여 ᄀ ᄏ ᅌ, ᄃ ᄐ ᄂ, ᄇ ᄑ ᄆ, ～ ᄁ, ᄄ,

---

308) 『훈민정음』, 42쪽. 중성해 : 二字合用者 ㅗ與ㅏ同出於 · 故合而爲ᅪ~故合而 爲ᆑ.

309) 『훈민정음』, 43쪽. 중성해 : 二字中聲之與ㅣ相合字四 ᅫ, ᅰ, ᅫ, ᅰ 是也.

뺘, 쯔, 쓰, 혀 등으로 할 수 있다. 또 ㅡ를 조합하여 그 크 ㅇ, 드 트 느, 브, 프, 므, ~ ㄲ, 뜨, 쁘, 쯔, 쓰, 혀 등으로 할 수도 있으며, 초성에 ㅣ를 조합하여 기 키 이, 디 티 니, 비 피 미, ~ 끼, 띠, 삐, 찌, 씨, 혜 등으로 할 수 있을 것이다.

또 현재의 형식을 따른다면 ㄱ+ㅣ(인人)를 조합하여 '기'로 하고, ㅇ +ㅡ(지地)를 조합한 '으'에 초성 ㄱ을 다시 종성으로 사용하여 '기윽'으로 할 수 있다.

즉 ㄱ을 '기윽'으로, ㅋ을 '키윽(윽), ㄷ을 '디은', ㅌ을 '티읕(읕)', ㄴ을 '니은', ㅂ을 '비읍', ㅍ을 '피읖(읖)', ㅁ을 '미음', ㅅ은 시읏. ㅈ은 지읒, ㅊ은 치읓으로 하여 앞 글자의 초성이 뒷글자의 종성이 되게 표기하는 방법이 있다. 지금 쓰고 있는 명칭보다 일관성이 있다.

다음은 초성 17자의 명칭을 다시 정리한 것이다.
ㄱ- ᄀᆞ, 그, 기, 기윽. ㅋ- ᄏᆞ, 크, 키, 키윽. ㆁ-ᅌᆞ, 으, 이, 이응.
ㄷ- ᄃᆞ, 드, 디, 디은. ㅌ- ᄐᆞ, 트. 티, 티읕. ㄴ-ᄂᆞ, 느, 니, 니은.
ㅂ- ᄇᆞ, 브, 비, 비읍. ㅍ- ᄑᆞ, 프, 피, 피읖. ㅁ-ᄆᆞ, 므, 미, 미음.
ㅈ- ᄌᆞ, 즈, 지, 지읒. ㅊ- ᄎᆞ, 츠, 치, 치읓. ㅅ-ᄉᆞ, 스, 시, 시읏.
ㆆ -ᅙᆞ, 흐, 히, 히응. ㅎ- ᄒᆞ, 흐, 히, 히웋. ㅇ-ᅌᆞ, 으, 이, 이응.
ㄹ- ᄅᆞ, 르, 리, 리을. ㅿ- ᅀᆞ, 스, 싀, 싀읏.

그 밖에 각자병서 ㄲ은 쌍ㄱ 대신 ᄁᆞ, 끄, 끼, 끼윾(윽), ㄸ은 ᄄᆞ, 뜨 띠, 띠읕(은), ㅃ은 ᄈᆞ, 쁘, 삐, 삐읍(읍), ㅉ은 ᄍᆞ, 쯔, 찌, 찌읒(읒), ㅆ은 ᄊᆞ, 쓰, 씨, 씨읏(읏), ㆅ은 혀, 혀, 혜, 혜 읗(읗)으로 표기할 수 있다.

합용병서에서 김승곤은 이중조음 자음설을 주장하였다.[313] 조규설과 이은정은 선위자음 시차적 경음설先位子音 時差的 硬音說을 주장하였다.[314]

각자병서(ㄲ, ㄸ, ㅃ 등)의 경우 최현배는 지석영과 이능화의 된소리설을 지지하면서 그도 경음설硬音說을 주장하였다.[315] 허웅도 각자병서가 된소리를 표현했던 것임은 의심의 여지가 없다고 하였다.[316] 그래서 각자병서는 맞춤법 통일안 이후 완전히 된소리 표기로 굳어졌다. 합용병서(ㄴㄷ, ㄴㅅ, ㅅㅂ, ㅅㅍ등)의 경우도 박승빈은 '경음설'을 주장하였다.[317] 그런데 현재 합용병서는 자음군으로 보는 것이 학계의 통설로 되어있으며, 각자병서는 된소리로 굳어져서 쓰이고 있다.

2) 합용병서법의 원용

이은정은 '삯히(사나히)'의 경우 'ㅅㄴ'은 'ㄴ'의 된소리일 것이라고 보았다.[318] 따라서 'ㄴㅅ'의 경우도 'ㅅ'의 된소리로 볼 수 있다. 그렇다면 현재 통용되고 있는 'ㅅ'의 된소리인 'ㅆ'과 발음 구별이 모호해진다. 그 당시에는 ㅆ, ㄸ 등의 각자병서가 지금의 된소리와는 발음이 달랐을 것이다.[319] 그러나 필자는 ㅆ을 현재 ㅅ의 된소리로 사용할 때 'ㄴㅅ'과

311) 김강백, 「훈민정음 병서자 음운에관한 일고찰」, 중앙대교육대학원 석사학위논문, 1982, 9쪽.
312) 권재선, 「각자병서의음가고」, 한글 제160호, 1977, 445쪽.
313) 김승곤, 『일반음성학』, 교문사, 1983, 74쪽.
314) 조규설, '이조초기 국어의 경음 순경음 표기에 대하여' 청구대 「논문집」, 8호, 39쪽.
이은정, '중세국어에 있어서의 병서자의 소리값에 대하여' 「한글」, 제156호, 43쪽.
315) 최현배, 『고친한글갈』, 정음문화사, 1982, 594, 595, 602쪽.
316) 허웅, 『국어음운학』, 샘문화사, 2008, 336쪽.
317) 박승빈, '경음론' 「보전학회논집」, 제1집, 별책, 24쪽.
318) 이은정, '중세국어에 있어서의 병서자의 소리값에 대하여' 「한글」, 제156호, 44쪽.

의 발음차이를 설명하고자 한다. 합용병서에서 앞의 초성 'ㄴ'은 발음을 준비하는 발성기관의 모양이며, 뒤의 초성 'ㅅ'은 음가로 보고자한다. 즉 'ㅆ'의 앞 초성 'ㄴ'은 발성준비기관의 혀의 모양으로 보고자 한다. 세종 당시에 비하여 지금은 발음이 많이 변하였기 때문이다. 즉 'ㄴ'은 발음을 준비하기 위하여 입 밖으로 쑤욱 내민 혀의 형상이며, 뒤의 초성 'ㅅ'은 그 상태에서 내는 'ㅅ'의 발음으로 보고자 한다. 영어의 'θ'음가가 여기에 해당된다. 또 'ㅅ'에서 앞의 초성 'ㄹ'은 발음을 준비하기 위하여 혀를 말아 올려 꼬부린 형상이며, 뒤의 초성 'ㅅ'은 그 상태에서 내는 'ㅅ'의 발음으로 보고자 한다. 즉 중국어의 권설음 'sh'의 음가가 여기에 해당된다. 또 'ㅆ'의 앞의 초성 'ㅅ'은 윗 이빨이 아랫입술에 닿은 상태, 즉 이빨이 입술 밖으로 보이는 발음준비 상태에서 'ㅂ'발음을 내는 것으로 영어의 'v'발음에 해당된다. 마찬가지로 'ㅍ'의 앞의 초성 'ㅅ'은 윗 이빨이 아랫입술에 닿은 상태에서 'ㅍ'발음을 내는 것으로 영어의 'f'발음으로 표기할 수 있다. 즉 합용병서에서 앞의 초성은 발음을 준비하는 조음기관의 모양이고 뒤의 초성은 음가를 나타내는 것으로 원용하자는 것이다.

3중초성인 'ㅄㄷ(時)'의 경우는 'ㅂ'과 'ㅅ'이 조음 준비기관의 모양이고 'ㄷ'이 음가가 된다. 앞의 초성이 1자이든 2자이든 모두 조음 준비기관의 모양으로 보고, 마지막 초성만 음가로 보고자한다.

앞에서 보는 바와 같이 필자는 조규설과 이은정의 '선위자음 시차적

---

319) 필자주-고시조를 보면 '밥을싸고'를 '바불ㅆ고', '고기꿰어'를 '고기ㅄ여', '꽃을떠위'를 '곳을쯰워', '꿈이런듯'을 '꿈이론듯', '깨끗이'를 '쌔끗이', '적삼빨고'를 '격삼샐고'로 표기하였다.

브라질어, 터키어 등의 f 발음이 모두 여기에 속한다.

l과 r의 발음

l은 '르' 로 표기하고 r은 ㄹ로 표기할 수 있으나 병서로 통일하여 중국어의 권설음처럼 'ㄹㅇ'로 표기하고자 한다.

θ=th (ㄴㅅ)

여기서 'ㅅ'는 원래 음가이고 앞의 'ㄴ'은 혀를 입 밖으로 쑥 내민 발음 준비기관의 모양을 나타낸 것이다. 즉 혀(ㄴ)를 입 밖으로 쑥 내민 상태에서 내는 'ㅅ'발음이다.

· 'thank(θæŋk) you'는 '냉큐'로, 'tooth'는 '투ㄴㅅ' 등이다.

ð=th (ㄴㄸ)

여기서 'ㄷ'는 음가이고 앞의 'ㄴ'은 혀를 입밖으로 쑥 내민 발음 준비기관의 모양을 나타낸 것이다. 즉 혀(ㄴ)를 입 밖으로 쑥 내민 상태에서 내는 'ㄷ'발음이다.

'this'는 'ㄴㄸ스'이다. 'that'은 'ㄴㄸㅐㅌ'이다.

일본어의 콧소리 ん= 'ㆁ'

ㆁ의 명칭은 '옛이응'으로 통용되고 있으나 '여린기윽'으로 수정하여야 한다. ㆁ의 자형字形은 ㅇ과 달리 목구멍과 코로 소리의 기운이 동시에

나가는 여린 ㄱ의 발음이다. ㆁ을 사용하면 '야옹'이라는 의성어도 '야ᅌ'으로 더욱 정확하게 표기할 수 있다. 외국어의 예를 들면 일본어 'ん'를 'ᅌᅳ'로, 'が'를 'ᅇᅡ'나 '아'로 표기할 수 있다. ' おねがいしますね(부탁합니다)'를 '오네ᅇᅡ이시마스' '何が(무엇이~)'를 '나니아'로, '飲み物が(음료가~)'를 '노미모노아'로 적을 수 있다.

또 티벳어의 'ṅ a'를 'ᅌᅡ'로 표기할 수 있다. ㆁ 발음은 베트남어와 태국어 등에 많다. 베트남어의 단모음 'Ă,'는 'ᅌᅡ'로, 'O,'는 'ᅌᅩ'로 표기할 수 있으며 중성결합의 예인 'AI,'는 'ᅌᅡ-이'로, 'AY,'는 'ᅌᅡ이-'로, 'AO,'는 'ᅌᅡ오'로, 'EO,'는 'ᅌᅢ오'로 표기되며, 3모음 결합의 예인 'OAI,'는 'ᅌᅩ아-이'로, 'OAY,'는 'ᅌᅩ아이-'로, 초성으로는 'NG,'를 'ㆁ'으로 표기할 수 있다.

중국어의 권설음

'ch'는 'ㄹ츠', 'zh'는 'ㄹ즈', 'sh'는 'ㄹ스'로 표기할 수 있다.

여기서 '츠' '즈' '스'는 원래 음가이고 앞의 'ㄹ'은 혀를 최대한 말아올려 꼬부린 상태를 나타낸 것이다. 즉 입안에서 혀를 최대한 꼬부린 권설상태(ㄹ)에서 내는 '츠' '즈' '스'의 발음이다. 汽車는 '치ㄹ처(ch)' 消費者는 '씨아오 ㅅ페(f)이 ㄹ저(zh)' 市場은 'ㄹ스(sh)ㄹ창(ch)' 등으로 표기할 수 있다.

그러나 같은 발음기호라 하더라도 국가에 따라 다르다. 독일어는 V를 'ㅅ프'로, W는 'ㅅ브'로 표기한다. W가 영어로는 와인(wine)이지만 독일어는 ㅅ빠인(wein)이다.

따라서 'Volkwagen'은 'ㅅ퐄(v)스 ㅅ바(w)겐'으로 표기가 가능하다. 방송에서도 아나운서에 따라 '폴크스바겐'과 '폭스바겐' 두 가지로 발음하는 것을 볼 수 있는데 합용병서법이 이런 것을 해결할 수 있다.

그리고 네멜(th=ð)란드(Netherlands)어는 V를 '쁘'와 '쓰'로 혼용하지만 대부분 '쁘'로 발음한다. f 도 '쁘'로 발음되지만 문장에서 거의 찾아볼 수 없다.

또 페루(Peru)는 현지에서는 '뻬(P)루'로 발음된다. 슬로쌔끼아어, 인도네시아어, 체꼬어, 브라질어, 뽀르뚜깔어, 스뻬인어, 이딸리아어는 모두 p를 '뻬'로 발음하고 t는 '띠'로 발음한다. 따라서 p가 모두 '프'가 아니며, v가 모두 '쓰'로 발음 되는 것은 아니다. 그러므로 그 나라가 사용하는 발음에 따라 거기에 맞게 표기해주면 되는 것이다.

현재의 한글과 훈민정음은 서로 기능이 다르다. 지금의 한글은 반쪽 훈민정음에 지나지 않는다. 없어진 4글자를 포함한 초성의 합용 병서법을 원용해야 하는 이유가 여기에 있다.

3) 컴퓨터 자판 개량

그 다음은 ·, △, ㆆ, ㆁ, 4글자를 컴퓨터 자판에 살려 넣는 작업이 뒤 따라야 한다. 또한 합용병서의 초성의 조합이 같이 이루어지도록 자판을 개량하여야 한다. 현재 합용병서의 종성은 제한적으로 사용이 가능하지만 초성의 합용병서 조합은 전혀 되지 않고 있다. 어떠한 초성과 중성, 종성의 조합도 다 이루어지도록 완성형에서 조합형으로 자판을 개량하여야 한다. 그것이 훈민정음의 장점을 살리는 길이며 세종의 홍익정신을 잇는 일이다.

다음은 <28자를 포함시킨 자판>이다.

초성은 아, 설, 순, 치, 후, 오행상생의 순서와 소리가 여린 순서인 ㆁ
ㄱ ㅋ, ㄴ ㄷ ㅌ ㄹ, ㅁ ㅂ ㅍ, ㅿ ㅅ ㅈ ㅊ, ㅇ ㆆ ㅎ 의 순서로 모아
서 왼쪽에 배치하였다. 이 배열순서는 훈민정음 제자원리에 따른 것이
다. 또 중성의 위치는 훈민정음의 순서인 · ㅡ ㅣ ㅗ ㅏ ㅜ ㅓ ㅛ ㅑ
ㅠ ㅕ의 차례로 오른 쪽에 배치하였다. 그 밖의 된소리들은 서로 연관
이 있는 위치에 배치하면 될 것이다.

〈28자를 포함시킨 자판〉

Ⅶ. 22개 외국어 발음 표기 예

발음의 비교를 위하여 문장 속에 현행 한글표기를 병행하였다. 루마니아어, 슬로빠끼아어, 인도네시아어, 체꼬어, 브라질어, 스뻬인어, 이딸리아어 등에는 발음기호표에도 현행 한글을 병기하였다. 뽀르뚜깔어는 브라질어와 발음이 거의 같으므로 같은 단원에 포함시켰다. 보다 정확한 표기를 위하여 앞에 거론한 ᄲᅳ, ᄉ프, ᄂ스, 뜨와 권설음 ᄅ즈, ᄅ츠, ᄅ스, ᄅ으 등의 합용병서 이외에도 된소리가 여럿 사용되었다.

예를 들면 태국어의 ᅇᅡ, ᄙᅧ 와 미얀마어의 ᄅ따, ᄅ다, ᄅ타, 네델란드어와 브라질어의 ᄅ흐, 스뻬인어의 ᅘᅦ, 루마니아어와 체꼬어, 브라질어, 뽀르뚜깔어, 이딸리아어, 슬로빠끼아어 등의 ᄋ제, ᄋ지, 예, ᄋ기, ᄋ지, ᄋ줴 등과 아랍어의 ᅘᅡ, 커, 꺼 등이다. 앞의 내용들을 읽은 이들에게는 별로 낯설지 않을 것이다. 아랍어의 깊고 짧은 발음은 『훈민정음』합자해의 예를 원용하여 중성 밑에 •으로 표기하였다. 이러한 표기가 번잡스러워 보이면 더 간소화할 수도 있으나 너무 간소화시키면 정확한 발음표기가 어려워지는 면이 있다. 정부에서 외국어 표기법 제정을 추진할 때 조정할 수 있는 문제이다.

1. 몽골어 발음표기의 예

몽고어와 우리말은 단어의 뜻과 발음이 비슷한 경우가 흔하다. 예를 들면 우리말의 '바른쪽'을 몽골어로는 '바른쭉'이라고 하며 '왼쪽'을 '준쭉'이라고 하고 '눈'을 '눈'이라고 한다. 한편 음가는 생소한 것도 많으며 몽골어에는 '으'나 '으이'라는 발음이 없으며 순경음 ᄫ(ᄫᅩ) 발음이 살아있다. '햐'는 '가'의 콧소리이다. p는 '르'로 발음한다.

	글자	이름	대표유사음	보기		
1	А а	아	ㅏ	ачаа	아챠 -	짐
2	Б б	베	ㅂ	бөмбөг	붐부ㄲ	공
3	В в	ᄫᅦ(ᄫᅦ)	ᄫᅩ(ᄫ)	валют	뫌(발)류트	외국돈 (달라, 옌 따위)
4	Г г	께	ㄲ	гар	까르	손, 팔
5	Д д	데	ㄷ	давс	다ᄫᅳ스	소금
6	Е е	예	ㅔ~ㅠ	ес	이스	아홉
				ероол	유럴-	축원
7	Ё ё	여	ㅛ	ёс	여스	도리
8	Ж ж	제	ㅈ	жаргал	자르갈ㄴㅎ(ㄹㅎ)	행복
9	З з	ᅀᅦ	ᅀᆽ	зардал	ᅀᅨ르달ㄴㅎ(ㄹㅎ)	비용
10	И и	이	ㅣ	ирээдүй	이레- 두이	미래
11	Й й	하가시이	ㅣ	далай	달라이	바다
12	К к	카	ㅋ	кино	키노-	영화

13	Л л	일ㄴㅎ(ㄹㅎ)	ㅣ	лаа	라	(켜는)초
14	М м	임	ㅁ	Монгол	몽골	몽골
15	Н н	인	ㄴ	нөхөр	너흐르	남편
16	О о	오	ㅗ	одоо	어떠-	지금
17	Ө ө	으	ㅜ	өрөө	ㅆ어러-	방
			ㅓ	өөр	어- 르	다른, 자신
18	П п	페	ㅍ	пиво	피ㅂㅇ(ㅂ)	맥주
19	Р р	이르	ㄹㄹ	редактор	레다크토르	편집인
20	С с	이스	ㅅ	Солонгос	철 원ㅇ윅스	한국, 한국인
21	Т т	테	ㅌ	талх	탈ㄴㅎ(ㄹㅎ)	빵
22	У у	오	ㅗ	Улаанбаатар	우랑바ㄸ르	울란바타르
23	Ү ү	우	ㅜ	үсчин	우스칭	이발사
24	Ф ф	ㅆ페	ㅅㅍ	франц	쓰란츠	프랑스
25	Х х	헤	ㅎ	хөл	홀ㄴㅎ(ㄹㅎ)	발, 다리
26	Ц ц	체	**ㅊ**	цагдаа	착다-	경찰
27	Ч ч	체	ㅊ	чөлөө	츌ㄴㅎ(ㄹㅎ)	틈
28	Ш ш	이시	ㅅ	шижир	시지르	순금
29	Щ щ	이시체		- 몽골어에는 사용되지 않음-		
30	Ъ ъ	하토:킹 템덱 휴지(음가없음)		харъя	하르이	보자!
31	Ы ы	이루깅:이:	ㅣ:	замын цагдаа	자밍-착다	교통경찰
32	Ь ь	줄:ㄹㅎ니: 템덱	ㅣ:	харья	하리이	돌아가자!
33	Э э	에	ㅔ	энэ	엔	이(것)
34	Ю ю	유	ㅛ~ㅠ	юу	요-	까?
						(의문조사, 후설모음 뒤)
				юу	유-	까?
						(의문조사, 전설모음 뒤)
35	Я я	야	ㅑ~ㅣ	яс	야스	뼈
				явъя	야ㅂㅇ(ㅂ)이	가자!

몽골어

▸ 안녕하세요?

Сайи байна уу?   ⁞ 샘 베- 노?
사임   베이노?

▸ 예, 괜찮은 편입니다.

Гайгүй дээ   ⁞ 까이꾸이데-.
가이구이   데:.

▸ 아무 일도 없습니다. 편히 잘 있습니다.

Юм гүй дээ. Тайван сайхан байна.   ⁞ 윰구이데- 태봔 새홍 베엔.
윰구이   데:.   타이왕   사이함   베인.

▸ 또 뵙겠습니다.

Баяртай   ⁞ 바야르테-.
바야르태:

▸ 건강하고 평안하게 겨울을 나고 계십니까?

Тарган сайхан өвөлжиж байна уу?   ⁞ 타르깡 새홍 우블쥐즈베노-?
타르강   사이항   우불지쯔   베이노?

▸ 화장실은 어디 있습니까?

Жорлон хаа байна?   ⁞ 조쯔롱 하-벤?
죠를롱   하: 베인?

▸ 고맙습니다.

Танд гялайлаа   ⁞ 탠드 깔라일ㄹ하-.
탄드 갈라일라:

▸ 대단히 감사합니다.

Их баярлалаа. 이히 바이쯔랴ー.

이흐 바야를라:

▸ 천만에요.

Зугээр 주께ー쯜.

쭈게:르

▸ 당신은 어디서 오셨습니까?

Та хаанаас ирсэн бэ? 타 하ー나ー스 이쯔센(슨) 베?

타   하:냐:스 이르슴 베?

▸ 저는 한국에서 왔습니다.

Би Солонгосоос ирсэн. 비쉴원쉬ー스 이쯔센(슨).

비   솔롱고소:스   이르셍.

▸ 얼마입니까?

Хэд вэ? 헤드ー쀄?

헤드 웨?

▸ 프랑스

Франц 쁘란츠.

프랑스

2. 중국어 발음 표기의 예

중국어의 권설음은 zh는 ㄹㅈ, ch는 ㄹㅊ, sh는 ㄹㅆ, z는 치두음 ㅉ, c는 치두음 ㅊ, s는 치두음 ㅆ로 표기하였다.

▸ 성모표

		독 음			독 음			독 음
b	bo	뿌어, 뽀	g	ge	ㄲ어, ㄲ긔	zh	zhi	ㄹㅈ
p	po	푸어,풔, (풔)	k	ke	크어, 킈	ch	chi	ㄹㅊ
m	mo	모어, 모ㅓ	h	he	흐, 희	sh	shi	ㄹㅆ
f	fo	쒸어,	j	ji	찌	r	ri	ㄹㆁ(ㄹㆁ)
d	de	뜨어, 띄	q	qi	치	z	zi	ㅉ
t	te	터, 틔	x	xi	씨	c	ci	ㅊ
n	ne	너, 늬				s	si	ㅆ
l	le	르어, 릐						

*3성이나 경성의 성조에 따라 발음의 변화가 있음.

▸ 운모표

		i	이, 으	u	우	ü	위
a	아	ia	이아	ua	우아, 워		
o	오어, 웡			uo	우어		
e	으어, 어						
		ie	이예			üe	위에
er	엉(얼)						
ai	아이			uai	우아이		
ei	에이			uei	우에이		
ao	아오	iao	야오				
ou	오우	iou	요우		운		
an	안	ian	이옌	uan	우안	üan	위옌
en	으언, 원	in	인	uen	우원	ün	윈
ang	앙	iang	이앙	uang	우앙, 왕		
eng	으엉, 웡	ing	잉	ueng	우엉, 웡		
ong	옹	iong	이옹				

중국어

- '외출'을 뜻하는 중국어의 '出門(chū mén)'은 '츄먼'으로,

- '인물人物(rén wù)'은 '런우'로,

- '장소'라는 뜻인 '場合(chǎng hé)'은 '챵허'로,

- '관찰하다'라는 뜻인 '察看(chá kàn)'은 '챠칸'으로,

- '기차汽車(qì chē)'는 '치쳐'로,

- '뱀蛇(shé)'은 '러셔'로,

- 再는 짜이로 見은 찌옌으로 구분하였다. 在도 짜이로 발음된다.

- '시장市場(shì chǎng)'은 '르스챵 '으로,

- '소비자消費者(xiāo fēi zhě)'는 '씨아오 쎄이져'로,

- '오픈카'는 '챵 쓰펑 파오쳐'로 표기할 수 있다.

- 또 권설음 'ch'는 '러ㅊ'로,

- 'sh'는 '러스'로,

- 'zh'는 '러ㅉ'로,

- 'r'은 '러으'(료)로 표기할 수 있다.

다음은 옛글자의 필요성에 대한 내용을 중국어로 표기해본 것이다.
〈특히 중국어의 권설음은 한글 중 없어진 4글자와 나머지 옛글자들을 살려
쓰지 않고는 달리 표현할 방법이 없습니다.〉

特別是　　　漢語中的捲舌音　　　如果不使用　　韓語中

터비에쓰　　한휘룽떠줘옌러써인　　류고뿌쓰용　　한휘룽

以前的文字　　和已經　　消失的　　　四个文字

이치엔떠원쯔　　허이칭　　샤오쓰떠　　쓰그원쯔

就无法用其他方法來標記.

쳐요우퐈 이용치이타 쌍퐈라이빠오쳐.

▶ 안녕하세요.

你好！　　니 하오.

ni hao

니 하오.

▶ 만나서 반갑습니다.

认识你很高兴。　런쓰니 흰까오싱.

rèn shi ni hěn gāo xing

런　스니 헌 까오 싱

▶ 잘 부탁합니다.

多多指教。　뚜어뚜어 쯔 쳐아오.

duō duō zhǐ jiào

뚜오 뚜오 쯔 지아오

‣ 저는 반재원입니다

我是潘在远。 ▪ 워쓰 반재원 (판짜이유엔).

wǒ shì Ban zae won

워 스 반 재 원

‣ 안녕하세요.(아침)

早上好。 ▪ 짜오 랑하오.

zǎo shang hǎo

짜오 상 하오

‣ 안녕하세요.(저녁)

晚上好。 ▪ 완랑상하오.

wǎn shang hǎo

완 상 하오

‣ 당신의 도움에 감사합니다

谢谢你的帮助。 ▪ 씨에씨에 니떠빵쭈.

xiè   xiè nǐ de bāng zhù

씨에 씨에 니 더 빵 쭈

‣ 이번에 신세 많이 졌습니다.

这回给您添很大的麻烦了。 ▪ 쩌 후이게이닌티엔헌따떠마싸짠러.

zhè huí gěi nín tiān hěn dà de má fan le

쩌 후이 게이 닌 티엔 헌 따 더 마 판 러

‣ 별말씀을.

哪里。 ▪ 나리.

nǎ li

나 리

‣ 오늘 정말 즐거웠습니다.

今天真愉快 ▪ 찐티엔 켠위콰이.

jīn tiān zhēn yú kuài

중국어에서는 'ㅅ'과 'ㅆ', 'ㅈ'과 'ㅉ', 'ㄱ'과 'ㄲ', 'ㄷ'과 'ㄸ', 'ㅂ'과 'ㅃ'을 서로 구분 없이 쓰고 있다. 예를 들면 大를 '다'로도 발음하며 '따'로도 발음한다.

3. 일본어 발음 표기의 예

	あ行	か行	さ行	た行	な行	は行	ま行	や行	ら行	わ行	
あ段	あ아	か가	さ사	た다	な나	は하	ま마	や야	ら라	わ와	ん응
い段	い이	き기	し시	ち찌	に니	ひ히	み미	(い)이	り리	(ゐ)이	
う段	う우	く구	す스	つ쯔	ぬ느	ふ호	む므	ゆ유	る르	う으	
え段	え에	け게	せ세	て데	ね네	へ혜	め메	(え)에	れ레	(ゑ)에	
お段	お오	こ고	そ소	と도	の노	ほ호	も모	よ요	ろ로	を오	

( )는 소멸된 문자임.

일본어에서 청음은 표기에 특별히 어려움이 없으며 주로 탁음과 반탁음이 과제거리이다. 콧소리는 'ㅇ'으로 표기하였다.

	が행	ざ행	だ행	ば행	ぱ행
あ단	が ga 아	ざ za 아	だ da 다	ば ba 바	ぱ pa 빠
い단	ぎ gi 이	じ ji 이	ぢ ji 이	び bi 비	ぴ pi 삐
う단	ぐ gu 우	ず zu 으	づ zu 으	ぶ bu 부	ぷ pu 뿌
え단	げ ge 에	ぜ ze 예	で de 데	べ be 베	ぺ pe 뻬
お단	ご go 오	ぞ zo 오	ど do 도	ぼ bo 보	ぽ po 뽀

요음拗音의 きゃ(kya)는 '캬'로, きゅ(kyu)는 '큐'로, きょ(kyo)는 '쿄'로, しゃ(sha)는 '샤'로, しゅ(shu)는 '슈'로, しょ(sho)는 '쇼'로, ちゃ(cha)는 '챠'로, ちゅ(chu)는 '츄'로, ちょ(cho)는 '쵸'로 할 수 있다. 여기

서 일본어의 sh나 ch는 중국어의 권설음 sh나 ch와는 그 발음이 디르
다. 그러므로 각 나라마다 거기에 맞는 표준 표기법이 필요한 것이다.

ば(빠)는 バイオリン(빠이올린)으로 표기가 가능하며 ぱ는 빠와 파
의 중간 음이므로 '뺘'로 표기할 수 있다. ぱ(뺘)는 いっぱい(입뺘이)나
パリ(뺘리)로 표기할 수 있다.

일본어에는 v발음이 없으므로 'ばba빠'나 'ぱpa 뺘'가 아닌 'ばba빠'
'ぱpa뺘' 등으로도 표기가 가능하다. 또 う단은 으와 우의 중간 발음이
므로 더욱 정확하게 표기하자면 ㅡ도 ㅜ 도 아닌 ㅡ로 구분하여 표기하
면 될 것이다. 15세기까지는 だ행의 'ぢji'는 '띠'로, 'づzu'는 '뚜'로 발음
하였으며 또 17세기 임진왜란 당시에도 ば행의 'ばba'를 '빠'로 표기하였
다. 일본어 표기의 예를 좀 더 들어보기로 하겠다.

일본어

▸ 안녕하세요(아침/낮/밤)

おばようございます ⋮ 오하요- 오ᄀ오ᄊ아이마쓰.
오하요-고자이마쓰

こんにちは ⋮ 곤니찌와.
콘니찌와

こんばんわ ⋮ 곰방와.
콤방와

▸ 감사합니다

ありがとうございほす ⋮ 아리까또- 오ᄀ오ᄊ아이마스.
아리가또-고자이마쓰

▸ 틀려요

すがいほす ┊ 치아이마스.

치가이마쓰

▸ 안돼요

だめです ┊ 다메데스.

다메데쓰

▸ 괜찮아요

だいじょうぶです　(=けっこうです °) ┊ 다이죠부데스.

다이죠-부데쓰　　　　　(켁꼬-데스)

▸ 자리좀 바꿔주시겠습니까?(옆사람에게)

すみませんが, 席をかわってもらえますか ┊ 스미마셍가 세끼오 가와떼

스미마셍가　　　　세끼오 카왓떼 모라에마쓰까　　모라에마스까.

▸ 가방안에 무엇이 들어있습니까?

かばんの 中に 何が 入っていますか ┊ 가반노 나까니 나니아

카반노 나까니 나니가 하잇떼　이마쓰까　　　하이떼 이마스까.

▸ 학생할인은 됩니까?

學生割引は ありますか ┊ 각세-와리비끼와 아리마스까.

각세- 와리비키와 아리마쓰까

▸ 어떤 음료가 있어요?

どんな 飲み物が ありますか ┊ 돈나 노미모노아 아리마스까.

돈나　　노미모노가 아리마쓰까

4. 영어 발음 표기의 예

f는 '쓰', V는 '쎄', ð는 'ㄸ', θ는 'ㅆ', R은 ㄹㅇ(ᄛ)로 표기하였다.

모음 기호		모음 보기	자음 기호		자음 보기
단모음			p	ㅍ	pencil [pénsl 펜슬]
i:	이-	bee [bɪ 비-]	b	ㅃ	bell [bel 뻴]
i	이	it [it 이트]	t	ㅌ	talk [tɔk 토-크]
e	에	ten [ten 텐]	d	ㄷ	day [dei 데이]
æ	애	apple [ǽpl 애플]	k	ㅋ	sky [skai 스카이]
ɑ	아	box [baks 박스]	g	ㄱ	game [geim 게임]
ɑ:	아-	father [fɑ́:ðər 쓰아-떠]	s	ㅅ	sister [sístər 시스터]
ɔ	오	body [囘 bádi 바디]	z	ᅅ	theirs [ðɛərz 떼어ᅀ]
		[영 bɔ́di 보디]	f	ㅽ	fast [fæst 쎄스트]
ɔ:	오-	tall [tɔl 토올]	v	새	vase [veis 쎄이스]
u	우	book [buk 북]	θ	ㅆ	thank [θæŋk 쌩크]
u	우-	fool [ful 쓰풀울]	ð	ㄸ	that [ðæt 땓]
ʌ	어	bus [bʌs 빠스]	l	ㄹ	little [lítl 리틀]
ə	어	ago [əgóu 어고우]	r	ㄹㅇ	right [rait ᄛ아이트]
ə:	어-	first [fəɹst 쓰펄스트]	m	ㅁ	man [mæn 맨]
중모음			n	ㄴ	nice [nais 나이스]
ei	에이	take [teik 테이크]	ŋ	ㅇ	sing [siŋ 싱]
ai	아이	ice [ais 아이스]	h	ㅎ	hope [houp 호우프]
au	아우	down [daun 다운]	j	이	yellow [jélou 엘로우]
ɔi	오이	boy [bɔi 보이]	w	우	win [win 윈]
ou	오우	go [gou 고우]	ʃ	쉬	shoe [ʃu 슈-]
ɛə	에어	pair [pɛəɹ 페엏]	ʒ	쥐	pleasure [pléʒər 플레줘]
iə	이어	hear [hiəɹ 히엏]	ts	ㅊ	hats [hæts 해츠]
uə	우어	poor [puəɹ 푸엏]	dz	ㅈ	hands [hændz 핸즈]

▸ 내 이름은 반재원입니다.

Меня зовут евна. ⦂ 미냐 쨔쑤드 반재원 예쓰나.

미냐   자부트   반재원

▸ 나는 한국에서 왔습니다.

Я из Кореи. ⦂ 야이스 쨔이려에이엔.

야 이스 까레이

▸ 나는 서울에 삽니다.

Я живу в Сеуле. ⦂ 야 르쯔쓰 쓰 쎄울레.

야 쥐부 프 세울레

6. 쯔랑스어 발음 표기의 예

r은 '르ㅎ' q는 '뀌'로 t는 '떼'로, p는 대부분 '뻬'로 표기하였다.

A	a	[ɑ] 아		N	n	[ɛn] 엔느
B	b	[be] 뻬		O	o	[o] 오
C	c	[se] 씨		P	p	[pe] 뻬
D	d	[de] 띠		Q	q	[ky] 뀌
E	e	[ə, e] 으		R	r	[ɛr] 에르(롱)르ㅎ
F	f	[ɛf] 에쓰프		S	s	[ɛs] 에스
G	g	[ʒe] 줴		T	t	[te] 띠
H	h	[ɑʃ] 아슈		U	u	[y] 위
I	I	[i] 이		V	v	[ve] 쎄
J	j	[ʒi] 쥐		W	w	[doublǝve] 두블르쎄
K	k	[kɑ] 까		X	x	[iks] 익스
L	l	[ɛl] 엘		Y	y	[igrɛk] 이그라헥크
M	m	[ɛm] 엠므		Z	z	[zɛd] ծ쩨드

쯔랑스어

▸ 안녕 모니끄

Bonjour, Monique ֎ 뺑주르ㅎ 모니뀌.
봉쥬르,   모니끄

▸ 안녕 쒸잔

Bonjour, Suzanne ⦂ 뽕주흐 쒸쌴.
봉쥬르　　　　쒸잔

▸ 잘 지내니?

Ça va? ⦂ 싸 빠?
싸　바

▸ 응, 잘지내, 고마워

Ça va bien, merci. ⦂ 싸쌔 삐안 메흐씨.
싸　바 비엥　메르씨

▸ 어떻게 지내세요?

Comment allez-vous? ⦂ 꼬망 딸레쓔?
꼬망　　　　　딸레 부

▸ 잘 지내고 있습니다. 감사합니다

Je vais bien, merci. ⦂ 즈 쎄 삐 엥 메흐씨.
즈 베 비엥, 메르씨

▸ 잘가 디디에

Au revoir, Didier. ⦂ 오흐쏴 띠띠에.
오　르봐　디디에

▸ mère n.f 어머니 메흐. père n.m 아버지 뻬흐.

▸ 아버지한테 물어 봐라!

Demande à ton père! ⦂ 드망드 아똥 뻬흐!
드망드　　　아 똥　뻬르

‣ 실례합니다. 이 부근에 까페가 있습니까?

Pardon, Monsieur, il y a un café près d'ici?
빠르동　　므쓔　　　일 이 아 엉 까페　　프레 디씨

⁑ 빠르으똥 므쓔 일 이 아 엉 까쩨 프레띠씨?

(여기에서는 쁘레띠씨가 아니라 프레띠시로 발음하고 있다.)

‣ 루에스뜨 거리에 까페가 두군데 있습니다.

Oui, il y a deux café, rue de l'Ouest.
위　　일 이 아　　되 까페.　뤼　드 루에스뜨.

⁑ 위 일 이 아 띄 까쩨뤄드 루에스뜨.

‣ 감사합니다. 메르씨

Merci, Monsieur.　⁑　감사합니다. 메르으씨 므슈.
메르씨 므쓔

‣ 천만에요. 드 리엥

De rien, Monsieur.　⁑　천만에요. 뜨 러이엥 므슈.
드 리엥 므쓔

mögen [뫼-겐]	좋아하다	뫼-엔
öffnen [외프넨]	열다	외쓰넌
üben [위벤]	연습하다	위븐
Gürtel [귀어텔]	허리띠	귀얿텔
Mann [만]	남자	만

▸ 안녕!
Hallo! ❖ 할로!
할로.

▸ 안녕하세요.(아침)
Guten Morgen! ❖ 쿠텐 모르으 겐!
구텐   모르겐

▸ 안녕하세요.(점심)
Guten Tag! ❖ 쿠텐 탁 그!
구텐   탁

▸ 안녕하세요?
Grü*β* Gott! ① ❖ 그 뤼스 고 뜨!
그뤼쓰   고트

▸ 안녕히 가세요.
Auf Wiedersehen! ❖ 아우쓰 쌔-뎄-제-엔!
아우프   비-더-제-엔

▸ 어떻게 지내십니까?

Wie geht es lhnen? ⋮ 쎄- 게- 트 에스이- 넌?
비-게트- 에스 이-넨

▸ 만나서 반갑습니다.

Ich freue mich, Sie kennenzulernen
이히 프로이에 미히　지-　켄넨쭈레르넨

이히 쓰르오 이에 미히 지- 켄넨수레르으넨.

▸ 무슨 일을 하십니까?

Was sind Sie von Beruf? ⋮ 쎄스 신디지 쇼폰베루으쓰?
바스　진트 지-　폰　베루프

▸ 나는 한국인입니다.

Ich bin Koreaner. ⋮ 이히 빈 코러아넓.
이히 빈　코레아너

▸ 이곳은 처음입니다.

Ich bin zum ersten Mal hier. ⋮ 이히 빈 숨에르으스텐 말 히엃.
이히 빈　쭘　에르스텐 말 히어

8. 힌디어 발음 표기의 예

문장 중에서 [ ]표시는 일반적으로 서로 겸용해서 쓰는 표현이며 { }표시는 여성이 주어일 때 사용하는 단어이며 < >표시는 상대방이 친밀한 사이이거나 동료 또는 아랫사람일 때 쓰는 표현이다. 자음 둘째 줄은 치두음에 가까우나 그냥 된소리로 표기하였다.

모음

अ (어) 어 आ (아-) 아- इ (이) 이 ई (이-) 이- उ (우) 우 ऊ (우-) 우-
ऋ (리) 리 ए (에) 에 ऐ (애) 애 ओ (오) 오 औ (오우) 외

자음

क (꺼) 꺼 ख (커) 커 ग (거) 거 घ (거흐)거흐 ङ (엉) 어
च (쩌) 쩌 छ (처) 처 ज (저) 저 झ (저흐)저흐 ञ (녀) 녀
ट (떠) ㄹ떠 ठ (터) ㄹ터 ड (더) ㄹ더 ढ (더흐)ㄹ더흐 ण (녀) 려
त (떠) 떠 थ (터) 터 द (더) 더 ध (더흐)더흐 न (녀) 너
प (뻐) 뻐 फ (퍼) 퍼 ब (버) 버 भ (버흐)버흐 म (머) 머
य (여) 여 र (러) 려 ल (러) 러 व (버/워) 위
श (셔) 쎠 ष (션) ㄹ셔 स (써) 써 ह (허) 허
ड़ (러) 으러 ढ़ (러흐) 을허

힌디어에는 비모음이 따로 있다.
콧소리(ঁ)가 나는 글자위에는 ☙나 ♥으로 표시하고 있다.

‣ 안녕하세요

नमस्ते, नमस्कार ㅣ : 나마스 떼, 나마쓰 까르.

나마쓰떼 나마쓰까르

‣ 건강은 어떠세요?

तबियत कैसी है ? : 따삐얏(뜨) 깨 씨 - ㅇ해?

따비야뜨 깨시- 해?

‣ 건강은 괜찮습니다.

तबियत तो ठीक है ㅣ : 따삐얏(뜨) 또뗘 - ㄲ ㅇ해.

따비야뜨 또 티- 크 해

‣ 만나 뵙게 되어 반갑습니다.

आप से मिलकर बहुत खुशी हुई ㅣ: 압 - 쎄 밀 까르 빠홋(뜨) 쿠쉬 - 후이.

압- 쎄 밀까르 바후뜨 쿠쉬- 후이-

‣ 저도 그렇습니다.

मुझे भी ㅣ : 무제비히.

무제 비-

‣ 당신의 이름은 무엇입니까?

आप का नाम क्या है ? : 압 - 까 - 남 - 꺄 - ㅇ해?

압- 까- 남- 꺄- 해?

‣ 얼마입니까?

क्या दाम है ? : 꺄 - 담 ㅇ해?

까 담- 해?

‣ 몇 시입니까?

कितने बजे है ? : 끼뜨네 바제 ㅇ해?

까뜨네 바제 행?

▶ 화장실이 어느 쪽에 있습니까?

गुसलखाना किधर है ? 구쌀카―나―끼다하르 6해?

구쌀카나 끼다르 해?

▶ (대단히) 감사합니다.

(बहुत-बहुत) [शुक्रिया, धन्यवाद]। (빠후뜨― 빠후뜨)

(바후뜨-바후뜨) [슈끄리야-, 단야와드] [쓔끄라야― 단야봐― 드].

▶ 나의 잘못입니다.

गलती मेरी ही है। 갈띠―메뤼―히―6해.

갈띠- 메리- 히 해

▶ 아주 슬픈 일입니다.

बड़े दुःख की बात है। 바레 두크 까―밧(뜨) 6해.

바레 두크 까- 바뜨 해

▶ 그럼, 안녕히 계십시오/가십시오.

अच्छा, [नमस्ते, नमस्कार]। 앗차― [나마쓰떼, 나마쓰까르].

앗차 [나마스떼, 나마쓰까르]

▶ 여보세요/여보게.

[देखिए/ देखो], [सुनिए/ सुनो]। 데끼에.

[데키에 / 데코] [쑤니에 / 쑤노]

▶ 저도 잘 지냅니다.

मैं भी [अच्छा/ अच्छी] हूँ। 매비―앗차―[아차] 후훙.

맹 비- 앗차 앗차 훙

9. 베트남어 발음 표기의 예

베트남어 발음에는 ㆁ(여린기윽)을 사용하지 않으면 거의 표기가 불가능하다. 'p'는 '뻐'로, 'q'는 '꿔'로, 't'는 '떠'로 발음한다.

A	Ă	Â	B	C	D	Đ	E	Ê	G	H	I	K	L	M
a	ă	â	b	c	d	đ	e	ê	g	h	i	k	l	m
아	아	어	버	꺼	여(여)	녀	에	에	거	허	이	까	엘르	엠므

N	O	Ô	O	P	Q	R	S	T	U	U	V	X	Y
n	o	ô	o	p	q	r	s	t	u	u	v	x	y
엔느	오	오	어	뻐	꿔	에르	에시	떠	우	으	쩌	익씨	이

단모음

A	Ă	Â	E	Ê	I,Y	O	Ô	Ơ	U	U
(아)	(아)	(어)	(애)	(에)	(이)	(오+아)	(오)	(어)	(우)	(으)
	(짧게)	(짧게)								
아	아	어	애	에	이	오	오	어	우	으

모음결합의 예

AI	AY	ÂY	AO	AU	ÂU
아-이	아이-	어이-	아오	아우	어우

EO	ÊU		IA	IU	
애오	에우		이-어	이-우	

OA	OE	OI	ÔI	OI
오아	오애	오-이	오-이	어-이

UA	UÊ	UA	UU	UI	UY UI
우아	우에	으어	으우	으-이	우이

OĂ	IÊ	YÊ	UÂ	UÔ	U O
오아	이에-	이-에	우어	우오	으어

3모음의 결합의 예

OAI	OAY	OEO	OAO
오아-이	오아이-	오애오	오아오

IÊU	YÊU
이에우	아-에우

UÂY	UÔI	UYA	UYU
우어이-(웨이)	우오-이(외이)	우이아(위아)	우이-우(위우)

U OI	U O U,	UYÊ
으어이	으어우	우이-에

자음

B	C	CH	D	Đ	G	GH	GI	H
버	꺼	쩌	여	너	거	여	지	허

K	KH	L	M	N	NG	NGH	NH	P
까	여	엘르	엠므	엔느	어	응어	녀	뻐

PH	QU	R	S	T	TH	TR
쌔	꾸이	에르ㅇ	에시	떠	터	쩌

V	X
쎠	익씨

베트남어

▸ 안녕하십니까?

Chào anh (ông, bà, cô, chị, em)?　◦ 짜오 안?

짜오 안(아인) (옹(ㅁ), 바, 꼬, 찌, 앰)

▸ 건강은 어떻습니까?

Anh (ông, bà, cô, chị, em) có khỏe không?　◦ 안 꼬 쾌 코홍?

안(아인) (옹(ㅁ), 바, 꼬, 찌, 앰) 꼬 쾌 콩

▸ 안녕히 계십시오(가십시오).

Xin tạm biệt.　◦ 씬 땀 비엩.

씬(신) 땀 비엩

▸ 그럼 다시 뵙겠습니다.

Vậy, xin hẹn gặp lại.　◦ 쩌이, 씬 헨 갑 라이.

버이 씬(신) 핸 갑 라이

▸ 죄송합니다.

Xin lỗi anh (ông, bà, cô, chị, em)　◦ 씬 로이 안.

씬(신) 로이 안(아인) 옹(ㅁ), 바, 꼬, 찌, 앰)

▸ 만나 뵙게 되어 반갑습니다.

Tôi rất vui được gặp anh(ông, bà, cô, chị, em)
⁖ 또-이 렅 쑤이 뜨억 갑 안

또-이 렅(절) 부-이 드억 갑 안(아인) (옹(ㅁ), 바, 꼬, 찌 앰)

▸ 저 역시 마찬가지입니다.

Tôi cung vậy/Thế. ⁖ 또-이 꿍 쎄이-.

또-이 꿍(ㅁ) 버이-/테

▸ 천만에요.

Không co gi / chi ⁖ 코홍 꼬 지.

콩(ㅁ) 꼬 지/찌

▸ 당신은 여기 온 지 얼마나 되었습니까?

 Anh qua đây(được) bao lâu rôi? ⁖ 안 꽈 떠이-바오 러우 롸이?

안(아인)과 더이-(드억) 바오 러우 로(조)이?

▸ 화장실이 어디에 있습니까?

Nhà vệ sinh ở đâu? ⁖ 냐 쎄 신 어 더우?

냐 베 신 어 더우

▸ 저 쪽에 있습니다.

Ở đâng kia kìa. ⁖ 어 땅 끼어 끼어.

어 당 끼어 끼어

▸ 성함은 무엇입니까?

Anh (ông, bà, cô, chị) tên là gì? ⁖ 안 뗀 라 지?

안(아인) (옹(ㅁ), 바, 꼬, 찌) 뗀 라 지

▸ 나이는 몇 살입니까?

Anh (ông, bà, cô, chị, em) bao nhiêu tuổi? ⠿ 안 바오 녀우 뚜오이-?

안(아인) (옹(ㅁ), 바, 꼬, 찌, 앰) 바오 녀(에)우 뚜오이-?

▸ 그렇습니까?

Vậy / Thế à? ⠿ 쩌이-/(테) 아?

버이- (테) 아

10. 태국어 발음표기의 예

태국어에는 44자의 기본자음과 32자의 기본 모음과 4개의 성조부호와 10개의 숫자로 되어있다. 자음을 발음할 때는 모두 '어-'를 붙여서 발음한다. '아'의 된소리는 'ㅇ아'로, '라'의 된소리는 '꽈'로 표기하였다.

모음

	단모음			장모음	
-ะ	a	아	-า	aa	ㅇ아
◌	i	이	◌	ii	ㅇ이
◌	w	으	◌	ww	으으
◌	u	우	◌	uu	우우
เ-ะ	e	에	เ-	ee	ㅇ에
แ-ะ	ɜ	애	แ-	ɜɜ	ㅇ애
โ-ะ	o	오	โ-	oo	오오
เ-าะ	ɔ	어	-อ	ɔɔ	ㅇ어
เ-อะ	ə	여	เ-อ	əə	ㅇ여

자음		
ก	kɔɔ	꺼
ค,ฆ	khɔɔ	커
ฆ	khɔɔ	커어
ง	ŋɔɔ	어
จ	cɔɔ	쩌
ช,ฌ	chɔɔ	처
ฉ	chɔɔ	처어
ต,ฎ	dɔɔ	ᄂ더
ต,ฏ	tɔɔ	떠
ท,ธ,ฒ	thɔɔ	터
ท,ฐ,ถ	thɔɔ	터어
น,ณ	nɔɔ	너
บ	bɔɔ	버

	자음	
ป	pɔɔ	뻐
พ,ภ	phɔɔ	퍼
ผ	phɔɔ	퍼어
ฟ	fɔɔ	풔
ฝ	fɔɔ	풔어
ม	mɔɔ	머
ร	rɔɔ	쩌
ล,ฬ	lɔɔ	러
ย,ญ	yɔɔ	여
ว	wɔɔ	워
ซ	sɔɔ	써
ส,ศ,ษ	sɔɔ	써어
ฮ	hɔɔ	허
ห	hɔɔ	허어
อ	ʔɔɔ	어

태국어 _____

▸ 안녕하십니까?

สวัสดีครับ   ꙴ 싸왓띠 – 크랍.

싸왓디 – 크랍

▸ 안녕하십니까?

สวัสดีค่ะ   ꙴ 싸 왓띠 – 카.

싸왓디 – 카

▸ 안녕하세요!(아침인사)

อรุณสวัสดิ์ครับ   ꙴ 어룬 싸왓 크랍.

어룬싸왔크랍

▸ 안녕히 주무십시오!(잠자기 전 인사)

ราตรีสวัสดิ์ค่ะ   ꙴ 라 – 뜨라 – 싸왓 카.

라–트라–싸왔–카

▸ 안녕하세요, 먼저 제 소개를 드리겠습니다.

สวัสดีครับ ผมจะแนะนำตัวเองก่อนนะครับ

ꙴ 싸왓띠 – 크랍 폼 짜 내 남 뚜 – 웨이껀 – 내 크랍

싸왓디– 크랍 폼 짜 내 남 뚜어 에–ㅇ꺼–ㄴ 나 크랍

▸ 저의 이름은 김영수이고, 한국사람입니다

ผมชื่อคิม ยอง ซู ครับ   เป็นคนเกาหลีครับ

ꙴ 폼 츠 김 영 – 수 – 크랍 뻰 콘 끼 – 올리 – 크랍.

폼 츠 – 김 여 – ㅇ 수 – 크랍 뻰 콘 까울 리 – 크랍

▶ 안녕하세요. 알게 되어서 기쁩니다.

สวัสดีครับ   ยินดีที่ได้รู้จักครับ

쌰왓디－크랍 인띠－티－따이루－짝 크랍.

싸왓디- 크랍 인다-티-다이 루-짝 크랍

▶ 좋습니다.(알겠습니다.)

ได้ค่ะ ◦ 따이 카.

다이 카

▶ 그러세요? 당신 언제 오셨습니까?

งั้นหรือครับ คุณมาถึงเมื่อไรครับ

응안 르－크랍 쿤 마－틍 믜 롸이 크랍.

옹안 르 크랍 쿤 마 상 프-이 리이 크랍

▶ 기차역으로 가는 길 좀 알려주십시오.

ขอช่วยบอกทางไปสถานีรถไฟหน่อยครับ

커－추ㅅ어이 벅－탕 빠이 싸타－니 롣쏴이 너－이 크랍.

키 추 이이 바-타 - 끄 ㅇ 뻬이 짜라 니 롤 와이 너-이 크랍

11. 미얀마어 발음표기의 예

미얀마어는 계통으로 보면 차이나-티벤어족의 티벤-버마어계에 속한다. 언어사용자가 5천만 명이 넘는 이 언어계의 대표적인 언어이다. '따' '다' '타'의 권설음을 '빠' '라' '따'로 표기하였다.

기본 문자

က	ka. 까	ခ	kha. 카	ဂ	ga. 아	ဃ	ga. 가	င	nga. 아
စ	sa. 아	ဆ	has. 사	ဇ	za. 아	ဈ	za. 아	ည	nya. 냐.
ဋ	ta. 따	ဌ	hta. 따	ဍ	da. 라	ဎ	da. 라	ဏ	na. 나
တ	ta. 따	ထ	hta. 따	ဒ	da. 라	ဓ	da. 라	န	na. 나
ပ	pa. 빠	ဖ	hpa. 파	ဗ	ba. 바	ဘ	ba. 바	မ	ma. 마
		ယ	ya. 야	ရ	ya. 아	လ	la. 라	ဝ	wa. 와
		သ	tha. 따	ဟ	ha. 하	ဠ	la. 라		
				အ	a. 아				

복합문자

ya.pin. 부호가 첨가되는 경우

ꩡ kja. ꩡ cha. ꩡ ja.
짜 차 자

ya.yi? 부호가 첨가되는 경우

ꩡ kja. ꩡ cha. ꩡ ja. ꩡ nya.
짜 차 자 냐

ꩡ pya. ꩡ hpya. ꩡ bya. ꩡ mya.
빠 퍄 뱌 먀

ya.yi? 부호가 첨가되는 경우

ꩡ pya. ꩡ hpya. ꩡ bya. ꩡ mya.
빠 퍄 뱌 먀

ꩡ hnga. ꩡ hnya. ꩡ hna. ꩡ hma.
흥아 흐냐 흐나 흐마

비음이 무성화된다.

제6단과 7단의 문자와 결합하는 경우

	sha.		sha.		sha.		hla.
	샤		샤		샤		흘라

	hwa.
	화

	kwa.		khwa.		gwa.				gwa.
	꽈		콰		과				응와
	swa.		hswa.		zwa.				nywa.
	쏴		솨		좌				뉴아
	twa.		htwa.		dwa.		dwa.		nwa.
	따		톼		똬		똬		놔
	pwa.		hpwa.		bwa.		bwa.		mwa.
	빠		퐈		봐		봐		뫄
	ywa.		ywa.		lwa.		thwa.		hwa.
	유아		유아		롸		톼		화
	kjwa.		kjwa.		chwa.		chwa.		jwa.
	좌		좌		촤		촤		좌
	hnwa.		hmwa.		shwa.		hlwa.		
	흐놔		흐뫄		슈아		흘라		

▸ 안녕하십니까?

မင်္ဂလာပါ။ ⁝ 밍 갈 라 바?

밍갈라바

▸ 안녕히 계십시오.

သွားပါဦးမယ်။ ⁝ 똬 바 오 우 매.

똬 바 오응 매

▸ 또 뵙겠습니다.

တွေ့ရသေးတာပေါ့။ ⁝ 뙈 야 쩨라 뽀.

뙈 야 데 다 뽀

▸ 예.

ဟုတ်ကဲ့ခင်ဗျာ(ရှင်)။ ⁝ 호 깨 캬 먀.

호웃 깨 카먀 (성)

▸ 아니오.

ဟင့်အင်း။ ⁝ 헤이에.

힝 잉

▸ 그렇습니다.

ဟုတ်ပါတယ်။ ⁝ 호 빠 래.

호웃 빠 대

▸ 그렇지 않습니다.

မဟုတ်ပါဘူး။ ⁝ 마 호 빠 부.

마흐웃 빠 부

‣ 천만의 말씀입니다.

ကိစ္စမရှိပါဘူး။ ⦂ 께ᶠ잇솨 마시 바 부.

깨잇싸 마시 바 부

‣ 예, 알았습니다.

ဟုတ်ကဲ့၊ နားလည်ပါတယ်။ ⦂ 호깨 날래 바 때.

호웃깨 나래 바 대

‣ 정확하게 말씀해 주십시오.

ဝိဝိပြောပါ။ ⦂ 삐비 뾰 바.

삐비 뾰 바

‣ 다시 한 번 말씀해 주십시오.

ထပ်ပြောပါ။ ⦂ 탙 뾰 바.

탓 뾰 바

‣ 감사합니다.

ကျေးဇူးတင်ပါတယ်။ ⦂ 쩨 주 띠 마 때.

째 주 띤 바 대

12. 네델란드어 발음표기의 예

네델란드어는 v를 대부분 '쓰'로 발음한다. f도 '쓰'로 표기되지만 실제로는 대부분 '쓰(v)'로 발음한다. 그리고 같은 알파벳이라도 국가에 따라 발음이 다르다. 페루(Peru)는 '뻬(p)루'이다. 아르헨티나도 아르젠티나로 발음된다. f가 모두 '쓰'로 발음되는 것도 아니며 v가 모두 '쓰'로 발음되는 것도 아니다. 네델란드는 월드컵 축구 감독 휘스 히딩크 (Guus Hiddink)로 인하여 우리에게 친숙한 나라가 되었다. r은 'ㅎ'의 권설음인 '르ㅎ'로, l은 '르으'로, g는 'ㅎ헤이'로, p는 '뻬이'로 발음한다.

네델란드어 알파벳

A, a	아	J, j	예이	S, s	에스
B, b	베이	K, k	까	T, t	테이
C, c	쎄이	L, l	엘ㅇ	U, u	위
D, d	데이	M, m	엠	V, v	쎄이(쩨이)
E, e	에이	N, n	엔	W, w	뻬이(웨이)
F, f	에스프	O, o	오	X, x	익스
G, g	ㅎ헤이	P, p	뻬이	Y, y	이그레헥크
H, h	하	Q, q	뀌	(=U, ij)	에이
I, i	이	R, r	에르ㅎ	Z, z	ㅇ제트

v와 w는 각각 두 가지 발음이 공용되므로 v는 '쓰'와 '쓰'로, w는 '브으'와 '으'로 표기하였다.

1. 모음 단모음

a	[a]	[아]	man	만	stad	스타트
	[aː]	[아ː]	kamer	까이머ㄹㅎ	tafel	따아쎌
aa	[aː]	[아ː]	naam	나아암	maan	마아안
e	[ɛ]	[에]	mes	메스	spel	스뻴
	[eː]	[에ː]	vrede	쓰ㄹ헤이터	eten	에이든
ee	[eː]	[에ː]	beek	베이크	geen	ㅎ헤엔
i	[I]	[이]	dit	디트	stil	스틸
ie	[i.]	[이.]	zie	쒸이	die	디이
			fiets	씨피이쯔	niet	니이트
	[iː]	[이ː]	hier	히이ㄹㅎ	dier	디이ㄹㅎ
o	[ɔ]	[외]	of	외쓰	vol	쐴
	[oː]	[오ː]	bomen	보오먼	oren	오오ㄹ허
oo	[oː]	[오ː]	ook	오오크	boom	보오옴
u	[ʌ]	[외]	hulp	횔프	zuster	쐬스떠ㄹㅎ
	[yː]	[위ː]	muren	뮈ㄹ현	muziek	뮈엑크
uu	[yː]	[위ː]	duur	뒤ㄹㅎ	minuut	미뉘트
eu	[ø.]	[외.]	beu	뵈	keuken	꾀컨
	[øː]	[외ː]	duur	뒤ㄹㅎ	geur	훠의으ㄹㅎ

이중모음

ou/au	[au]	[아우]	jou	야우	zou	쒀우
			paus	빠우스	hout	하우트
ei, ij	[ɛi]	[에이]	leiden	ㄹ에이든	lijden	ㄹ에이든
			trein	트ㄹ헤인	klein	끌ㄹ에인

ui	[oey]	[아위]	lui	ㄹ아위	uien	아위언
			huis	하위스	tuin	따윈
aai	[aːi]	[아.이]	draaien	뜨ㄹ하이런	fraai	쓰ㄹ하이
			aait	아이트	zaait	싸이트
ooi	[oːi]	[오.이]	mooi	모오이	fooi	쑈오이
			nooit	노오이트		
oei	[ui]	[우이]	moeite	무이터	moeilijk	무이ㄹ억크
eeuw	[eːu]	[에우]	leeuw	ㄹ에우	sneeuw	스네우
ieuw	[iu]	[이우]	nieuw	니이우	kieuw	끼이우

강세가 없는 음절의 모음

| e,ij,i | [ə] | [어] | begin | 버ㅎ힌 | vrede | 쓰ㄹ헤이드 |
| | | | moeilijk | 무이ㄹ억크 | twintig | 트윈트ㅎㅎ |

2. 자음 단자음

b	[b]	[브]	bos	보스	bed	베드
	[p]	[프]	hep	헤프		
d	[d]	[드]	dief	디쓰프	dijk	데이크
	[t]	[트]	hand	한트	stad	스타트
c	[k]	[크]	Cuba	큐바	cafe	카쩨
	[s]	[스]	cel	쎌	cijfer	세이쩌ㄹ어
f	[f]	[쓰프]	fijn	쩨인	fiets	찌츠
g	[g]	[ㅎㅎ]	gaan	ㅎㅎ하아안	groot	ㅎㄹㅎ오트
	[x]	[ㅎㅎ]	dag	다ㅎㅎ	zag	싸ㅎㅎ
	[g]	[그]	goal	고옳		

	[ʒ]	[ᄋᄌ]	horloge	호ᄒ로ᅙ러오�써		
h	[h]	[흐]	heten	헤어튼	haan	하아안
j	[j]	[으]	jaar	야아러ᄒ	jong	용
k	[k]	[끄]	kat	까트	koe	꾸
	[g]	[그]	zakdoek	싹둑크		
l	[l]	[ᄅ으]	last	ᄅ아스트	leiden	ᄅ에이든
m	[m]	[므]	men	멘	met	메트
n	[n]	[느]	niet	니트	negen	네이ᅙᄒ
p	[p]	[쁘]	paal	빠앓	pijn	뻬인
r	[r]	[ᄅᄒ]	ros	로ᄒ스	rij	ᄅ헤이
s	[s]	[스]	samen	싸아먼	slaan	슳ᄅ아안
t	[t]	[뜨]	trein	뜨ᄅ헤인	tijd	떼이트
	[θ]	[츠]	politie	뽕ᄅ어치		
v	[v]	[ᄲ]	zeven	ᅌ혜이ᄲ	blijven	븗ᄅ아이ᄲ
	[f]	[스프]	vader	ᄊ아더ᄅᄒ	van	ᄊ안
w	[w]	[으]	water	와트ᄅᄒ	was	와스
x	[ks]	[그스]	examen	엑사먼		
y	[j]	[으]	yoghur	요ᅙᄒ트		
z	[z]	[△]	zien	ᅌ인	zacht	ᄊ흐흐트

복자음

nj	[ɲ]	[녀]	Oranje	오ᄅ한녀
ng	[ɲ]	[ᅌ]	ding	딩
sc	[s]	[스]	scene	세느
	[sk]	[스크]	scala	스칻ᄅ아

sj	[ʃ]	[쉬]	sjaal	샤알ㅎ	huisje	하위셔
ch	[x]	[ㅎㅎ]	noch	노ㅎㅎ		
	[ʃ]	[쉬]	chic	쉬크	chocolade	쇼크ㄹ아더
	[k]	[크]	christen	크ㅎ라스튼	chaos	카오스
kw	[kw]	[크으]	kwaliteit	크왈ㄹ에따이뜨		
sch	[sx]	[스ㅎㅎ]	school	스ㅎㅎ옳		

네델란드어

▸ 안녕하세요!(아침 인사)

Goede morgen ⁞ 후후드 모ㄹ흐ㅎ헌.
후여 모르헌

▸ 안녕하세요!(오후 인사)

Goede middag ⁞ 후후드 미다ㅎㅎ.
후여 미닥흐

▸ 안녕하세요!(저녁 인사)

Goede avond ⁞ 후후드 아쏜드.
후여 아본트

▸ 안녕히 주무세요!(밤 인사)

Goede nacht ⁞ 후후드 나ㅎㅎ트.
후여 낙훗트

▸ 안녕히 계세요!

Tot ziens! ⁞ 똗트 쯴스!
똣트 씬스

‣ 안녕하세요, 처음 뵙겠습니다.

Hoe maakt u het? ⁙ 후마크튀허트?
후 마크튀 엇트

‣ 죄송합니다.

Pardon. ⁙ 빠ᄙᅙ돈.
빠르돈

‣ 만나뵙게 되어 반갑습니다.

Paerrig u te ontmoeten ⁙ 쁘ᄙᅦ떡ᅘ 위떤무터.
쁘레떡흐 위 떠 욘트무턴

‣ 미안합니다.

Sorry. ⁙ 쏘ᄙᅙ.
쏘리

‣ (자기 소개 시) 제 소개를 하겠습니다.

Mag ik me voorstellen? ⁙ 마ᅘ 익크 미 쏘ᄙᅙ스뗼ᄙᅥᆫ?
막호 익크 머 포르스뗄런

‣ 내일 뵙겠습니다.

Tot morgen. ⁙ 똔 모ᄙᅙᅘ헌.
똣트 모르헌

‣ 정말 고맙습니다.

Ik ben u erg dankbaar. ⁙ 익크 벤 위 에ᄙᅙᅘ 당크바ᄙᅙ.
익크 벤 위 에르흐 당크바르

309 VII. 22개 외국어 발음 표기 예

13. 루마니아어 발음 표기의 예

루마니아는 우리에게 아직 미지의 나라라고 할 수 있다. 루마니아
는 4계절 모두 멋진 여행을 할 수 있는 나라이다. 〈따뉴쓰강의 잔물
결〉과 흑해 사이의 이국적인 풍경은 환상적이다. '루마니아'는 '로마인
의 후예'라는 뜻이다. r은 '르'로, t는 '뜨'로 발음한다.

1. 모음				
a	아	아	mama	마마
e	에	에	element	엘리멘뜨
i	이	이	stil	스띨
o	오	오	hotel	호뗄
u	우	우	nuvelă	누쀌러
ă	어	어	numără	누머르
î	으	으	cîmp	큼프
â	으	으	român	로믄

2. 자음				
b	ㅂ	브	bar	바르
c	ㅋ	크	coleg	콜렉
ce	체	체	centru	첸뜨루
ci	치	치	cinema	치네마
che	케	케	chema	케마
chi	키	키	chimie	키미에

d	ㄷ	ᄕᅳ	doctor	ᄕᅩᆨ뜨ᄙᅳ
f	ㅍ	ᄉ프	familie	ᄉ파밀리에
g	ㄱ	ᅌ그	organ	오르ᅌ간
ge	제	ᅌ제	general	ᅌ제네ᄙᅡᆯ
gi	지	ᅌ지	inginer	인ᅌ지네ᄙᅳ
ghe	게	ᅌ게	Gheorghe	ᅌ게오ᄙᅳᅌ게
ghi	기	ᅌ기	ghid	ᅌ기ᄕᅳ
h	ㅎ	흐	hotel	호뗄
j	ㅈ	ᄅ즈	jurnal	ᄅ주ᄙᅳ날
k	ㅋ	카	kilogram	킬로ᅌ그ᄙᅡᆷ
l	ㄹ	르	leu	레우
m	ㅁ	므	mapă	마퍼
n	ㄴ	느	număr	누머ᄙᅳ
p	ㅍ	프	păr	퍼ᄙᅳ
r	ㄹ	ᄙᅳ	rol	ᄙᅩᆯ
s	ㅅ	스	casă	카서
ş	시	ᄙᅲ	şef	ᄙᅰᄉ프
t	ㅌ	뜨	tractor	뜨ᄙᅡᆨ또ᄙᅳ
ţ	ㅊ	츠	ţigarţ	치ᅌ가ᄙᅥ
v	ㅂ	ᄉ브	vulgar	ᄉ불ᅌ가ᄙᅳ
w	ㅈ	쓰	exemplu	에그젬프루
x	크시	익스	taxi	딱시
z	ㅈ	ᅌ즈	muzică	무ᅌ지커

루**마니아어**

‣ 안녕하세요!(아침인사)

Bună dimineaţa! ⠿ 부너 띠미나짜!
부너 ㄷ미네아차!

‣ 안녕하세요!(낮 인사)

Bună ziua! ⠿ 부너 쎄우아!
부너 지우아!

‣ 안녕하세요!(저녁인사)

Bună scara! ⠿ 부너 세아꽈!
부너 세아라!

‣ 안녕히 계세요!(헤어질 때 인사)

La revedere! ⠿ 라 레쎄데레!
라 레베데레!

‣ 네.

Da. ⠿ 따.
다

‣ 아닙니다.

Nu. ⠿ 누.
누

‣ 확실합니다.

Desigur. 떼시우르.
데시구로

‣ 물론입니다.

Fireşte. ⁞ 씨 뤠롺 떼.
피레쉬테

‣ 그렇습니다.

Cred câ da. ⁞ 크뤠ㄷ 커 다.
크레드 커 다

‣ 붉은 포도주를 갖다주십시오!

Vâ rog sâ-mi aduceţi un vin roşu!
⁞ 쌔 롴 서미 아뚜췌쯔 운 쎄느 로랴!
버 룩 섬 아두췌츠 운 빈 로슈!

‣ 건배!

Noroc! ⁞ 노롴크!
노룩!

14. 터키어 발음 표기의 예

터키는 어순과 문법체계가 우리와 비슷하여 알타이어로 분류되어있다. 아마 돌궐족의 후예일 것이다. '돌궐'이 '투루크' '터키'로 변했을 것으로 보인다. 돌궐은 뿌리가 우리와 같은 민족이다. 6.25때 연합군으로 참전하여 〈위스크다란〉라는 연가를 유행시킨 인연이 깊은 나라이다. 그들은 한국을 형제의 나라로 깊은 애정을 가지고 있다. 터키는 한때 한글을 자기 글자로 채택하기 위하여 국무위원들의 찬반 투표까지 실시한 적이 있었다. 다른 나라에 비해 발음상 특기할 점은 없다.

터키어 알파벳

대문자	소문자	문자명	
A	a	a	아
B	b	be	베
C	c	ce	제
Ç	ç	çe	체
D	d	de	데
E	e	e	에
F	f	fe	쩨
G	g	ge	게
Ğ	ğ	yumuşak ge	유무삭게
H	h	he	헤
I	i	i	으

Ĭ	ĭ	i	이
J	j	je	쉐
K	k	ke	케
L	l	le	레
M	m	me	메
N	n	ne	네
O	o	o	오
Ö	ö	ö	외
P	p	pe	페
R	r	re	ㄹ에
S	s	se	세
Ş	ş	şe	쉐
T	t	te	테
U	u	u	우
Ü	ü	ü	위
V	v	ve	셰
Y	y	ye	예
Z	z	ze	ㅿ쎄

터키어

▸ 안녕하세요.

Merhaba. ⁝ 메ㄹ으하바.
메르하바

▸ 안녕하세요. (아침인사)

Günaydin. ⁝ 귀나이든.
귀나이든

▸ 안녕하세요. (저녁인사)

İyi akşsmiar.　◦◦　이이 악쌈라르.
이이 익삼라르

▸ 안녕히 주무세요. (밤인사)

İyi geceler.　◦◦　이이 게제레르.
아이 게제레르

▸ 안녕히 가세요.

Güle güle.　◦◦　귈레 귈레.
귈레 귈레

▸ 고맙습니다

Teşekkür ederim.　◦◦　테쉐퀴르 에데림.
테쉐퀴르 예데림

▸ 대단히 고맙습니다.

Çok teşekkür ederim.　◦◦　촉 테쉐퀴르 에데림.
축 테쉬퀴트 예데림

▸ 실례합니다.

Affedersiniz.　◦◦　아쩨데르시니스.
아페데르시니즈

▸ 미안합니다.

Özür dilerim.　◦◦　외쒸르 딜레림.
외쥐르 딜레림

▸ 괜찮습니다.(별로 중요하지 않습니다.)

Önemli değil　◦◦　외 넴리 데일.
외넴리 데일

‣ 어서 오십시오.

Hoş gekliniz. ⁝ 호쉬 겔디니쓰.
호쉬 겔디니즈

‣ 명함이 있으십니까?

İsim kartiniz var mi? ⁝ 이심 카르트 느쓰 쐬 르으 마?
이심 카르트느즈 와르 므

15. 슬로쌰끼아어 발음 표기의 예

슬로쌰끼아어는 체꼬(체코)어와 약간 달라서 l은 '르'로, r은 '르'로, ř은 '릐'로 표기하였다. 또 ĺ은 '을러'로, ľ은 '려'로 표기하였다. 체꼬어에서 p와 슬로쌰끼아어에서 p의 발음이 약간 다르기는 하지만 다같이 'ㅃ'로 표기하였으며 ch는 'ㅎ하'로 표기하였다. 체꼬어와 슬로쌰끼아어는 비슷한 점이 많다.

슬로쌰끼아어의 알파벹

A, a	[애]	아	I, i	[이]	이	Ŕ, ŕ	[에르:]	에르
Á, á	[아:]	아-	Í, í	[이:]	이-	S, s	[에싀]	에쓰,쓰
Ä, ä	[애]	애	J, j	[예]	예,여	Š, š	[에슈]	에슈,슈
B, b	[베]	베,브	K, k	[까]	까,끄	T, t	[떼]	떼,떠
C, c	[쩨]	쩨,쯔	L, l	[엘]	엘	Ť, ť	[떼]	떼,뗘
Č, č	[췌]	췌,츠	Ĺ, ĺ	[엘:]	을러	U, u	[우]	우
D, d	[데]	떼,느	Ľ, ľ	[엘려]	려	Ú, ú	[우:]	우-
Ď, ď	[데]	데,뎌	M, m	[엠]	엠,므	V, v	[베]	쎄,쎄
DZ, dz	[드제]	6쎄,으	N, n	[엔]	엔,느	W, w	[드보이떼 베]	ㅄ에,ㅄ
DŽ, dž	[드줴]	줴,줘	Ň, ň	[엔뉘]	녀	X, x	[익씨]	익스,스
E, e	[에]	에	O, o	[외]	오	Y, y	[입실론]	입씰론, 이
É, é	[에:]	에-	Ó, ó	[오:]	오-	Ý, ý	[이:]	이-
F, f	[에프]	에쓰,쓰	Ô, ô	[오워]	우오	Z, z	[젯]	6쎌,으
G, g	[게]	예,ㅎ	P, p	[ㅃ]	뻬,뻐	Ž, ž	[줏]	쉘,줘
H, h	[해]	하,허	Q, q	[끄베]	끄베,끄버			
CH, ch	[해]	ㅎ하,ㅎ허	R, r	[에릐]	엜,르			

슬로싸끼아어어

▸ 안녕하세요!

Dobrý deň!   또 브 ㄹ어 – 몐!
도브리 몐!

▸ 고마워(요). 잘 지내(요)

Ďakujim mám sa dobre   땨꾸옘, 맘 – 싸 또 브 ㄹ에.
다꾸옘 맘 싸 도브레

▸ 사진 좀 찍어 주시겠어요?

Mohli by ste ma odfotit?   모흘리 비스떼 마오 ㄴ드쏘띧.
모흘리 비 스떼 마 오뜨포띧?

▸ 한국에서 왔어요.

Som z Kóreje./Som z Južnje kóreje.   쏨 쓰꼬 – ㄹ에 예/
쏨 쓰 꼬레예/쏨 즈 유쥬네이 꼬레예   쏨 쓰 유 웎 네이 꼬 – ㄹ에 예.

▸ 실례지만, 화장실이 어디에 있나요?

Prepáčte prosím, kde je toaleta?
쁘레빠츄떼 쁘로씸 그데 예 또알레따?
쁘ㄹ에 빠 – 츠떼 쁘로 오씸 –, ㄲ데 예 또 알레 따 (또 아자)?

▸ 반갑습니다.

Teší ma.   떼쉬 – 마.
떼쉬 마

▸ 여기 제 명함이 있습니다.

Tu ju moja vizitka.   뚜 예 모야 쎼읚뜨까.
뚜 예 모아 비지뜨까

▸ 영어를 하십니까?

Hovoríte po anglicky? : 호보리떼 뽀 안글리쯔끼?

뉴스

▸ 맥주 마시겠습니다.

Dám si pivo : 담-씨 삐보.

웨어 엠 아이 나우

▸ 레드/화이트 와인 주세요.

Prosím si červene/bielé/víno. : 쁘로씸-씨 체르베네/비엘레/베노.

아임 룩킹 포-러 포스트 오피스

16. 인도네시아어 발음 표기의 예

인도네시아의 면적은 우리나라의 19배이다. 인구는 2억 3천만 명으로 동남아 전체 인구의 약 40%를 차지하고 있다. 앞으로 인도네시아어의 역할이 그만큼 커질 것이다. l은 '르'로, r은 '륵'로, p는 '뻬'로, t는 '떼'로 발음한다. f와 v를 모두 '쓰'로 표기하였다.

모음

a-아, I-이, u-우, e-에, o-오, ə-어

자음

A, a	아	아	N, n	엔	엔
B, b	베	베	O, o	오	오
C, c	쩨	쩨	P, p	뻬	뻬
D, d	데	뎨	Q, q	끼	끼
E, e	에	에	R, r	에르	에륵
F, f	에프	에쓰	S, s	에스	에스
G, g	게	헤	T, t	떼	떼
H, h	하	하	U, u	우	우
I, i	이	이	V, v	페	쓰페
J, j	제	제	W, w	훼	웨
K, k	까	까	X, x	엑스	엑스
L, l	엘	엘	Y, y	예	예
M, m	엠	엠	Z, z	젠	쓰젤

인도네시아아어어

▸ 안녕하십니까? (아침인사)

Selamat pagi. ┊ 슬ㄹ아만 빠ㅎ이.
슬라맛 빠기

▸ 안녕하십니까? (낮인사)

Selamat siagn. ┊ 슬ㄹ아만 찌앙.
슬라맛 시앙

▸ 안녕하십니까? (저녁인사)

Selamat sore. ┊ 슬ㄹ아만 쪼ㄹ레.
슬라맛 소레

▸ 안녕히 가십시오.

Selamat jalan. ┊ 슬ㄹ아만 딸란.
슬라맛 찰란

▸ 안녕하세요, 알리씨!

Selamat pagi, Saudara Ali! ┊ 슬ㄹ아만 빠ㅎ이, 사우따라 알리!
슬라맛 빠기 사우다라 알리

▸ 또 뵙겠습니다.

Sampai ketemu lagi. ┊ 삼뻬이 끄뜨무 ㄹ아ㅎ이.
삼뻬이 끄뜨무 라기

▸ 먼저 실례하겠습니다.(헤어질 때)

Permisi dulu. ┊ 뻬ㄹ미시 뚤루.
빠르마시 들루

‣ 대단히 감사합니다.

Terima kasih banyak. ⠿ 뜨리마 까시히 바냐.
뜨리마 까시-ㅎ 바냑

‣ 우따르소씨를 소개합니다.

Kenalkan, ini Bapak Utarso. ⠿ 끄낧깐, 이니 바빡 우따르소.
끄날깐 이니 바싹 우띠르소

‣ 우따르소씨, 이분은 김선생입니다.

Pak Utarso, Ini Bapak Kim. ⠿ 빡 우따르소, 이니 바빡 낌
빠 우파르소 아니 바싹 김

‣ 선생님을 만나 뵙게 되어 반갑습니다.

Saya senang bertemu dengan Bapak.
사야 스냥 비르뜨무 동안 바싹

⠿ 사야 스낭 버르뜨무 등안 바빡.

‣ 선생님의 사무실은 어디에 있습니까?

Di mana kantor Bapak? ⠿ 띠마나 깐또르 바빡?.
디 마나 깐또르 바싹

17. 체꼬어 발음 표기의 예

체꼬어는 로마자를 사용하지만 몇 개의 특수문자가 있다. 모음은 장모음과 단모음이 있으며 대부분 말끝이 가볍게 올라간다. 영어와 쁘랑스어에 비하면 발음이 쉬운 편이다. 체꼬어에서는 l은 '를'로, r은 '르'로, ř은 '르'로 표기하였다. 슬로쌔끼아어와 비슷한 점이 많으나 또 다른 점이 있다.

체꼬어의 알파벹

A, a	[아]	아	Í, í	[이:]	이-	Š, š	[에쉬]	에쉬,슈
Á, á	[아:]	아-	J, j	[예]	예,여	T, t	[떼]	떼,뜨
B, b	[베]	베,브	K, k	[까]	까,끄	Ť, ť	[떼]	떼,뗘
C, c	[쩨]	쩨,쯔	L, l	[엘]	엘,를,를	U, u	[위]	우
Č, č	[췌]	췌,츠	M, m	[엠]	엠,므,므	Ú, ú	[우:]	우-
D, d	[데]	떼,뜨	N, n	[엔]	엔,느,느	ü	[우:]	우~
Ď, ď	[데]	데,뎌	Ň, ň	[엔뉘]	엔녀,녀	V, v	[베]	쌔,쓰
E, e	[에]	에	O, o	[외]	오	W, w	[드보이떼;베]	드브이떼 베,버
É, é	[에:]	에-	Ó, ó	[오:]	오-	X, x	[익씨]	익스,스
F, f	[에프]	에쓰,쓰	P, p	[뻬]	뻬,쁘	Y, y	[입실론]	입씰론, 이
G, g	[게]	에,으	Q, q	[끄베]	끄베,끄버	Ý, ý	[이:]	이-
H, h	[하]	하,흐	R, r	[에릐]	에르,르	Z, z	[쩻]	쩬,으즈
CH, ch	[하]	ㅎ하,ㅎ흐	Ř, ř	[에르:]	에르,르	Ž, ž	[쥇]	쥊,쥒
I, i	[이]	이	S, s	[에싀]	에쓰,쓰			

체꼬어

▸ 안녕하세요!

Dobrý den! ⁝ 또브리 − 덴!
도브리 덴!

▸ 안녕히 가세요/안녕히 계세요.

Na shledanou. ⁝ 나 스흘쩨따노우.
약 쎄 마떼?

▸ 멋진 하루 보내세요!

Hezký/pěkný den! ⁝ 헤쓰끼 − 뻬끄니 − 덴!.
헤스끼/뻬그니 텐!

▸ 안녕히 주무세요! 잘 자!

Dobrou noc! ⁝ 또 브로우 노쯔!.
도브로우 노쯔!

▸ 좋은 주말 보내세요!

Hezký víkend! ⁝ 헤쓰끼 − 쌔 − 껜뜨!
헤스끼 비껜뜨!

▸ (대단히) 감사합니다.

Děkuju (mnohokrát). ⁝ 떼꾸유 (므노호끄라뜨).
데꾸유 (므로호끄랏).

▸ 별말씀을요. 괜찮습니다.

Prosím. ⁝ 쁘로씸−.
쁘로씸.

‣ 미안합니다. 죄송합니다.

Promiňte. (Pardon)　⁝　쁘로민녀떼 (빠르똔).
브로민느쎄 (빠르돈).

‣ 반갑습니다.

Těší mě.　⁝　떼쉬-므에 (믄녜).
떼쉬 믄녜.

‣ 여기 제 명함이 있습니다.

Tady je moje vizitka.　⁝　따띠 예 모예 쎄ㅣ쯔까.
따디 예 모예 비지뜨까.

18.(19) 브라질[뽀르뚜깔]어 발음 표기의 예

브라질어와 뽀르뚜깔어는 많이 비슷하여 서로 각자의 언어로 소통이 가능하다. 마치 전라도와 경상도의 지역 사투리와 흡사하다. 그래서 따로 다루지 않고 몇 가지 간단한 예만 들어 설명하고 넘어가기로 한다.

예를 들면 브라질어로는 아침인사를 '봉지아'라고 하고 뽀르뚜깔어로는 '본띠아'라고 한다. 까사(casa-집)'가 '까싸'로, '몬떼(monte-산)가 '몽떠' 또는 '몽찌'로, '쩰리으즈(felaz-행복한)'는 '쩰리쓰'로, '쏘으즈 (vos-목소리)'는 '쏘쓰'로, '6예로(zero)'는 '6예루'로 발음되는 것 등이다. 브라질어의 r은 '르ㅎ', l은 '르'로 표기하였다.

발음기호

A, a	[a]	아	N, n	[eni]	엔니
B, b	[be]	베	O, o	[ɔ]	오
C, c	[se]	쎄	P, p	[pe]	뻬
D, d	[de]	떼	Q, q	[ke]	께
E, e	[e]	에	R, r	[eRi]	에러히
F, f	[ɛfi]	에삐	S, s	[esi]	에씨
G, g	[ʒe]	제, 가	T, t	[te]	떼
H, h	[aga]	아가	U, u	[u]	우
I, i	[i]	이	V, v	[ve]	쎄
J, j	[ʒota]	쏘따	W, w	[dabiyu]	다블유
K, k	[ka]	까	X, x	[ʃie]	쉬이스
L, l	[ɛli]	엘리	Y, y	[ipsilö]	입실롱
M, m	[emi]	엠미	Z, z	[ze]	6예

브라질어

▸ 안녕하세요! (아침인사)

Bom dia!   봉 지아! (브라질어)
봉 지아(브), 봄 디아(포)!   본 니아! (포르투갈어)

▸ 안녕하세요! (오후인사)

Boa tarde!   보아 따르지! (브라질어)
보아 따르지(브) 보아 따르드(포)!   보아 따르드! (포르투갈어)

▸ 안녕하세요! (저녁인사)   보아 노이찌! (브라질어)

Boa noilte!   보아 노이드! (포르투갈어)
보아 노이찌(브) 보이 노이뜨(포)!

▸ 만나서 반갑습니다.

Muito prazer em vê-lo.   무이뚜 쁘라쎌이 쎌-루.
무이뚜 쁘라제르 앙 벨-로.

▸ 비가 오는군요.

Está chovendo.   이스따 쇼쎙 뚜.
이스따 소벤두.

▸ 잘가요!

Adeus! 아떼우스!
어데우스!

▸ 고맙습니다. (남성이 말할 때)

Obrigado. 오브리가뚜.
오브리가두.

▸ 고맙습니다. (여성이 말할 때)

Obrigada. ⁞ 오브리가따.
오브리가다.

▸ 처음 뵙겠습니다.

Como está você. ⁞ 꼬무 이스따 쏘세?
꼬무 이스따 보세?

▸ 한국에서 왔습니다.

Venho da Coréia. ⁞ 쎙유 따 꼬레이아.
벵유 다 꼬레이아.

▸ 실례합니다.

Desculpe! ⁞ 떼스꿀삐!
디스꿀삐!

20. 스뻬인어 발음 표기의 예

스뻬인어는 멕시코, 과테말라, 니콰라과, 파나마, 코스타리카, 뻬루, 칠레, 엘살바드로, 온두리스, 에콰도르, 베네수엘라, 아르젠티나, 파라과이, 우루과이, 쿠바, 콜롬비아 등등 중남미의 거의 모든 국가에서 사용하고 있는 언어로 브라질어보다 사용 인구수가 훨씬 많다.

l은 '르'로, r은 '르'로. rr은'뜨르'로 표기하였다. s는 '씨'으로 표기하였으나 문장에 따라서 'ㅅ'으로도 혼용하였다. x는 발음이 특이하여 '끄쓰'로 표기 하였다.

모음

a-아, e-에, I-이, o-오, u-우.

자음

	a	e	i	o	u
b	ba 바	be 베	bi 비	bo 보	bu 부
c	ca 까	ce 세	ci 시	co 꼬	cu 꾸
ch	cha 차	che 체	chi 치	cho 초	chu 추
d	da 따	de 떼	di 띠	do 또	du 뚜
f	fa 짜	쩨	fi 찌	fo 쏘	fu 쑤
g	ga 아	gue 예	gui 이	go 오	go 우
		ge 헤	gi 히		
h	ha 아	he 에	hi 이	ho 오	hu 우
j	ja 하	je 헤	ji 히	jo 호	ju 후

k	ka 까	ke 께	ki 끼	ko 꼬	ku 꾸
l	la 라	le 레	li 리	lo 로	lu 루
ll	lla 야	lle 예	lli 이	llo 요	llu 유
m	ma 마	me 메	mi 미	mo 모	mu 무
n	na 나	ne 네	ni 니	no 노	nu 누
ñ	ña 냐	ñe 녜	ñi 니	ño 뇨	ñu 뉴
p	pa 빠	pe 뻬	pi 삐	po 뽀	pu 뿌
q		que 께	qui 끼		
r	ra 똬	re 뗴	ri 뛰	ro 또	ru 뚜
rr	rra 뙈	rre 뙈	rri 뛰	rro 똔	rru 뚜
s	sa 싸	se 쎄	si 씨	so 쏘	su 쑤
t	ta 따	te 떼	ti 띠	to 또	tg 뚜
v	va 쌔	ve 쌔	vi 쌔	vo 쌘	vg 쑤
w	wa 와	we 웨	wi 위	wo 워	wg 우
x	xa 짜	xe 쩨	xi 찌	xo 쪼	xg 쭈
y	ya 야	ye 예	yi 이	yo 요	yg 유
z	za 사	ze 세	zi 시	zo 소	zg 수

스뻬인어

‣ 안녕하십니까? (아침인사)

Buenos días. ᠅ 부에노쓰 띠-아쓰.
부에-노쓰 디 -아쓰

‣ 안녕하십니까? (점심인사)

Buenas tardes. ᠅ 부에 나쓰 따-쯔떼쓰.
부에-나쓰 따-르데쓰

▸ 안녕하십니까? (저녁인사)

Buenas noches. ⁞ 부에 나쓰 노-췌쓰.
부에-나쓰 노-체쓰

▸ 안녕히 계세요. 안녕히 가세요.

Adiós ⁞ 아띠오-쓰.
아디오-쓰

▸ 다음에 또 뵙겠습니다.

Hasta la vista. ⁞ 아-스딸 라 쎄스따.
아-스딸 라 비-쓰따.

▸ 화장실은 어디에 있습니까?

¿Dónde está el baño? ⁞ 돈-떼 에스따- 엘 바뇨?.
든 - 데 에스따- 엘 바 뇨

▸ 얼마입니까?

¿Cuánto vale? ⁞ 꾸안-또 쌜-레?
꾸안 - 또 발 - 레

▸ 좋습니다.(동의)

De acuerdo. ⁞ 떼 아꾸에-르또.
데 아꾸에-르도

▸ 알았습니다.(이해가 갑니다.)

Entiendo. ⁞ 엔띠엔-또.
엔띠엔-도.

▸ 대단히 감사합니다.

Muchas gracias. ⁞ 무-촤쓰 흐라-시아쓰.
무-차쓰 그라-시아쓰

‣ 죄송합니다.

Disculpe. :: 띠스꿀 − 뻬.
디스꿀 뻬

‣ 투우경기는 언제 있습니까?

¿Cuándo hay corrida de toros? :: 꾸안 − 또 아이 꼬릐 − 다 (꼬 리 − 따).
꾸안-도 아이 꼬라-다 데 또-로쓰   떼 또 − 롣쓰? (또 − 로쓰?)

‣ 사람살려!

¡Socorro! :: 소꼬 − 똔!
소꼬-르

21. 이딸리아어 발음 표기의 예

c는 '취'와 '까'로, h는 '아'로, p는 '삐'로, t는 '띠'로 발음한다.

모음
a-아, e-에, I-이, o-오, u-우.

자음

A	[ ]	아	N	['enne]	엔네
B	[bi]	비	O	[o]	오
C	[tʃi]	취,까	P	[pi]	삐
D	[di]	띠	Q	[ku]	꾸
E	[e]	에	R	[érre]	에뤠
F	['effe]	에쩨	S	[ésse]	에세
G	[dʒi]	쬐,쮜	T	[ti]	띠
H	[' kk]	아까	U	[u]	우
I	[i]	이	V	[vu]	쑤
L	['elle]	엘레	Z	['d, et]	쩨따
M	['emme]	엠메			

j, k, w, x, y는 외래어나 고전어 표기용으로 사용하며 현재는 j와 y를 't'로, k는 'c'로, w는 'v'로 대체하여 쓰고 있다.

J	[i lungo]	이 룽고	일룽어
K	[k pp]	깝파	깝빠

W [doppie vu]	듭뻬오부	돕삐오쑤
X [iks]	익스	익스
Y [ipsilon]	입실론	입실론

이딸리아어

▸ 안녕하십니까? (아침인사)

Buon giorno.   부온 쒀오르노.
부온 지오르노.

▸ 안녕하십니까? (오후인사)

Buona sera.   부오나 세롸.
부오나 세라.

▸ 안녕히 주무세요. (밤인사)

Buona nòtte.   부오나 노떼.
부오나 놋떼.

▸ 안녕하세요? 어떠세요?

Buon giorno, Come sta?   부온 쒀오르노, 꼬메스따?
부온 지오르노 꼬메 스따.

▸ 좋습니다, 고맙습니다, 당신은?

B , grazie, e Lei.   베 네, 의롸쒀에, 엘레이?
베네 그라찌에 에 레이.

▸ 아주 좋아요, 부인은 어떠세요?

Benissimo. E sua moglie?   ┋ 베닛시모. 에수아 몰리에?

베닛시모 에 수와 클라에.

▸ 당신께 김선생님을 소개합니다.

Le presento il signor Kim.   ┋ 레 쁘레센또 일 시뇨르 낌.

레 쁘레쩬또 일 시뇨르 김.

▸ 반갑습니다! 만나뵙게 되어 기쁩니다.

Piacer! Sono molto lieto di vederla.   ┋

삐아체레 소노 몰토 리에또 다 뻬데를라.

┋ 삐아체례! 소노 몰또 리에또 띠 쎼뎨뜰라.

▸ 제 이름은 김 바로오입니다.

Mi chiamo Paolo Kim.   ┋ 미 끼아모 빠올로 낌.

미 찌아모 빠옴로 김.

▸ 날씨가 어때요?

Che tempo fa?   ┋ 께 뗍뽀 싸?

쩨 뗌뽀 파.

▸ 지금은 좋습니다.

Ora fa bel tempo.   ┋ 오라 싸 벨 뗌뽀.

오라 파 벨 뗌뽀.

▸ 얼마나 걸립니까?

Quanto tempo ci vuole?   ┋ 꽌또 뗌뽀 취쑤올레?

꽌또 뗌뽀 치 부올레.

22. 아랍어 발음 표기의 예

아랍어는 유엔의 6대 공용어 중의 하나이자 아프리카 회의의 공식 어이다. 아라비아반도와 북 아프리카 20여 개 국가의 약 3억 명이 사용하는 국제적으로 큰 비중을 차지하고 있는 언어이다. 유엔사무총장으로 부임한 반기문 총장도 '유엔에 와서 보니 아랍권 국가들이 아랍어에 대하여 가지는 자긍심이 얼마나 대단한지 알 수 있었으며 우리 한글의 귀중함을 다시 한번 생각하게 되었다'라고 토로한 적이 있다. 세계의 언어 중에서 아랍어만큼 • (깊은소리)이 많이 쓰이는 언어도 없다. • 을 소리(흡)의 근원으로 본 우리민족과 유사하다. 또 오른쪽에서 왼쪽으로, 위에서 아래로 써온 우리민족과 닮은 점이 많다. 발음상으로 볼 때 영적인 기운이 느껴지는 특이한 언어이다. 아랍어 표기에서는 '앗'는 '아'의 짧고 깊은 소리로, '갓'는 '가'의 짧고 깊은 소리로, '컷'는 '커'의 짧고 깊은소리로, '깟'는 '까'의 짧고 깊은 소리로 표기하였다.

자음

• /'/ ب /b/ ت /t/ ث /th/ ج /j/ ح /ḥ/
앗 　 비 　 트 　 스 　 즈 　 ㅎ하

خ /kh/ د /d/ ذ /dh/ ر /r/ ز /z/ س /s/
ㅋ하 　 ㄸ 　 쒀 　 르 　 쓰 　 스

ش /sh/ ص /ṣ/ ض /ḍ/ ط /ṭ/ ظ /ẓ/ ع /'/
쉬 　 쓰 　 돠 　 뜨 　 쒀 　 앗이

غ /gh/ ف /f/ ق /q/ ك /k/ ل /l/ م /m/

거이 쓰 까 크 르 므

ن /n/ و /w,u/ ه /h/ ي /i,y/

느 와우 흐 이

모음

아ˊ 이، 우ˊ ـَ 바 ـِ 비 ـُ 부

아랍어

▶ **안녕하세요(아침 인사)**

صباح الخير ⁞ 싸바—홀 ㅎ하이ㄹㅌ.

싸바 홀 카이르

▶ **안녕하세요?("평화가 그대에게"라는 뜻으로 시간, 장소, 사람에 관계없이 가장 넓게 쓰는 말)(아무도 보이지 않을 때)**

السلام عليكم ⁞ 에쎌레무—알레이쿰.

앗 쌀라무 알라이꿈

▶ **(대답)**

وعليكم السلام ⁞ 와 알레이쿰 에쎌렘.

와일라이꾸뭇 쌀람

‣ **안녕히 가세요. 또 만나요.**

مع السلامة وإلي اللقاء ⋮ 마앗 쎌레−마 와 일라리 끄.

마앗 쌀라−마 와 일랄리깢−

‣ **다시 만날 때까지 안녕히 계십시오.**

في أمان الله ⋮ 삐 에메−닐레−.

피아마닐라−

‣ **또 뵙겠습니다.(가까운 시일에)**

أراك قريبا ⋮ 아라케−까려 반.

아라카−까리−반

‣ **여보세요!(식당, 호텔 등에서 종업원을 부를 때)**

يا جرسون ! ⋮ 야 봐뜨순.

야! 가르순

‣ **이것은 무엇입니까?**

ما هذا؟ ⋮ 메−해−떠?

마−하−다?

‣ **감사합니다.**

شكرا . ⋮ 슈크롼.

슈크란

‣ **천만에요!(실례합니다.)**

عفوا ! ░ 아쓰완!

아프완!

‣ **시장이 어디에 있습니까?**

أين السوق ؟ ░ 아이나 수-커?

아이낫 쑤-끄?

‣ **카이로행 기차는 언제 떠납니까?**

متى يقوم القطار إلى القاهرة ؟

마타 야꾸믈 까따-르 알랄까-하라?

░ 메타 야꾸-믈 끼따-뜨 알랄까-헤라?

지금까지 22개 외국어의 표기 예를 들어 보았다. 그러나 너무 많은 옛글자들을 사용할 경우 도리어 혼란을 초래할 수 있으므로 살려 쓸 글자의 수와 음가에 대한 약속 등 적절한 규범이 필요하다. 없어진 네 글자와 순경음 및 권설음(ㄸ, ㅊ, ㅄ) 등과 정치음(ㅅ, ㅆ, ㅈ, ㅉ)과 치두음(ㅅ, ㅆ, ㅈ, ㅉ) 그리고 ퟩ, ퟃ와 [Ɵ-ㅆ] [ð-ㄸ] [v-ㅄ], [ʒ-쥐], [f-ㅍ], ퟰ[ɠ], ퟝ[G] 등 20자 정도를 살려 쓰면 외국어 발음을 정확하게 표기할 수 있기 때문에 우리 한글이 세계의 공용 문자로 더욱 우뚝하게 설 것은 두말할 나위가 없다.

이 글자들을 흔히 '없어진 글자' '소실된 글자'라고들 말하고 있으나 없어졌다거나 소실되었다기 보다는 사용할 줄을 몰라서 버려 둔 글자라고 표현하는 것이 더 옳은 말이다. 지금도 발음할 수 있고 또 실제로 발음되고 있지만 음가를 모르기 때문에 쓰지 않고 팽개쳐 두고 있을 뿐이다. 우리가 옛 글자들을 살려 외국어 발음기호 기능을 보강해주지 않으면 한글 국제화와 한글 한류는 기대할 수 없다.

휴대용 전자제품을 하나 선택하는 문제에 있어서도 자신이 원하는 기능이 없으면 구매하지 않는데 하물며 자기나라의 말을 담는 그릇인 문자를 선택하는데 있어서 자기 나라의 발음을 정확하게 표기할 수 있는 기능이 없다면 아무리 한글이 세계적인 글자라 하더라도 채택하려고 들지 않을 것이다. 또 한글이 훌륭하다고 아무리 세계화, 공용화를 외쳐도 글자가 있는 나라들이 자기네 고유의 글자를 버리고 한글을 쓴다는 것은 그리 간단한 문제가 아니다. 다만 자기네 문자가 없는 국가에서는 얼마든지 채택이 가능할 것이다. 중국의 경우만 하더라도 처음부터 영어 대신 한글을 발음기호로 채택하지 못한 것을 후회하고 있는 언어학자들이 있다. 차라리 옛 주음부호가 더 나았다는 이야기이다. 우리는 이 시점을 놓치지 말아야 한다. 지금부터라도 <옛글자 살려 쓰기 운동>이 일어나지 않으면 안 된다. 그래야만 한글이 세계 공용문자와 국제 발음기호로 사용할 수 있기 때문이다. <한글전용 운동>이나 <한글 세계 공용화 운동>이전에 초성의 합용병서 등 <옛 글자 살려 쓰기 운동>이 더 우선되어야 하는 이유가 바로 여기에 있는 것이다. 이것이 정리된 후에 옛 글자들을 컴퓨터 자판에 살려 넣는 조합형 자판 개정작업이 뒤따라야 할 것이다.

Ⅷ. 결론

기능성 한글과 세종의 홍익정신

지금까지 훈민정음 창제 당시의 초성과 중성의 배열순서가 왜 지금과 다르게 되어 있는가에 대한 연구가 부족하였다. 또 한글이 왜 28자로 만들어졌는지에 대한 연구도 없었다. 또 초성의 가획모양에 있어서 ㅋ과 ㅌ에는 획으로(ㅡ)으로, ㆆ ㅊ 에는 각점(▪)을 더한 연구가 없었다. 필자는 이러한 문제를 분석한 결과 그 이론적인 배경이 세종의 천문지식에서 비롯되었음을 알 수 있었다. 이상의 연구 결과를 요약하면 다음과 같다. 첫째, 초성의 배열은 오행 상생의 순서에 따랐다. 즉 ㄱ ㅋ ㆁ(아음-목), ㄷ ㅌ ㄴ(설음-화), ㅂ ㅍ ㅁ(순음-토), ㅈ ㅊ ㅅ(치음-금), ㆆ ㅎ ㅇ(후음-수)의 순서로 배열하였다. 그러나 "소리의 빠름에 따라 획을 더하였다"[322]라고 하면서도 발음이 느린 순서인 ㆁ →ㄱ→ㅋ, ㄴ→ㄷ→ㅌ, ㅅ →ㅈ→ㅊ ~ 으로 배열하지 않았다. 그렇다고 해서 빠른 순서인

---

322)『훈민정음』13쪽. 제자해 : 聲出稍厲 故加畫.

ㅋ→ㄱ→ㆁ, ㅌ→ㄷ→ㄴ, ㅊ→ㅈ→ㅅ ~ 의 순서로 배열하지도 않았다. 『훈민정음』에는 ㄱ→ㅋ→ㆁ, ㄷ→ㅌ→ㄴ, ㅂ→ㅍ→ㅁ, ㅈ→ㅊ→ㅅ, ㆆ→ㆅ→ㅇ 으로 전청, 차청, 불청불탁의 순서로 배열하였다. 그 이유는 천문도인 <5행 방위도>와 <오행 방위 낙서>를 이론적인 배경으로 삼았기 때문이다. 중국의 음운체계도 이를 따른 것으로 보인다.

둘째, 중성의 배열순서가 지금과 다른 이유는 <하도>라는 천문도를 이론적인 배경으로 삼았기 때문이다. <중성도>는 <하도>라는 천문도에 한점(·)과 두점(· ·)을 첨가함으로써 <하도>보다 더 완숙하고 세련된 구도를 이루고 있다. 즉, 하도에 한점(·)을 더한 중성을 오행상생의 순서로 배열하면 수(ㅗ)→목(ㅏ)→화(ㅜ)→[토 · (ㅣ)]→금(ㅓ)의 순서가 되고 하도에 두점(· ·)을 더한 중성을 오행상생의 순서로 배열하여 화(ㅛ)→[토(ㅡ)]→금(ㅑ)→수(ㅠ)→목(ㅕ)의 순서가 되었다. 다시 정리하면 ㅗ ㅏ ㅜ · (ㅣ) ㅓ ㅛ ㅡ ㅑ ㅠ ㅕ 의 순서가 된다. 여기서 · ㅡ ㅣ 는 나머지 여덟 자인 ㅗ ㅏ ㅜ ㅓ ㅛ ㅑ ㅠ ㅕ 의 머리가 되므로 맨 앞에 배열하여 · ㅡ ㅣ ㅗ ㅏ ㅜ ㅓ ㅛ ㅑ ㅠ ㅕ 의 순서가 되었다.

셋째, 훈민정음이 모두 28자로 창제된 이유는 <28수 천문도>를 이론적인 배경으로 삼았기 때문이다.

넷째, 초성의 제자원리에서 초성은 모두 소리의 빠름에 따라 가획하였고 가획방법이 모두 같다고 하였다. 그런데 ㅋ과 ㅌ에는 획으로(ㅡ) 가획하였으나, ㆅ ㅊ 에는 획(ㅡ)이 아닌 각점(▪)을 더한 이유는 ㅋ과 ㅌ은 <28수 천문도>에서 음도陰道의 영역에, ㆅ ㅊ은 양도陽道의 영역에 자리 잡고 있기 때문이다.

이상에서 언급한 초성과 중성의 배열순서가 지금과 다른 이유, 훈민정음이 28자로 창제된 이유, 그리고 초성의 ㅋ과 ㅌ과 **ㆅ 大**의 가획방법이 서로 다른 이유가 모두 천문도에 이론적인 근거를 두고 있다는 점을 알 수 있었다. 그리고 현재 쓰이지 않고 있는 4글자의 음가와 합용병서의 원용 예를 살펴보았다. 따라서 4글자와 초성의 합용병서법을 원용하여 선택적으로 살려 쓰면 모든 의성어와 모든 외국어를 보다 정확하게 표기할 수 있음을 살펴보았다.

훈민정음의 위대함은 무에서 문자창제를 한 것이 아니라 선대의 자료들을 참고하되, 그것을 발성기관과 천문도에 대응시켜 우주자연의 이치에 부합되게 창제한데에 있다. 세종이 훈민정음을 창제하면서 천문도를 이론적인 배경으로 삼았던 것은 조선의 역법으로 '조선의 하늘'을 가지고 싶어했던 그 연장선상에서 천문도를 문자창제의 이론적인 바탕으로 삼아 '조선의 천문문자'를 가지고자 했기 때문이다.

저자는 한글이 더 이상 우리의 문자로만 머물러서는 안 된다고 생각한다. 그러기 위해서는 사장된 4글자와 초성의 합용병서법을 원용해야 한다. <합용병서법을 원용한 외국어 표준 표기법 제정>은 우리 학생들에게 정확한 외국어 발음을 할 수 있게 하는데 도움이 될 것이며, 외국인에게는 우리말을 잘 배울 수 있는 기능을 동시에 할 수 있을 것이다. 아울러 세계 공용문자의 기능을 충분히 수행할 수 있을 것이며 세종의 홍익정신을 살릴 수 있을 것이다. 한국인이 주도하여 세계 각국의 발음을 표기할 수 있도록 정리해줄 필요가 있다. 조선족이 자기네 소수민족이라는 점을 핑계 삼아 중국이 주도하도록 두어서는 안 된다. 이 작업은 바로 세종어제 서문의 홍익정신을 세계에 실천하는 길이다.

세종이야말로 홍익정신의 참 실천자이다.

지금 우리는 우리의 문자생활에 아무런 불편이 없는데 군이 외국인을 위하여 복잡한 표기법을 만들어야 하는가? 라고 생각하거나 또는 한글로 세계의 모든 말을 표기해주는 것은 한글이 세계의 발음기호로 전락하는 것이므로 한글의 품격을 떨어뜨린다는 어처구니없는 생각을 해서는 안 될 것이다. 오직 한글만이 이러한 기능을 할 수 있는 문자이기 때문에 세계에서 가장 위대한 글자가 된 것은 누구나 잘 알고 있는 사실이다. 한글은 한국의 문자이지만 정흠은 세계의 발음기호이다.

한글이 초성의 합용 병서법을 원용한 <기능성 한글>로 거듭나야 비로소 명실상부한 세계의 문자가 될 것이다. 결코 이해하기 어렵거나 복잡한 작업이 아니다. 이러한 글자를 사용할 수 있도록 자판을 개량해주면 바로 해결되는 일이다. 합용병서의 어떠한 초성과 중성과 종성도 서로 결합될 수 있도록 완성형에서 조합형으로 자판을 개량해야 한다. 이것은 세종 때의 기능을 살리는 훈민정음 광복운동이다. 필요한 사람은 사용할 것이고 필요치 않는 이는 쓰지 않으면 되는 일이다. 정부에서 의지만 있으면 지금이라도 바로 해결될 문제이다.

초성의 이름도 일관성이 있어야 한다. ㆁ은 분명히 '여린ㄱ'이다. 그런데 지금도 '옛이응'이라 하고 있다. 또 한글의 초성과 중성의 순서도 다시 배열되어야 한다. 『훈민정음』해례본의 ㄱ ㅋ ㆁ, ㄷ ㅌ ㄴ, ㅂ ㅍ ㅁ, ㅈ ㅊ ㅅ, ㆆ ㅎ ㅇ의 순서로 되돌리자는 말이 아니라 발음이 느린 순서대로 배열한 ㆁ ㄱ ㅋ, ㄴ ㄷ ㅌ, ㅁ ㅂ ㅍ, ㅅ ㅈ ㅊ, ㅇ ㆆ ㅎ의 순서로 규격화된 한글교육용 지침서를 만들어 교육시켜야 한다. 그렇게 하면 외국인들에게도 한글의 우수성을 알리면서 학습의 효과를 올

릴 수 있다.

예를 들면 ㄴ보다 발음이 빠르므로 획을 더하여 ㄷ이 되었으며, ㄷ보다 빠르므로 또 획을 더하여 ㅌ으로 만들었다는 식으로 설명을 해주면 학습의 효과를 극대화시킬 수 있다. 문체부에서 ㆁ → ㄱ → ㅋ, ㄴ → ㄷ → ㅌ, ㅁ → ㅂ → ㅍ, ㅅ → ㅈ → ㅊ, ㅇ → ㆆ → ㅎ 으로 배열순서로 통일된 <한글 교육지침서>를 만들어 달라는 것이다. 지금의 ㄱㄴㄷㄹㅁㅂㅅㅇㅋㅌㅍㅈㅊㅿㅇㅎ 의 배열은 한글을 배우는 이들에게 효과적인 순서가 아니다. ·, ㅿ, ㆆ, ㆁ 의 음가와 합용병서를 원용한 ㅅㅂ, ㅅㅍ, ㄴㅅ, ㄴㄷ, ㄹㅅ, ㄹㅈ, ㄹㅊ, ㄹㅇ와 그 밖의 ㄹㅌ, ㄹㄷ 등은 외국어 표기법에서 따로 가르치면 된다. 중성은 현행의 배열순서도 좋으나 훈민정음의 순서인 · ― ㅣ 과 일기원자 ㅗ ㅏ ㅜ ㅓ와 아기원자 ㅛ ㅑ ㅠ ㅕ 의 순서로 하는 것이 창제원리를 설명하는데 더 충실할 수 있다. 전체적인 초, 중성의 이름이나 배열 작업은 남북이 통일된 후에 다시 다루어야 할 일이지만 남측만이라도 미리 준비해두자는 것이다. 이러한 문제들은 앞으로 학계의 주요주제로 꾸준히 논의되어야 할 과제이다. 훈민정음과 천문도를 연관시킨 선행 연구가 여태껏 미개척분야로 남아있어서 필자의 주관적인 주장이 없을 수 없었다. 예를 들면 <28수 천문도>와 훈민정음 28자의 연관성을 규명하는 부분에서 선행연구 자료가 없어서 ㅁ, ㅂ, ㅍ, ㄹ, ㅿ, ㅣ 의 자리 배치는 필자의 주관적인 견해가 첨가될 수밖에 없었다.

훈민정음 해례본 번역

훈 민 정 흠

  우리나라의 말이 중국말과 달라서 한자로는 서로 잘 통하지 못하므로 한자를 모르는 일반 백성들이 자기 의사를 전달하고 싶어도 글로 표현할 수 없는 사람이 대부분인지라 내가 이를 가엾게 여겨 새로 스물여덟 글자를 만들었으니 일반 백성들이 이 글을 쉽게 배워서 앞으로 일상생활에 편하게 쓰게 하고자 하노라.

  中國 : '중국'은 고유명사도 되지만 '도읍지'라는 뜻으로 쓰였다. 또 훈민정음 언해본에도 '중국은 황제 계신 나라이니 흔히 말하기를 강남이라 한다'라고 못 박아 놓고 있다. 따라서 중국을 '국중國中'으로 번역하여 '나라 안에서'라고 해야 한다는 주장은 이제 폐기되어야 한다.

  ㄱ은 어금닛소리니 군(군 君)자의 처음 나는 소리와 같다.
    나란히 쓰면 꿍(뀨 虯)자의 처음 나는 소리와 같다.

ㅋ은 어금닛소리니 쾡(쾌 快)자의 처음 나는 소리와 같다.

ㆁ은 어금닛소리니 업(업 業)자의 처음 나는 소리와 같다.

ㄷ은 혓소리니 듷(두 斗)자의 처음 나는 소리와 같다.

　나란히 쓰면 땀(땀 覃)자의 처음 나는 소리와 같다.

ㅌ은 혓소리니 톤(탄 呑)자의 처음 나는 소리와 같다.

ㄴ은 혓소리니 낭(나 那)자의 처음 나는 소리와 같다.

ㅂ은 입술소리이니 볋(별 彆)자의 처음 나는 소리와 같다.

　나란히 쓰면 뽕(뽀 步)자의 처음 나는 소리와 같다.

ㅍ은 입술소리이니 푱(표 漂)자의 처음 나는 소리와 같다.

ㅁ은 입술소리이니 밍(미 彌)자의 처음 나는 소리와 같다.

ㅈ은 잇소리이니 즉(즉 卽)자의 처음 나는 소리와 같다.

　나란히 쓰면 쫑(쯔 慈)자의 처음 나는 소리와 같다.

ㅊ은 잇소리이니 침(침 侵)자의 처음 나는 소리와 같다.

ㅅ은 잇소리이니 슗(슐 戌)자의 처음 나는 소리와 같다.

　나란히 쓰면 썅(싸 邪)자의 처음 나는 소리와 같다.

ㆆ은 목구멍소리니 흡(읍 挹)자의 처음 나는 소리와 같다.

ㅎ은 목구멍소리니 헝(허 虛)자의 처음 나는 소리와 같다.

　나란히 쓰면 뽕(뽕 洪)자의 처음 나는 소리와 같다.

ㅇ은 목구멍소리니 욕(욕 欲)자의 처음 나는 소리와 같다.

ㄹ은 반혓소리이니 령(려 閭)자의 처음 나는 소리와 같다.

△은 반잇소리이니 샹(양 穰)자의 처음 나는 소리와 같다.

● 는 **톤(呑)** 자의 가운뎃소리와 같다.

ㅡ 는 **즉(卽)** 자의 가운뎃소리와 같다.

ㅣ 는 **침(侵)** 자의 가운뎃소리와 같다.

ㅗ 는 **뽕(洪)** 자의 가운뎃소리와 같다.

ㅏ 는 **땀(覃)** 자의 가운뎃소리와 같다.

ㅜ 는 **군(君)** 자의 가운뎃소리와 같다.

ㅓ 는 **업(業)** 자의 가운뎃소리와 같다.

ㅛ 는 **욕(欲)** 자의 가운뎃소리와 같다.

ㅑ 는 **샹(穰)** 자의 가운뎃소리와 같다.

ㅠ 는 **슗(戌)** 자의 가운뎃소리와 같다.

ㅕ 는 **볋(彆)** 자의 가운뎃소리와 같다.

끝소리에는 첫소리를 다시 쓴다. ㅇ을 입술소리 아래에 이어 쓰면 입술가벼운소리가 된다. 첫소리를 합쳐 쓸 때는 나란히 쓴다. 끝소리 도 마찬가지이다.

● ㅡ ㅗ ㅜ ㅛ ㅠ는 첫소리 아래에 붙여 쓰고 ㅣ ㅏ ㅓ ㅑ ㅕ는 첫 소리 오른쪽에 붙여 쓴다.

가운뎃소리 열 한자는 첫소리와 합하여야 음을 이루니 왼쪽에 점이 하나면 거성이요, 둘이면 상성이요, 없으면 평성이다. 입성은 가점한 것은 같으나 발음이 촉급하다.

방점–중성의 장단 또는 고저 또는 방언에 따른 억양의 구분으로 보는 2가 지 설이 있다.

훈민정음의 풀이와 보기

글자 지은 풀이

우주의 섭리는 오로지 창조주의 조화로운 기운인 한알 어머니와 한얼 아버지뿐이다. [음-한알 어머니, 양-한얼 아버지] 만물 생성의 근원이자 생명을 태동하는 조화로운 창조의 기운을 태극이라 하고 [곤괘와 복괘의 사이가 태극이 되고(坤復之間爲太極)] 움직임과 고요함을 음양이라 하니 그 또한 한알 어머니와 한얼 아버지인 태극이다. 무릇 생명을 지니고서 이 세상에 있는 자 태극의 기운인 음양을 떠나서 어찌 존재할 수 있겠는가! 그러므로 사람의 목소리에도 다 그러한 이치가 있으나 다만 사람이 살피지 못할 뿐이다. 이제 정음을 지으신 것도 처음부터 재주로 만들고 힘으로 찾아낸 것이 아니라 다만 그 소리에 따라 태극의 이치를 다하였을 뿐이다. 그 이치가 서로 둘이 아니니 어찌 하늘의 섭리인 28수[天地鬼神]의 운행원리와 더불어 그 쓰임을 같이 하지 않을 수 있겠는가. 훈민정음 28자도 천문28수의 운행원리에 맞추어 만든 것이다.

첫소리는 모두 열 일곱자이니 어금닛소리 ㄱ은 혀뿌리가 목구멍을 닫는 형상을 본뜨고, 혓소리 ㄴ은 혀가 웃잇몸에 닿는 형상을 본뜨고, 입술소리 ㅁ은 입술을 다문 형상을 본뜨고, 잇소리 ㅅ은 이의 형상을 본뜨고, 목구멍소리 ㅇ은 목구멍의 형상을 본뜬 것이다. ㅋ은 ㄱ에 비하여 소리가 조금 빠르므로 획을 더하고, ㄴ이 ㄷ, ㄷ이 ㅌ으로, ㅁ이 ㅂ, ㅂ이 ㅍ으로, ㅅ이 ㅈ, ㅈ이 ㅊ으로, ㅇ이 ㆆ, ㆆ이 ㅎ으로 그 소리로 인하여 획을 더한 뜻은 다 같으나 오직 ㅇ만은 다르다. 반혓소리 ㄹ과 반잇소리 △역시 혀와 이의 형상을 본 떴으나 그 모양이 다를 뿐 가획한 뜻은 없다.

대저 사람이 소리를 내는 것도 우주의 운행 질서[五行]에 근본 하므로 사시四時에 합하여도 거슬림이 없으며 오음五音에 맞추어 보아도 틀림이 없다.

목구멍은 깊고 물기에 젖어 있으니 수水라, 소리가 허하고 잘 통하니 물이 맑아 훤하고 잘 흐르는 것과 같다. 사시로는 겨울이 되고 오음으로는 우羽가 된다.

어금니는 얽히고 크니 목木이라, 목구멍소리와 비슷하며 실하니 나무가 물에서 나되 형상이 있는 것과 같다. 사시로는 봄이 되며 오음으로는 각角이 된다.

혀는 날카롭고 움직이니 화火라, 소리가 구르고 날으니 불이 굴러 퍼지며 훨훨 타오름과 같다. 사시로는 여름이 되며 오음으로는 치徵가 된다.

이는 단단하고 끊으니 금金이라, 소리가 부서져 부딪침은 쇠가 부서져서 단련됨과 같다. 사시로는 가을이 되며 오음으로는 상商이 된다.

입술은 모나고 다무니 토土라, 소리가 머금고 넓음은 흙이 만물을 함축하여 광대함과 같다. 사시로는 계하季夏가 되고 오음으로는 궁宮이 된다.

그러나 수水는 만물을 나게 하는 근원이며 화火는 만물을 이루게 하는 작용이라 오행 중에서 수와 화가 크니,

[천일생수天一生水 - 원자번호 1번 수소, 물(水)]
[지이생화地二生火 - 원자번호 2번 헬륨, 불(火)]

목구멍은 소리를 내는 문(門)이요 혀는 소리를 가르는 고동(管)이다. 그러므로 오음을 내는 데에는 목구멍(水)과 혀(火)가 주장이 된다.

목구멍은 뒤에 있고 어금니는 그 다음에 있으니 북과 동의 자리이며 혀와 이가 또 그 다음에 있으니 남, 서의 자리다.

[간혹 어떤 이는 이것을 억지로 오행에 끼워 맞춘 것이라고 혹평을 하는 이도 있으나 그렇지 않다. 이것은 사람을 남향하게 앉혀놓고 관찰자가 동쪽에 서서 앉아있는 사람의 왼쪽 뺨을 보면서 혀가 움직이는 모양과 목구멍과 어금니, 입술 등의 위치 등을 설명한 것으로 지극히 합리적인 관찰 방법이다.]

입술은 끝에 있으니 토가 일정한 자리가 없이 사시의 끝에 붙어서 왕성하게 하는 뜻이다. 이로써 첫소리는 스스로 음양과 오행, 방위, 수를 지니고 있다.

또 목소리의 청탁으로 말하면 ㄱ ㄷ ㅂ ㅈ ㅅ ㆆ은 전청이 되고, ㅋ ㅌ ㅍ ㅊ ㅎ은 차청이 되고, ㄲ ㄸ ㅃ ㅆ ㅉ ㆅ은 전탁이 되고, ㅇ ㄴ ㅁ ㆁ ㄹ ㅿ은 불청불탁이 된다.

ㄴ ㅁ ㅇ 은 그 소리가 가장 빠르지 않기 때문에 글자의 배열 차례로는 비록 뒤에 있지만 형상을 본떠서 글자를 만드는 데는 그 시초가 되었다.

ㅅ ㅈ은 비록 둘 다 전청이지만, ㅅ은 ㅈ에 비해 소리가 빠르지 않기 때문에 역시 글자 만드는 시초가 되었다.

오직 어금닛소리의 ㆁ(여린ㄱ)만은 비록 혀뿌리가 목구멍을 닫고 소리와 기운이 콧구멍으로 나가지만 그 소리가 ㅇ과 서로 비슷하기 때문에 운서에서는 ㆁ과 ㅇ을 서로 혼용함이 많다.

그런데 그 형상을 목구멍에서 취하여 어금닛소리의 글자 만드는 시초가 되지 않은 것은 대개 목구멍은 수에 속하고 어금니는 목에 속하는데, ㆁ은 비록 어금니에 있지만 ㅇ과 서로 비슷한 것은 마치 나무의 움이 물에서 금방 나서 새싹처럼 부드럽고 여려서 아직 물기가 많음과 같기 때문이다. ㄱ은 나무의 바탕을 이룸이며, ㅋ은 나무가 무성히 자람이요, ㄲ은 나무가 늙어 굳셈이니, 그러므로 이것까지는 형상을 모두다 어금니에서 취한 것이다.

전청을 나란히 쓰면 전탁이 되는 것은 전청의 소리가 느려져서 전탁이 되기 때문이다. 오직 목구멍소리는 차청(ㆆ)이 전탁(ㆅ)이 되니 ㆆ는 소리가 깊어서 느리지 않으며, ㆅ은 ㆆ보다 소리가 얕으므로 느려져서 전탁이 되기 때문이다.

ㅇ을 입술소리 아래에 이어 쓰면 입술 가벼운 소리가 되는 것은 입술이 잠깐 합하지만 목구멍소리가 많아서 가벼운 소리가 되기 때문이다.

가운뎃소리는 열 한자이니,

• 는 혀가 오그라들고 소리가 깊으니 하늘이 자子에서 열림이라, 형상이 둥근 것은 하늘을 본뜬 것이다.

ㅡ 는 혀가 조금 오그라들고 소리가 깊지도 얕지도 않으니 땅이 축丑에서 퍼짐이라, 형상이 평평한 것은 땅을 본뜬 것이다.

ㅣ 는 혀가 오그라들지 않고 소리가 얕으니, 사람이 인寅에서 남이라, 형상이 선 것은 사람을 본뜬 것이다. 이 아래의 여덟 소리는 한번은 오므리고 한번은 벌리니,

ㅗ 는 •와 같으나 입이 오므라지고, 그 형상은 •와 ㅡ가 합하여 이루어진 것이니, 하늘과 땅이 처음 사귀는 뜻을 취한 것이다.

ㅏ 는 •와 같으나 입이 벌어지고, 그 형상은 ㅣ와 •가 합하여 이

루어진 것이니, 하늘과 땅의 작용이 사물에 피어나되 사람을 기다려 이루어짐을 취한 것이다.

ㅜ 는 ─와 같으나 입이 오므라지고, 그 형상은 ─와 ● 가 합하여 이루어진 것이니, 역시 하늘과 땅이 처음 사귀는 뜻을 취한 것이다.

ㅓ 는 ─와 같으나 입이 벌어지고, 그 형상은 ● 와 ㅣ 가 합하여 이루어진 것이니 역시 하늘과 땅의 작용이 사물에 피어나되 사람을 기다려 이루어짐을 뜻한 것이다.

ㅛ 는 ㅗ와 같으나 ㅣ에서 일어났고,
ㅑ 는 ㅏ와 같으나 ㅣ에서 일어났고,
ㅠ 는 ㅜ와 같으나 ㅣ에서 일어났고,
ㅕ 는 ㅓ와 같으나 ㅣ에서 일어났다.

ㅗ ㅏ ㅜ ㅓ는 하늘과 땅에서 시작되었으니 초출初出이라 하고 ㅛ ㅑ ㅠ ㅕ는 ㅣ에서 일어나서 사람을 겸하니 재출再出이라 한다. ㅗ ㅏ ㅜ ㅓ가 원(●)이 하나인 것은 처음 난 뜻을 취한 것이며 ㅛ ㅑ ㅠ ㅕ가 원(●)이 둘인 것은 두 번째 난 뜻을 취한 것이다. ㅗ ㅏ ㅛ ㅑ의 원이 위와 밖(오른편)에 있는 것은 하늘에서 나서 양이 되기 때문이며, ㅜ ㅓ ㅠ ㅕ의 원이 아래와 안(왼편)에 있는 것은 땅에서 나서 음이 되기 때문이다.

ㆍ가 ㅗ ㅏ ㅜ ㅓ ㅛ ㅑ ㅠ ㅕ의 여덟 소리에 모두 꿰어 있는 것은 마치 양이 음을 거느려서 만물을 두루 흐름과 같고, 그 중 ㅛ ㅑ ㅠ ㅕ가 모두다 사람을 겸하고 있는 것은 사람은 만물의 영장으로서 능히 하늘과 땅의 일에 참여하기 때문이다. 형상을 천, 지, 인에서 취하니 삼재의 이치가 구비 되었다.

그러나 삼재는 만물의 선두가 되고 하늘은 또 삼재의 처음이 되는 것이 마치,

ㆍ ㅡ ㅣ 석자가 ㅗ ㅏ ㅜ ㅓ ㅛ ㅑ ㅠ ㅕ의 여덟 소리의 머리가 되고 ㆍ ㅡ ㅣ 3자 중 ㆍ는 ㅡ ㅣ의 갓이 되는 것과 같다.

ㅗ 가 처음으로 하늘에서 나니 천일생수天一生水의 자리이며
　[천일생수天一生水 - 원자번호 1번 수소, 물(水)]

ㅏ 가 다음이 되니 천삼생목天三生木의 자리이다.
ㅜ 가 처음으로 땅에서 나니 지이생화地二生火의 자리이며
[지이생화地二生火 - 원자번호 2번 헬륨, 불(火)]

ㅓ 가 다음이 되니 지사생금地四生金의 자리이다.
ㅛ 는 두 번째로 하늘에서 나니 천칠성화天七成火의 수數이며

ㅑ 가 다음이 되니 천구성금天九成金의 수이다.

ㅠ가 두 번째로 땅에서 나니 지륙성수地六成水의 수이며 ㅕ가 다음
이 되니 지팔성목地八成木의 수이다.

ㅗ와 ㅜ는 태극의 기운에서 떠나지 못하여 음과 양이 처음으로 교
합하므로 오므라지고 ㅏ와 ㅓ는 음과 양이 고정한 질이므로 벌어진
다. (ㅗ와 ㅜ는 팔괘의 간괘와 태괘의 기운, ㅏ와 ㅓ는 이괘와 감괘의 기운)

●는 천오생토의 자리이며 ㅡ는 지십성토의 수이다. ㅣ만이 홀로
자리와 수가 없는 것은 대개 사람은 창조주의 조화로운 힘과 정기가
묘하게 합하여 엉긴 존재라서 원래 일정한 자리와 온전한 수를 논할
수 없기 때문이다.

이로써 가운뎃소리 역시 스스로 창조주의 조화로운 기운인 음양과
오행, 방위, 수를 지니고 있다.
첫소리와 가운뎃소리에 대하여 말하면 음양은 하늘의 이치요 강유
는 땅의 이치라. 가운뎃소리는 어떤 것은 깊고 어떤 것은 얕으며, 어
떤 경우는 오므리고 어떤 경우에는 벌리니 이것은 음양이 나누어져
오행의 기운이 갖추어진 것이니 하늘의 작용이라.

첫소리는 어떤 것은 허하며 어떤 것은 실하기도 하고 어떤 것은 날
리기도 하고 어떤 것은 걸리기도 하고 혹 어떤 것은 무겁기도 하며 가
볍기도 하니 이것은 강유가 나타나서 오행의 바탕이 이루어진 것이니
땅의 공로다.

가운뎃소리가 깊고 얕고 오므리고 벌리는 것으로 앞에서 부르고 첫소리가 오음의 맑고 흐린 것으로 뒤에서 화하여 첫소리가 다시 끝소리가 되니 만물이 땅 [어머니]에서 나서 다시 땅 [어머니의 품]으로 돌아가는 이치와 같다.

첫소리와 가운뎃소리와 끝소리가 합하여 이룬 글자로 말하자면 움직이고 고요함이 서로 뿌리박고 음과 양이 사귀어서 변하는 뜻이 있으니 능동은 하늘이요, 수동은 땅이며 능동과 수동을 겸한 것이 사람이다. 대개 오행이 하늘에 있어서는 신(神)의 운행이며 땅에 있어서는 질(質)의 이룸이라. 사람에게는 인, 예, 신, 의, 지는 신(神)의 운행이며 간, 심, 비, 폐, 신은 질(質)의 이룸이다.

첫소리는 피어나고 움직이는 뜻이 있으니 하늘의 일이며, 끝소리는 그쳐서 멈추는 뜻이 있으니 땅의 일이며, 가운뎃소리는 첫소리가 생하는 것을 이어서 끝소리를 이루는 데에 접하니 사람의 일이다. 대개 자운의 중요함이 가운뎃소리에 있으니 첫소리와 끝소리가 가운뎃소리와 합하여 음을 이루는 것이 마치 하늘과 땅이 만물을 생하지만 모아서 이루고 돕는 것은 반드시 사람의 힘에 의뢰함과 같다. 끝소리에 첫소리를 다시 쓰는 것은 그 움직여서 양인 것도 건이요 고요하여 음인 것도 역시 건이니 건이 실하여 음과 양으로 나누어져 다스리고 주관하지 않음이 없기 때문이다.

[양은 한얼 아버지며 음은 한알 어머니로서 양은 한얼님이고 음은 한알님

이니 결국 음양인 한얼님과 한알님 즉 창조주가 다스리고 주관하지 않음이 없기 때문이다.] 〈단원Ⅳ. 중성과 초성의 배열원리 1. 3)오행과 4원소, 태극과 삼극 참조〉

창조주인 태극의 하나님의 조화로운 기운은 [一元之氣] 두루 흘러서 다함이 없고 사시의 운행이 끝없이 순환하니 끝난 데서 다시 시작하고 겨울이 지나면 다시 봄이 되는 것이니, 첫소리가 다시 끝소리가 되고 끝소리가 다시 첫소리가 되는 것도 역시 이와 같은 이치이다.

아아! 정음 만들어진 것이 천지만물의 이치가 다 구비 되었으니 참으로 신기하다. 이것은 필시 하늘이 세종성왕의 마음에 계시를 내려 그 손을 빌린 것이리라.

칠언절구로 요약하면,

우주조화의 근본은 창조주의 힘이니[本一氣]
조화로운 창조주의 힘[陰陽 五行]은 끝없이 순환하네.
만물이 그 안에서 형성形聲을 지니지만
근본은 둘이 아니니 이理와 수數로 통하네.
정음 제작도 그 원리를 본뜨니
그 이치에 따라 획을 더하였네.
아, 설, 순, 치, 후에서 나는 소리
이것이 첫소리 열일곱 자이네.

어금닛소리는 혀뿌리가 목구멍을 닫는 형상 취하나

오직 ㆁ은 ㅇ과 비슷하지만 뜻 취함이 다르네.

혓소리는 혀가 웃잇몸에 닿는 형상 본떴고

입술소리는 그야말로 입의 모양 취했네.

잇소리와 목구멍소리는 곧 이와 목구멍 형상을 취하니

이 다섯 뜻을 알면 소리 절로 알겠네.

또 반혓소리와 반잇소리가 있으니

형상을 취한 것은 같으나 모양은 다르네.

ㄴ ㅁ ㅅ ㅇ 은 소리가 빠르지 않으므로

차례로는 뒤에 있으나 형상 본뜬 것은 먼저이네.

이를 사시와 충기에 배합 하여도

오행과 오음이 맞지 않음이 없네.

목구멍은 수가 되니 겨울과 우羽요.

어금니는 봄과 목이니 그 소리는 각角이요.

치徵소리는 여름과 화니 이것이 혓소리요.

잇소리는 상商과 가을이니 이 또한 금이요.

입술소리는 본래 일정한 위치와 수가 없으니

토로서 계하季夏이며 궁宮이 되네.

소리에는 또한 스스로 청탁이 있으니

첫소리 피어남을 자세히 살펴야 하네.

전청은 ㄱ ㄷ ㅂ이며

ㅈ ㅅ ㆆ 역시 전청이네.

ㅋ ㅌ ㅍ ㅊ ㅎ은 같은 것은

다섯 소리가 모두다 차청이 되네.

전탁은 ㄲ ㄸ ㅃ이며

또 ㅉ ㅆ이 있으며 역시 ㆅ도 있네.

전청을 나란히 쓰면 전탁이 되지만

오직 ㆅ은 차청인 ㅎ에서 된 것 만이 다르네.

ㆁ ㄴ ㅁ ㅇ과 ㄹ ㅿ는

그 소리가 맑지도 흐리지도 않네.

ㅇ을 이어 쓰면 입술 가벼운 소리가 되니

목구멍소리가 많으며 입술은 잠깐 합하네.

가운뎃소리 열 한자 역시 형상 본뜨니

그 정교한 뜻을 다 알기에는 아직 이르네.

●는 하늘을 본떠 소리 가장 깊으니

둥근 형상 취하여 탄환과 같네.

ㅡ는 깊지도 않고 얕지도 않으니

그 모양이 평평함은 땅을 본뜬 것이네.

ㅣ는 사람이 선 모양을 본떴으며 소리가 얕으니

삼재의 이치가 이에 다 갖추어졌네.

ㅗ는 하늘에서 나서 오므라지니 [팔괘의 간괘의 기운]

둥근 하늘과 평평한 땅을 합한 형상 취하였네.

ㅏ 역시 하늘에서 나서 벌어지니 [이괘의 기운]

사물에 피어나되 사람에서 이룸이라.

처음 나는 뜻을 써서 둥근꼴이 하나요. (ㅗ, ㅏ)

하늘에서 나와 양이 되어 위와 밖(오른편)에 있네.

ㅛ ㅑ는 사람을 겸하여 두 번째 나니[ㅛ는 건괘의 기운, ㅑ는 손괘
의 기운]

둥근꼴을 둘로 하여 그 뜻 나타내었네. (ㅛ, ㅑ)

ㅜ ㅓ ㅠ ㅕ는 땅에서 나니[ㅜ는 태괘의 기운, ㅓ는 감괘의 기운, ㅠ
는 곤괘의 기운, ㅕ는 진괘의 기운]

예에 미루어 보면 절로 알 것이니 또 무엇을 이르리요.

● 는 ㅗ ㅏ ㅜ ㅓ ㅛ ㅑ ㅠ ㅕ여덟 소리에 꿰었으니

하늘의 작용이 두루 흐름이라.

ㅛ ㅑ ㅠ ㅕ 네 소리가 사람을 겸한 것도 역시 까닭이 있으니

사람이 하늘과 땅에 참여하여 가장 신령한 존재가 되기 때문일
세.

또 ● ― ㅣ 세 가지 소리가 천지인으로 합일되는 지극한 이치를
연구하면

저절로 강유와 음양을 알 수 있네.

가운뎃소리는 하늘의 작용이라 음양으로 분별되고

첫소리는 땅의 공로라 강유로 나타나네.

가운뎃소리 부르매 첫소리 화하니

하늘이 땅보다 앞섬이 자연의 이치일세.

화하는 것이 첫소리도 되고 끝소리도 되니

만물이 나서 결국은 땅(어머니의 품)으로 되돌아가는 이치와 같음
이라. (만물이 결국은 자연으로 화하는 이치)

음이 변해 양이 되고 양이 변해 음이 되니

움직이고 고요함이 근원은 하나이네.

첫소리는 다시 피어나는 뜻을 지니고 있으니

양이 되어 움직이니 하늘의 주장이 되고

끝소리는 땅에 비유되며 음의 고요함이니

글자의 소리 여기서 그쳐 정하네.

자운의 긴요함이 가운뎃소리의 작용에 있으니

사람이 능히 천지의 뜻을 보필하여 돕는 것과 같네.

양의 쓰임이 음에 통하니

극에 도달하면 다시 돌아오네.

첫소리와 끝소리가 두 가지의 거동으로 나누어지나

끝소리에 첫소리를 쓰는 뜻 알겠네.

정음 글자 스물여덟 자 뿐 이지만

깊은 속 찾아내어 자세하게 두루 맞춰 깊고 오묘한 뜻 다하였네.

정음 만든 뜻은 이렇듯 깊으나 쓰기에는 편하여 백성들이 배워 깨우치기 쉬우니

창조주의 섭리에 따랐을 뿐 어찌 꾀와 재주로 하였으리요.

첫소리 풀이

정음의 첫소리는 운서의 자모이다. 소리가 이로 말미암아 나므로 어미라고 하는 것이다. 어금닛소리에 있어서 **군**자의 첫소리는 ㄱ이니 ㄱ과 ㅜ가 합하여 **군**이 되고, **쾌**자의 첫소리는 ㅋ이니 ㅋ과 ㅙ가 합하여 **쾌**가 되며 **ㄲ**자의 첫소리는 ㄲ이니 ㄲ과 ㅠ가 합하여 **ㄲ**가 되고, 업자의 첫소리는 ㆁ이니 ㆁ과 **ㅓㅂ**이 합하여 **업**이 되는 것과 같은 것

이다.

혓소리의 ㄷ ㅌ ㄸ ㄴ과 입술소리인 ㅂ ㅍ ㅃ ㅁ과 잇소리인 ㅈ ㅊ ㅉ ㅅ ㅆ과 목구멍소리인 ㆆ ㅎ ㆅ ㅇ과 반혓소리 ㄹ과 반잇소리 △도 모두다 이와 같다.

칠언절구로 요약하면,

　　ㄱ ㅋ ㄲ ㆁ은 어금닛소리요
　　혓소리는 ㄷ ㅌ ㄸ ㄴ이네.
　　ㅂ ㅍ ㅃ ㅁ은 입술소리요
　　잇소리로는 ㅈ ㅊ ㅉ ㅅ ㅆ이 있네.
　　ㆆ ㅎ ㆅ ㅇ은 목구멍소리요
　　ㄹ은 반혓소리요 △은 반잇소리네.
　　스물 석자 이것이 자모가 되니
　　모든 소리가 다 이로부터 나네.

가운뎃소리 풀이

가운뎃소리란 자운의 가운데에서 첫소리와 끝소리를 합하여 소리를 이루는 것이니 즉 **톤**자의 가운뎃소리는 ●이니, ●가 ㅌ과 ㄴ사이에 있어서 **톤**이 되며, 즉자의 가운뎃소리는 ─이니, ─가 ㅈ과 ㄱ사이에 있어서 **즉**이 되며 침자의 가운뎃소리는 ㅣ이니, ㅣ가 ㅊ과 ㅁ의 사이에 있어서 **침**이 되는 것과 같다.

뽕 땀 군 업 욕 샹 슗(슐) **뼗**(별)도 모두 이와 같다. 두 글자를 합하여 쓰는 것은 것 중 ㅗ와 ㅏ는 다 같이 ● 에서 나므로 합하여 ㅘ가 되고, ㅛ와 ㅑ는 또한 다 같이 ㅣ에서 나므로 합하여 ㅛㅑ가 되며, ㅜ와 ㅓ는 다 같이 ㅡ 에서 나므로 합하여 ㅝ가 되며, ㅠ와 ㅕ는 또한 다 같이 ㅣ에서 나므로 합하여 ㅠㅕ가 되니, 그것은 같은 데서 나와서 무리가 되므로 서로 합하여 어긋나지 않기 때문이다.

한 글자로 된 가운뎃소리가 ㅣ와 서로 합한 것이 열이니 ㅓ, ㅢ, ㅚ, ㅐ, ㅟ, ㅔ, ㅛㅣ, ㅒ, ㅠㅣ, ㅖ가 이것이요, 두 글자로 된 가운뎃소리가 ㅣ와 서로 합한 것이 넷이니 ㅙ, ㅞ, ㅛㅒ, ㅠㅖ가 이것이다. ㅣ가 깊고 얕고 오므리고 벌리는 소리에 능히 서로 잘 따르는 것은 혀가 펴지고 소리가 얕아서 입을 여는 것이 편하기 때문이다. 또한 사람이 만물을 여는데 참여하고 도와서 통하지 않는 바가 없음을 보여주는 것이다.

칠언절구로 요약하면,

글자마다 나는 소리 각각 가운뎃소리에 있으니
반드시 가운뎃소리에 따라 벌리고 오므림 찾아야 하네.
ㅗ와 ㅏ는 ● 에서 난 것이니 합하여 쓸 수 있으며
ㅜ와 ㅓ는 ㅡ 에서 난 것이니 역시 합하여 쓸 수 있네.
ㅛ는 ㅑ와, ㅠ는 ㅕ와 서로 더불어
각각 따르는 바 있으니 뜻을 미뤄보면 알 것이네.

ㅣ자의 쓰임이 가장 많으니

열 네 소리에 두루 두루 따르네.

끝소리 풀이

끝소리란 첫소리와 가운뎃소리를 이어받아 자운을 이루는 것이니 곧 즉자의 끝소리가 ㄱ이니 즈의 끝에 있어 즉이 되며, **뽕**자의 끝소리는 ㆁ이니 ㆁ이 **뽀**의 끝에 있어서 **뽕**이 되는 것과 같다. 혓소리, 입술소리, 잇소리, 목구멍소리도 모두 마찬가지이다.

소리에는 느리고 빠른 차이가 있으므로 평성, 상성, 거성은 그 끝소리가 입성과 같이 촉급하지 않다. 불청불탁의 글자는 그 소리가 빠르지 않으므로 끝소리에 쓰이면 평성과 상성과 거성에 마땅하고 전청, 차청, 전탁의 글자는 그 소리가 빠르므로 끝소리에 쓰이면 입성에 마땅하다. 그러므로 ㆁ ㄴ ㅁ ㅇ ㄹ ㅿ의 여섯 글자는 평성, 상성, 거성의 끝소리가 되고 그 밖의 글자들은 입성의 끝소리가 된다.

그러나 끝소리는 ㄱ ㆁ ㄷ ㄴ ㅂ ㅁ ㅅ ㄹ의 여덟 글자로 충분히 쓸 수 있으니 가령 **빗곶**이 이화梨花요, **엿의갗**이 호피狐皮지만 ㅅ자로 통용할 수 있으므로 ㅅ자를 쓰는 것이다.

또 ㅇ은 소리가 맑고 비어 반드시 끝소리에 쓰지 않아도 가운뎃소리만으로 음을 이룰 수 있다.

ㄷ은 **볃**彆자의 끝소리가 되며, ㄴ은 **군**君자의 끝소리가 되고, ㅂ은 **업**業자의 끝소리가 되며 ㅁ은 **땀**覃자의 끝소리가 되고 ㅅ은 우리말인 **옷**(衣)자의 끝소리가 되며, ㄹ은 우리말인 **:실**(絲)자의 끝소리가 되는 것과 같다.

오음의 느리고 급한 것이 역시 저절로 대對가 되니, 어금닛소리인 ㅇ과 ㄱ이 대가 되어 ㅇ을 되게 부르면 변하여 ㄱ이 되어 급하여지고 ㄱ을 느슨하게 내면 변하여 ㅇ이 되어 늘어진다.

혓소리인 ㄴ과 ㄷ, 입술소리인 ㅁ과 ㅂ, 잇소리인 △와 ㅅ, 목구멍소리인 ㅇ과 ㅎ도 그 느리고 급한 것이 서로 대가 되는 것이 역시 이와 같다.

또 반혓소리 ㄹ은 당연히 우리말에 쓰일 것이며 한문 글자의 음에 써서는 안 될 것이다. 입성인 **彆**자의 끝소리에는 당연히 ㄷ을 써서 **볃**으로 해야 한다. 시속에 익혀 읽기를 ㄹ(**볋**)로 읽으니 대개 ㄷ이 변하여 가볍게 된 것이다. 만약 ㄹ로서 **彆**자의 끝소리를 써서 **볋**로 쓰게 되면 그 소리가 퍼지고 늘어져 입성이 되지 않는다.

칠언절구로 요약하면,

불청불탁을 끝소리에 쓰면
평성, 상성, 거성은 되나 입성은 아니 되네.
전청 차청 및 전탁의 소리들은

모두다 입성으로 그 소리가 촉급하다.

첫소리를 끝소리로 쓰는 원래 이치는 그렇지만

ㄱ ㆁ ㄷ ㄴ ㅂ ㅁ ㅅ ㄹ 여덟 자 만으로도 쓰는 데에 막힘이 없네.

다만 ㅇ소리가 있어야 마땅할 자리에는

가운뎃소리로만 음을 이루어도 또한 잘 통한다.

만일 즉자를 쓸 때는 ㄱ을 끝에 쓰고

훃과 별은 ㆁ과 ㄷ으로 끝마치네.

군과 업과 땀자의 끝소리는 또 어떠한가.

ㄴ, ㅂ, ㅁ으로 차례 따라 미루어 알겠네.

ㄱ ㆁ ㄷ ㄴ ㅂ ㅁ 여섯 소리는 한자나 우리말에 두루 쓰고

ㅅ과 ㄹ은 우리말의 옷과 :실에 쓰이네.

오음의 느리고 급한 것이 각각 저절로 대가 되니

ㄱ소리는 ㆁ소리가 되게 남이요.

ㄷ ㅂ소리 늘어지면 ㄴ과 ㅁ이 되고

ㅿ ㅇ 역시 ㅅ과 ㆆ의 대가 되네.

ㄹ은 우리말에 마땅히 쓰나 한자에는 맞지 않으나

ㄷ을 가볍게 내어 ㄹ되기도 함은 시속의 습관일세.

글자 합한 풀이

초, 중, 종성 세 소리가 합하여 글자를 이루니(천인지 3합의 원리) 첫소리는 가운뎃소리의 위와 왼쪽에 위치하니 이를테면 군자의 ㄱ이 ㅜ의 위에 위치하고 업자의 ㆁ이 ㅓ의 왼쪽에 위치하는 것과 같다. 가운

뎃소리에서 둥근 것과 가로 된 것은 첫소리의 아래에 위치하니 ᆞ ㅡ
ㅗ ㅛ ㅜ ㅠ가 이것이요, 세로 된 것은 첫소리의 오른쪽에 위치하니
ㅣ ㅏ ㅑ ㅓ ㅕ가 이것이다. 즉 **튼**자의 ᆞ는 ㅌ의 아래에 위치하고
즉자의 ㅡ는 ㅈ의 아래에 위치하며 침자의 ㅣ는 ㅊ의 오른쪽에 위치
하는 것과 같다. 끝소리는 첫소리와 가운뎃소리의 아래에 위치하니
군자의 ㄴ이 ㅜ의 아래에 위치하며 업자의 ㅂ이 ㅓ의 아래에 위치하
는 것과 같다.

첫소리를 두자나 석자로 합하여 쓸 때에는 나란히 쓰니 우리말의
·짜(地 땅), **따**(雙 짝), **·쁨**(隙 틈)과 같다. 각각 같은 글자를 나란히 쓸
때에는 이를테면 우리말의 **·혀**는 舌(혀)이 되고 **·혀**는 引(화살을 당김)
이 되고 **괴·여**는 我愛人(내가 사랑하는 사람)이 되고 **괴·여**는 人愛我(나
를 사랑하는 사람)이 되고 **소·다**는 覆物(엎지르는 것)이 되고 **쏘·다**는 射
之(활을 쏘는 것)가 되는 따위와 같다.

가운뎃소리를 두자나 석자로 합하여 쓸 때에는 우리말의 **·콰**(琴柱
안족)나 **·홰**(炬 횃불)와 같다.

끝소리를 두자나 석자로 합하여 쓸 때에는 우리말의 **흙**(土 흙)과 **·**
낛(釣 낚시)과 **둚·뻬**(酉時 닭때)와 같다. 합하여 쓸 때와 나란히 쓸 때에
는 왼쪽에서 오른쪽으로 쓰니 초, 중, 종성에 있어서도 모두 마찬가지
이다.

한자와 우리말을 섞어 쓸 때는 글자의 소리에 따라 가운뎃소리나

끝소리로 보충하는 일이 있으니 **孔子ㅣ**, **魯人:사롬** 등과 같다.

　우리말의 평, 상, 거, 입성에 대하여 말하면 활(ㅁ 활)은 그 소리가 평성이요, **:돌**(石 돌)은 상성이요. **·갈**(刀 칼)은 거성이요, **붇**(筆 붓)은 그 소리가 입성이 되는 것과 같다.

　글자의 왼쪽에 한점을 찍으면 거성이 되고 두점을 찍으면 상성이 되며 점을 찍지 않으면 평성이 된다. 한자의 입성은 거성과 비슷하지만 우리말의 입성은 일정함이 없어서 때로는 평성과 비슷하니 **긷**(柱 기둥), **녑**(脅 옆구리)과 같으며, 때로는 상성과 비슷하니 **:낟**(穀 낟알), **:깁**(繒 비단)과 같으며 때로는 거성과 비슷하니 **·몯**(釘 못), **·입**(口 입) 등과 같으니 가점하는 것은 평성, 상성, 거성과 같다.

　평성은 편안하고 화평하니 봄이라 만물이 피어나 자라고, 상성은 화평하고 높으니 여름이라 만물이 점점 성하고, 거성은 높고 굳세니 가을이라 만물이 성숙하고, 입성은 촉급하고 막히니 겨울이라, 만물이 닫히고 감추어진다.

　첫소리의 ㆆ과 ㅇ은 서로 비슷하여 우리말에서는 서로 통용하여 쓸 수 있다. 반혓소리에는 무겁고 가벼운 두 가지의 음(l 과 r)이 있지만 운서에서의 자모는 오직 ㄹ 하나 뿐이다. 또 우리말에서는 가벼운 소리와 무거운 소리를 나누지 않고 모두 소리를 이루지만 만일 갖추어 쓰고자 하면 입술 가벼운 소리의 예에 따라 ㅇ을 ㄹ의 아래에 써서(ᄛ =r) 반 혀 가벼운 소리를 만들 수 있으니 혀가 잠깐 웃잇몸에 닿는 소리이다.

● ㅡ가 ㅣ에서 일어나는 소리는 우리말에는 사용되지 않으나 어린이의 말이나 시골말에 가끔 있으니 당연히 두 자를 합하여 쓰되 ㄱ, ㄴ 등과 같은 것이니 세로를 먼저 쓰고 뒤에 가로로 쓰는 것이 다른 글자와는 다르다.

칠언절구로 다시 정리하면,

첫소리는 가운뎃소리의 왼쪽과 위에 있고
ㆆ과 ㅇ은 우리말에 서로 같이 쓰이네.
가운뎃소리 열 한자가 첫소리와 붙을 때
둥근 자(●)와 가로된 자 ㅡ ㅗ ㅛ ㅜ ㅠ는 아래에 쓰고, 세로된 자 ㅣ ㅏ ㅑ ㅓ ㅕ는 오른쪽에 쓴다.
끝소리를 쓰려면 어느 곳에 쓸 것인가
첫소리와 가운뎃소리 아래 붙여 쓰면 될 것이네.
첫소리와 끝소리를 합쳐 쓸 땐 각각 나란히 쓰고
가운뎃소리 합치려면 역시 다 왼쪽으로부터 쓰네.
우리말의 사성은 어떻게 판별할까.
평성은 활이요 상성은 :돌이며
·갈은 거성이요 붇은 입성이니
이 네 가지를 살펴보면 다른 것도 알 수 있네.
음은 왼쪽의 점으로 인하여 사성으로 나누어지니
한점은 거성이요, 두 점이면 상성이요, 점이 없으면 평성이라.

우리말의 입성은 일정함이 없으나 역시 가점은 하네

한자의 입성은 거성과 비슷하다.

우리말의 일상용어가 각각 모두 달라서

소리 있으나 글자 없어 써서 통하기 어렵더니

하루아침에 지으시어 신의 조화 같으시니

거룩한 우리나라 길이길이 백성들의 눈구멍을 뚫어 주었네.

글자 쓰는 보기

첫소리의

ㄱ은 :감(柿 감), ·골(蘆 갈대)과 같은 것이며,

ㅋ은 우·케(未春稻 벼), 콩(大豆 콩)과 같으며,

ㆁ은 러·울(獺 너구리), 서·에(流澌 성에) 와 같으며,

ㄷ은 ·뒤(茅 띠풀), ·담(墻 담장)과 같은 것이며,

ㅌ은 고·티(繭 누에고치), 두텁(蟾蜍 두꺼비)과 같으며,

ㄴ은 노로(獐 노루), 납(猿 원숭이)과 같으며,

ㅂ은 불(臂 팔), :벌(蜂 꿀벌) 과 같으며,

ㅍ은 ·파(葱 파), ·풀(蠅 파리)과 같으며,

ㅁ은 :뫼(山 산), ·마(薯蕷 참마)와 같으며,

ㅸ은 사·비(蝦 새우), 드·뵈(瓠 뒤웅박)와 같으며,

ㅈ은 ·자(尺 자), 죠·히(紙 종이)와 같은 것이며,

大은 ·체(簐 체), ·채(鞭 채찍)와 같으며,

ㅅ은 ·손(手 손), :셤(島 섬)과 같으며,

ㅎ은 ·부헝(鵂鶹 부엉이), ·힘(筋 힘줄)과 같으며,

ㅇ은 ·비육(鷄雛 병아리), ·ᄇ얌(蛇 뱀)과 같으며,

ㄹ은 ·무뤼(雹 우박), 어·름(氷 얼음)과 같으며,

△은 아ᅀ(弟 아우), :너ᅀᅵ(鴇 너새)와 같은 것이다.

가운뎃소리의

·는 ·톡(頤 턱), ·ᄑᆺ(小豆 팥), ᄃ리(橋 다리), ᄀ래(楸 가래나무)와 같으며,

ㅡ는 ·믈(水 물), ·발·측(跟 발뒤꿈치), 그력(鴈 기러기), 드·레(汲器 두레박)와 같은 것이며,

ㅣ는 ·깃(巢 둥지), :밀(蠟 밀납), ·피(稷 피), ·키(箕 키)와 같은 것이다.

ㅗ는 ·논(水田 논), ·톱(鉅 톱), 호·미(鉏 호미), 벼·로(硯 벼루)와 같은 것이며,

ㅏ는 ·밥(飯 밥), ·낟(鎌 낫), 이·아(綜 잉아), 사·ᄉᆞᆷ(鹿 사슴)과 같은 것이며,

ㅜ는 **숫**(炭 숯), **·울**(籬 울타리), **누·에**(蠶 누에), **구·리**(銅 구
리)와 같은 것이며,

ㅓ는 **브섭**(竈 부엌), **:널**(板 널판), **서·리**(霜 서리), **버·들**(柳 버
드나무)과 같은 것이며,

ㅛ는 **:죵**(奴 종), **·고욤**(梬 고욤), **쇼**(牛 소), **삽됴**(蒼朮菜 삽주,
창출)와 같은 것이며,

ㅑ는 **남샹**(龜 남생이), **약**(鼅鼊 거북이), **다야**(匜 대야), **쟈감**
(蕎麥皮 메밀껍질)과 같은 것이며,

ㅠ는 **율믜**(薏苡 율무), **쥭**(飯菓 밥주걱), **슈룹**(雨繖 우산), **쥬련**
(帨 수건)과 같은 것이며,

ㅕ는 **·엿**(飴餹 엿), **뎔**(佛寺 절), **벼**(稻 벼), **:져비**(燕 제비)와
같은 것이다.

끝소리의
ㄱ은 **닥**(楮 닥나무), **독**(甕 독)과 같은 것이며,

ㆁ은 **:굼벙**(蝤蠐 굼뱅이), **올창**(蝌蚪 올챙이)과 같으며,

ㄷ은 ·간(笠 갓), 싣(楓 단풍나무)과 같은 것이며,

ㄴ은 ·신(履 신발), ·반되(螢 반디불이)와 같은 것이며,

ㅂ은 섭(薪 땔나무), ·굽(蹄 발굽)과 같은 것이며,

ㅁ은 :범(虎 범), :심(泉 샘)과 같은 것이며,

ㅅ은 :잣(海松 잣), ·못(池 연못)과 같은 것이며,

ㄹ은 ·돌(月 달), :별(星 별)등과 같은 것이다.

정인지 서문

천지자연의 소리가 있으면 반드시 천지자연의 무늬(소리의 그림자, 소리의 흔적)가 있는 법이다. 그러므로 옛사람이 그 소리를 바탕으로 하여 글자를 만들어서, 그것으로 만물의 뜻을 통하며 삼재의 이치를 실었으니, 후세 사람들이 함부로 바꿀 수 없었다.[自然之文-소리의 무늬, 소리의 흔적, 소리의 그림자(발성기관)]

그러나 사방의 풍토가 달라서 말소리도 역시 이에 따라 다르다. 대개 중국 이외의 말에는 그 소리만 있고 글자가 없어서 중국의 글자를 빌어서 쓰니 이것은 마치 모난 장부를 둥근 구멍에 끼워서 쓰는 것과 같으니 어찌 능히 통달할 수 있으며 막힘이 없겠는가. 다 각각 있는

바에 따라야 편안할 것이니 억지로 같게 해서는 안 될 것이다.

우리나라의 예악과 문장이 중국에 비기지만 다만 우리의 말이 이와 같지 않아서 글을 배우는 사람은 그 뜻을 깨닫기 어려움을 걱정하고 옥을 다스리는 사람은 그 곡절을 통하기 어려움을 걱정했다.

옛날에 신라 설총이 처음으로 이두를 만들어서 관부와 백성들이 지금까지 써 왔지만 그것도 모두다 한자를 빌어서 썼으므로 걸리거나 혹은 막히고 거기에다 비루하고 근원이 없을 뿐 아니라 언어를 적는 데는 능히 그 만분의 일도 이르지 못하였다.

계해년(세종25년 1443년)겨울에 우리 전하께서 정음 스물 여덟자를 창제하시고 대략의 보기와 뜻을 들어 보이시어 이름을 〈훈민정흠〉이 라 하시니 형상을 본떴으나 모양은 옛 전자인 가림다문 [字倣古篆] [3세 가륵 단군 때 교육부 장관격인 삼랑 을보륵이 가림다문을 만듬]과 비슷하고 소리를 따랐으나 자음은 일곱 가락에 맞는다. 삼극의 뜻과 이기의 묘 가 포함되지 않음이 없다. 스물여덟 자로써 굴리고 바꾸면 궁함이 없 어 간단하고도 요령이 있고 정묘하여 두루 잘 통한다. 그러므로 슬기 있는 자는 아침을 마치기 전에 깨칠 것이요, 아둔한 자라도 열흘이면 넉넉히 배울 수 있을 것이다.

이것으로 한문을 풀면 그 뜻을 잘 알 수 있으며 이것으로 송사를 들으면 그 사정을 잘 짐작할 수 있다. 글자의 운으로는 청탁을 잘 가릴 수 있으며, 풍류와 노래로서는 율려에 잘 맞는다. 쓰는 데마다 갖추지 않음이 없고 가는데 마다 통하지 않음이 없다. 비록 바람소리와 학의 울음소리와 닭소리와 개 짖는 소리에 이르기 까지 모두 잘 적을 수 있다.

드디어 자세한 해석을 붙여서 모든 사람들에게 알리라 명하시니 이에 신臣이 집현전 응교(집현전의 종 4품 벼슬) 신 최항과 부교리(집현전의 종 5품 벼슬) 신 박팽년, 신 신숙주와 수찬(집현전의 종 6품 벼슬) 신 성삼문과 돈녕부 주부(돈녕부의 6품에서 8품까지의 벼슬) 신 강희안과 행 집현전 부수찬(行-돈녕부 주부보다 더 높은 직위로서 종 6품의 집현전 부수찬을 맡아봄) 신 이개, 신 이선로 등과 더불어 삼가 모든 풀이와 보기를 지어서 줄거리의 대강을 썼으니 바라건데 보는 이로 하여금 스승 없이도 스스로 깨닫게 하게 함이라. 우주의 운행원리에 맞추어 만든 그 깊은 근원과 정밀하고도 오묘한 뜻은 [淵源精義之妙] 신들로서는 글로써 이루다 표현하기가 어렵다.

황공하오나 우리 전하께서는 하늘이 내리신 성인으로서 제도와 베푸심이 백대의 왕에 뛰어나시어 정음 지으신 것도 조술한 것이 아니라 [無所祖述]우주 자연인 천문 28수의 운행원리에 맞게 완성하시어 [成於自然] 그 지극한 이치가 무소 부재한 하늘의 섭리에 맞지 않는 바가 없으니[無所不在] 이를 어찌 사람의 힘으로 한 사사로운 일이라 하겠는가!

대저 동방에 나라 있은 지 오래지 아니 됨이 아니지만 만물을 열어 놓고 그 일을 성취하는 큰 지혜는 오늘의 전하를 기다렸음인저!

정통 11년(세종 28년 1446년) 9월 상한에 자헌대부 예조판서 집현전 대제학 지춘추관사(정 2품) 세자우빈객 신臣 정인지는 삼가 엎드려 머리 숙여 씁니다.

훈 민 정 흠

영인 影印

훈 민 정 음

訓民正音

訓民正音

國之語音異乎中國與文字
不相流通故愚民有所欲言
而終不得伸其情者多矣予
為此憫然新制二十八字欲
使人人易習便於日用耳

ㄱ。牙音。如君字初發聲

五

ㅂ。脣音。如彆字初發聲

並書。如步字初發聲

ㅍ。脣音。如漂字初發聲

ㅁ。脣音。如彌字初發聲

ㅈ。齒音。如卽字初發聲

並書。如慈字初發聲

ㅊ。齒音。如侵字初發聲

七

並書如虯字初發聲

ㅋ。牙音。如快字初發聲

ㆁ。牙音。如業字初發聲

ㄷ。舌音。如斗字初發聲

並書。如覃字初發聲

ㅌ。舌音。如吞字初發聲

ㄴ。舌音。如那字初發聲

六

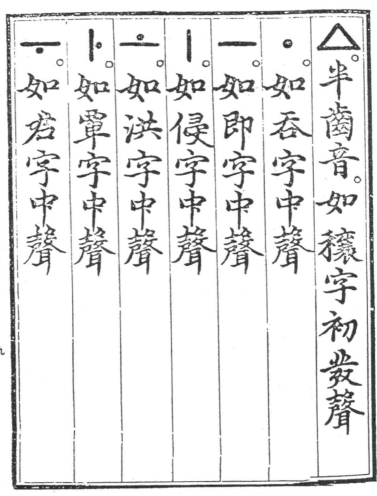

△半齒音。如穰字初發聲

․如吞字中聲

ㅡ如即字中聲

ㅣ如侵字中聲

ㅗ如洪字中聲

ㅏ如覃字中聲

ㅜ如君字中聲

九

ㅅ齒音。如戌字初發聲

並書。如邪字初發聲

ㆆ喉音。如挹字初發聲

ㅎ喉音。如虛字初發聲

並書。如洪字初發聲

ㅇ喉音。如欲字初發聲

ㄹ半舌音。如閭字初發聲

八

則並書終聲同。 • ㅡ ㅣ ㆍㅣ ㆍㆍㅣ

ㆍㆍ附書初聲之下。ㅗ ㅜ ㅛ ㅠ

ㅓㅑ附書於右。凡字必合而成

音。左加一點則去聲二則上

聲。無則平聲。入聲加點同而

促急

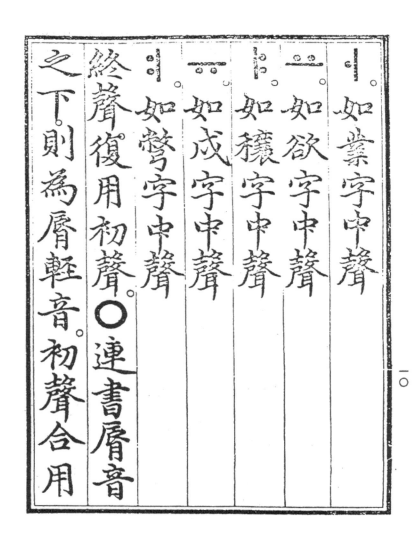

ㅓ。如業字中聲

ㅛ。如欲字中聲

ㅑ。如穰字中聲

ㅠ。如戌字中聲

ㅕ。如彆字中聲

終聲復用初聲。〇連書脣音

之下。則為脣輕音。初聲合用

理而已。理既不二。則何得不與天
地鬼神同其用也。正音二十八字。
各象其形而制之。初聲凡十七字。
牙音ㄱ象舌根閉喉之形。舌音ㄴ
象舌附上腭之形。脣音ㅁ象口形。
齒音ㅅ象齒形。喉音ㅇ象喉形。ㅋ
比ㄱ聲出稍厲。故加畫。ㄴ而ㄷ。ㄷ
而ㅌ。ㅁ而ㅂ。ㅂ而ㅍ。ㅅ而ㅈ。ㅈ而

二三

訓民正音解例

制字解

天地之道一陰陽五行而已。坤復
之間為太極。而動靜之後為陰陽。
凡有生類在天地之間者。捨陰陽
而何之。故人之聲音皆有陰陽之
理。顧人不察耳。今正音之作。初非
智營而力索。但因其聲音而極其

三

喉而實。如木之生於水而有形也。

於時為春。於音為角。舌銳而動。火

也。聲轉而颺。如火之轉展而揚揚

也。於時為夏。於音為徵。齒剛而斷。

金也。聲屑而滯。如金之屑瑣而鍛

成也。於時為秋。於音為商。唇方而

合土也。聲含而廣。如土之含蓄萬

物而廣大也。於時為季夏。於音為

一五

ㅊ。○而ㅈ○而ㆆ。其因聲加畫之
義皆同。而唯○為異。半舌音ㄹ半
齒音△。亦象舌齒之形而異其體
無加畫之義焉。夫人之有聲本於
五行。故合諸四時而不悖叶之五
音而不戾。喉邃而潤。水也。聲虛而
通。如水之虛明而流通也。於時為
冬。於音為羽。牙錯而長。木也。聲似

濁而言之ㄱㄷㅂㅈㅅㆆ爲全清

ㅋㅌㅍㅊㅎㆆ爲次清 ㄲㄸㅃㅉㅆㅆ

ㆅ爲全濁ㆁㄴㅁㅇㄹㅿ爲不清

不濁ㄴㅁㅇ其聲㝡不厲故次序

雖在於後而象形制字則爲之始

ㅅㅈ雖皆爲全清而ㅅ比ㅈ聲不

厲故亦爲制字之始唯牙之ㆁ雖

舌根閉喉聲氣出鼻而其聲與ㅇ

一七

宮。然水乃生物之源火乃成物之

用。故五行之中。水火為大。喉乃出

聲之門。舌乃辨聲之管。故五音之

中。喉舌為主也。喉居後而牙次之。

壯東之位也。舌齒又次之。南西之

位也。脣居末。土無定位而寄旺四

季之義也。是則初聲之中。自有陰

陽五行方位之數也。又以聲音清

一六

也。唯喉音次清爲全濁者。盖以○

聲深不爲之凝。ㆆㄸㅇ聲淺故凝

而爲全濁也。○連書脣音之下則

爲脣輕音者。以輕音脣乍合而喉

聲多也。中聲凡十一字。・舌縮而

聲深天開於子也。形之圓象乎天

也。一舌小縮而聲不深不淺。地闢

於丑也。形之平象乎地也。ㅣ舌不

一九

相似。故韻書疑與喩多相混用。今
亦取象於喉。而不爲牙音制字之
始。蓋喉屬水而牙屬木。ㆁ雖在牙
而與ㅇ相似。猶木之萌芽生於水
而柔軟。尙多水氣也。ㄱ木之成質。
ㅋ木之盛長。ㄲ木之老壯。故至此
乃皆取象於牙也。全淸並書則爲
全濁。以其全淸之聲凝則爲全濁

一八

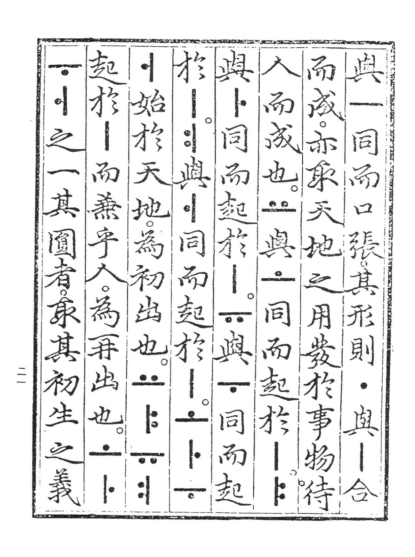

與一同而口張。其形則·與一合
而成。亦取天地之用發於事物待
人而成也。‥與·同而起
與卜同而起於丨。
於‥與丨同而起
丨始於天地。為初出也。
起於丨而兼乎人。為再出也。
·丨·之一其圓者。取其初生之義

二

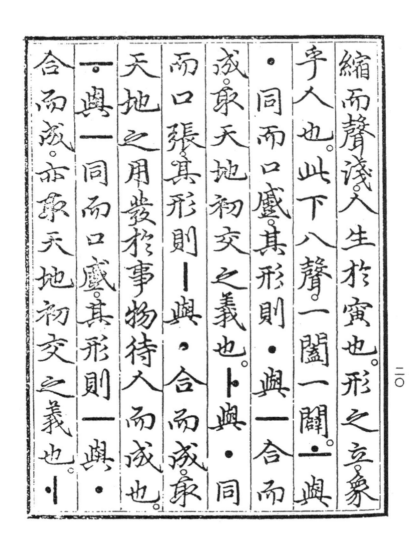

縮而聲淺人生於寅也。形之立象

乎人也。此下八聲。一闔一闢。ㅗ與

·同而口蹙。其形則·與一合而

成。取天地初交之義也。ㅏ與·同

而口張其形則ㅣ與·合而成取

天地之用發於事物待人而成也。

ㅜ與一同而口蹙。其形則一與·

合而成。亦取天地初交之義也。ㅓ

二〇

而三才之道備矣。然三才為萬物之先。而天又為三才之始。猶‧一

一三字為八聲之首。而‧又為三字之冠也。‧一初生於天。天一生水之位也。ㅏ次之。天三生木之位也。

一初生於地。地二生火之位也。ㅓ次之。地四生金之位也。ㅛ再生於天。天七成火之數也。ㅑ次之。天九

也。ㅛㅑㅠㅕ之二其圓者。取其曩

生之義也。ㅗㅏㅓㅗㅑ之圓居上與

外者。以其出於天而爲陽也。ㅜㅓ

ㅜㅓㅑ之圓居下與内者。以其出於

地而爲陰也。ㆍ之貫於八聲者。猶

陽之統陰而周流萬物也。ㅛㅑㅠㅕ

ㅛㅑㅠㅕ之皆兼乎人者。以人爲萬物之

靈而能參兩儀也。取象於天地人

三二

亦自有陰陽五行方位之數也。以
初聲對中聲而言之。陰陽。天道也。
剛柔。地道也。中聲者。一深一淺一
闔一闢是則陰陽分而五行之氣
具焉。天之用也。初聲者。或虛或實
或颺或滯或重若輕是則剛柔著
而五行之質成焉。地之功也。中聲
以深淺闔闢唱之於前。初聲以五

二五

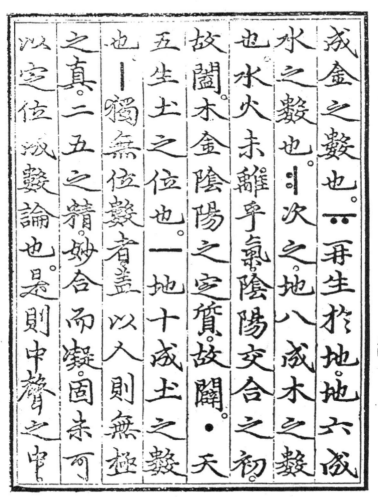

成金之數也。ㅛ再生於地。地六成
水之數也。ㅑ次之。地八成木之數
也。水火未離乎氣陰陽交合之初。
故闔木金陰陽之定質。故闢。天
五生土之位也。一地十成土之數
也。一獨無位數者盖以人則無極
之真。二五之精。妙合而凝。固未可
以定位成數論也。是則中聲之中

二四

聲有發動之義。天之事也。終聲有
止定之義。地之事也。中聲承初之
生。接終之成。人之事也。蓋字韻之
要。在於中聲。初終合而成音。亦猶
天地生成萬物。而其財成輔相則
必頼乎人也。終聲之復用初聲者。
以其動而陽者乾也。靜而陰者亦
乾也。乾實分陰陽而無不君宰也。

二七

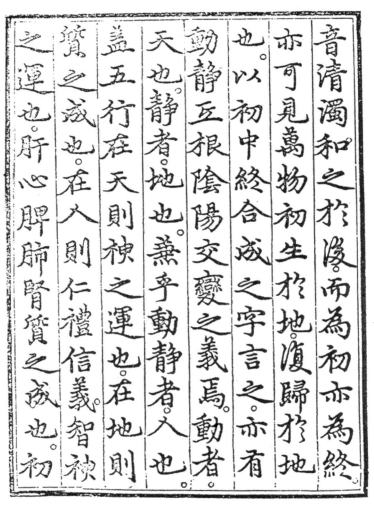

音清濁和之於後而為初亦為終
亦可見萬物初生於地復歸於地
也。以初中終合成之字言之。亦有
動靜互根陰陽交變之義焉。動者。
天也。靜者。地也。兼乎動靜者。人也。
蓋五行在天則神之運也。在地則
質之成也。在人則仁禮信義智神
之運也。肝心脾肺腎質之成也。初

二六

物於兩間有形聲

元本無二理數通

正音制字尙其象

因聲之厲每加畫

音出牙舌脣齒喉

是爲初聲字十七

牙取舌根閉喉形

唯業似欲取義別

二九

一元之氣。周流不窮。四時之運。循

環無端。故貞而復元。冬而復春。初

聲之復爲終。終聲之復爲初。亦此

義也。吁。正音作而天地萬物之理

咸備其神矣。是殆天啓

聖心而假手焉者乎。訣曰

　　天地之化本一氣

　　陰陽五行相始終

二八

配諸四時與冲氣

五行五音無不協

維喉為水冬與羽

牙迺春木其音角

徵音夏火是舌聲

齒則商秋又是金

脣於位數本無定

土而季夏為宮音

三一

舌迺象舌附上腭

脣則實是取口形

齒喉直取齒喉象

知斯五義聲自明

又有半舌半齒音

取象同而體則異

那彌戌欲聲不厲

次序雖後象形始

三〇

全清並書為全濁

唯洪自虛是不同

業那彌欲及閭穰

其聲不清又不濁

欲之連書為脣輕

喉聲多而脣乍合

中聲十一亦取象

精義未可容易觀

聲音又自有淸濁

要於初發細推尋

全淸聲是君斗彆

即戌挹亦全淸聲

若迺快吞漂侵虛

五音各一爲次淸

全濁之聲虯覃步

又有慈邪亦有洪

三一

單亦出天爲巳闢

嵗於事物就人成

用初生義一其圓

出天爲陽在上外

欲穨衆人爲再出

二圓爲形見其義

君業成彎出於地

擧例自知何湏評

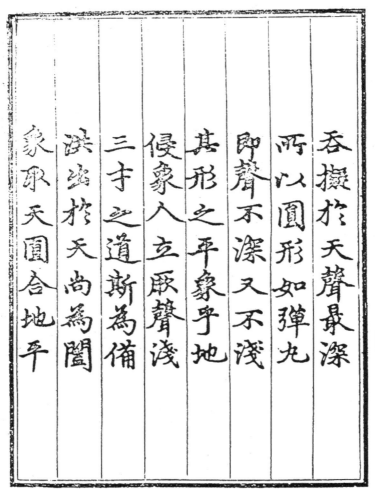

吞擬於天聲最深

而以圓形如彈丸

即聲不深又不淺

其形之平象乎地

侵象人立厥聲淺

三才之道斯為備

洪出於天尚為闔

象取天圓合地平

中聲唱之初聲和

天先乎地理自然

和者爲初亦爲終

物生復歸皆於坤

陰變爲陽陽變陰

一動一靜互爲根

初聲復有發生義

爲陽之動主於天

三七

吞之為字貫八聲

維天之用徧流行

四聲兼人亦有由

入參天地為最靈

且就三聲究至理

自有剛柔與陰陽

中是天用陰陽分

初迺地功剛柔彰

三六

正音之字只廿八

探賾錯綜窮深幾

指遠言近牖民易

天授何曾智巧為

初聲解

正音初聲即韻書之字母也。聲音由此而生。故曰母。如牙音君字初聲是ㄱ。ㄱ與ㅜㄴ而為군。快字初聲

三九

終聲比地陰之靜

字音於此止定焉

韻成要在中聲用

入能輔相天地宜

陽之爲用通於陰

至而伸則反而歸

初終雖云分兩儀

終用初聲義可知

三八

彆漂步彌則是脣

齒有即侵慈戌邪

挹虛洪欲迺喉聲

閭為半舌穰半齒

二十三字是為母

萬聲生生皆自此

中聲解

中聲者居字韻之中合初終而成

四一

是ㅋ·ㄱ與ᅰ而爲ᅰ字初聲是

ㄲ·ㄲ與ᅵ而爲ᅭ業字初聲是·ㆁ

ㆁ與ᅭ而爲ᅭ之額舌之斗吞覃

那脣之彆漂步彌齒之即侵慈戌

邪喉之挹虛洪欲半舌半齒之間

穰閭傚此訣曰

君快虯業其聲牙

舌聲斗吞及覃那

四〇

ㅠ又同出於ㅡ故合而為ㅠㅠ以其

同出而為類故相合而不悖也。ㅡ

字中聲之與ㅡ相合者十。ㆍㅗㅏㅜㅓ

ㅘㅎㅚㅖㅟㅞ是也。二字中聲

之與ㅣ相合者四。ㅙㅞ㎖㎖是也

ㅣ於深淺闔闢之聲並能相随者

以其舌展聲淺而便於開口也。亦

可見人之參贊開物而無所不通

四三

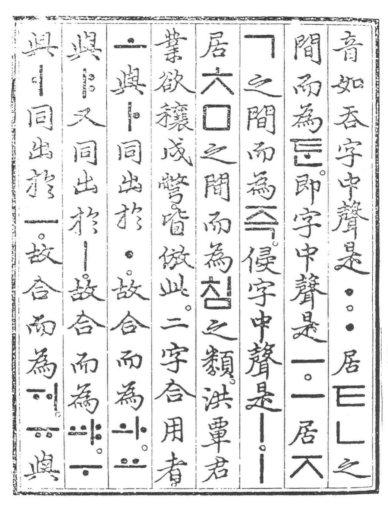

音如吞字中聲是ㆍ，ㆍ居ㅌㄴ之間而爲튼。即字中聲是ㅡ，ㅡ居ㅈㄱ之間而爲즉。侵字中聲是ㅣ，ㅣ居ㅊㅁ之間而爲침之類。洪覃君業欲穰戌彆皆倣此。二字合用者，ㅗ與ㅏ同出於ㆍ，故合而爲ㅘ。ㅛ與ㅑ又同出於ㅣ，故合而爲ㆇ。ㅜ與ㅓ同出於ㅡ，故合而爲ㅝ。ㅠ與

四二

於十四聲徧相隨

終聲解

終聲者承初中而成字韻。如即字

終聲是ㄱ。ㄱ居즉終而為즉之類。洪字

終聲是ㅇ。ㅇ居ᅘᅩᇰ終而為ᅘᅩᇰ之類。

舌脣齒喉皆同聲有緩急之殊。故

平上去其終聲不類入聲之促急。

不清不濁之字其聲不厲故用於

四五

也。訣曰

母字之音各有中
須就中聲尋闢闔
洪覃自吞可合用
君業出即亦可合
欲之與穰戌與彆
各有所從義可推
侵之為用最居多

四七

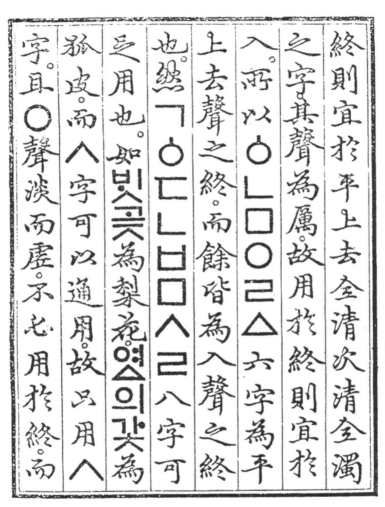

終則宜於平上去全清次清全濁

之字其聲為屬。故用於終則宜於

入。兩以ㅇㄴㅁㅇㄹㅿ六字為平

上去聲之終。而餘皆為入聲之終

也。然ㄱㅇㄷㄴㅂㅁㅅㄹ八字可

足用也。如빗곶為梨花영의갗為

狐皮。而ㅅ字可以通用。故只用ㅅ

字。且ㅇ聲淡而虛。不必用於終。而

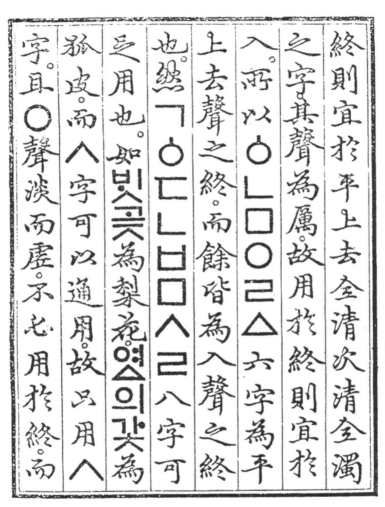

是故爲入聲促急

初作終聲理固然

只將八字用不窮

唯有欲聲所當處

中聲成音亦可通

若書即字終用君

洪彆亦以業斗終

君業覃終又何如

四九

也。且半舌之ㄹ。當用於諺而不可

用於文。如入聲之彆字終聲當用

ㄷ。而俗習讀為ㄹ。盖ㄷ變而為輕

也。若用ㄹ為彆之終。則其聲舒緩

不為入也。訣曰

不清不濁用於終

為平上去不為入

全清次清及全濁

四八

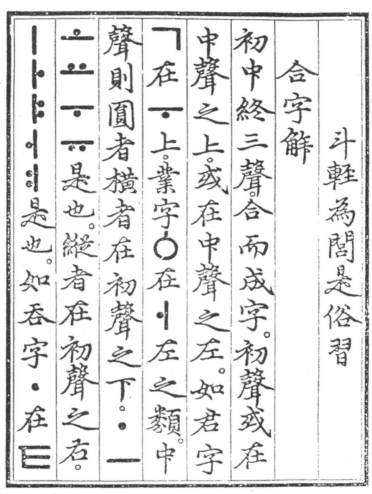

斗輕爲閭是俗習

合字解

初中終三聲合而成字。初聲或在

中聲之上。或在中聲之左。如君字

ㄱ在ㅜ上。業字ㅇ在ㅓ左之類。中

聲則圓者橫者在初聲之下。ㅡ

ㅗㅛㅜㅠ是也。縱者在初聲之右。

ㅣㅏㅑㅓㅕ是也。如吞字ㆍ在ㅌ

五一

以那彆彌次第推

六聲通乎文與諺

戌閭用於諺衣絲

五音緩急各自對

君聲迺是業之促

斗彆聲緩為那彌

穰欲亦對戌與挹

閭宜於諺不宜文

字三字合用。如諺語괘為琴柱。홰
為炬之類。終聲二字三字合用。如
諺語흙為土。낛為釣。돐뻐為酉時
之類。其合用並書自左而右。初中
終三聲皆同。文與諺雜用則有因
字音而補以中終聲者。如孔子ㅣ
魯ㅅ사룸之類。諺語平上去入。如
활為弓而其聲平。돌為石而其聲

五三

下卽字ㅡ在ㅈ下侵字ㅣ在ㅊㅅ
之頟。終聲在初中之下。如君字ㄴ
在ㄱ下彆字ㅂ在어下之頟。初聲
二字三字合用並書如諺語·따為
地·쁙為隻ㅳ為隙之頟。各自並書
如諺語·혀為舌而·혀為引괴·여為
我愛人而괴·여為人愛我소·다為
覆物而쏘·다為射之之頟。守齊二

五二

萬物舒泰。上聲和而舉。夏也。萬物
漸盛。去聲舉而壯。秋也。萬物成熟。
入聲促而塞。冬也。萬物閉藏。初聲
之ㆆ與ㅇ相似。於諺可以通用也。
半舌有輕重二音。然韻書字母唯
一。且國語雖不分輕重。皆得成音。
若欲備用。則依脣輕例。ㅇ連書ㄹ
下。為半舌輕音。舌乍附上腭。

五五

ㆍ
一

上갈為刀而其聲去。붇為筆而其
聲入之類凡字之左。加一點為去
聲。二點為上聲無點為平聲而文
之入聲與去聲相似。諺之入聲無
定。或似平聲如긷為柱녑為脅或
似上聲如ː낟為穀ː깁為繒或似去
聲。如몯為釘·입為口之類其加點
則與平上去同。平聲安而和。春也。

欲書終聲在何處

初中聲下接着寫

初終合用各並書

中亦有合恚自左

諺之四聲何以辨

平聲則弓上則石

刀爲去而筆爲入

觀此四物他可識

五七

起ㅣ聲於國語無用。兒童之言邊
野之語或有之。當合二字而用。如
ㄱㅣㄱㅣ之類。其先縱後橫。與他不同。
訣曰

初聲在中聲左上

挹欲於諺用相同

中聲十一附初聲

圓橫書下右書縱

大東千古開曚矓

用字例

初聲ㄱ。如감為柿、ᄀᆞᆯ為蘆。ㅋ。如우
케為未舂稻、콩為大豆。ㆁ。如러·울
為獺、서에為流凘。ㄷ。如·뒤為茅、·담
為墻。ㅌ。如고·티為繭、두·텁為蟾蜍。
ㄴ。如노로為獐、납為猿。ㅂ。如ᄫᅳᆯ
為臂、·불為蜂、ㅍ。如·파為蠅、ㅁ

五九

音因左點四聲分

・一去二上無點平

語入無定亦加點

文之入則似去聲

方言俚語萬不同

有聲無字書難通

一朝

制作侔神工

如 ·믈 爲水 ·발·측 爲跟 그력 爲鴈 드·레 爲汲器 ㅣ 如 ·깃 爲巢 :밀 爲蠟 ·피 爲稷 ·키 爲箕 ㅗ 如 ·논 爲水田 ·톱 爲鉅 호·미 爲鉏 벼·로 爲硯 ㅏ 如 ·밥 爲飯 ·낟 爲鎌 이·아 爲綜 사ᄉᆞᆷ 爲鹿 ㅜ 如 ·숫 爲炭 ·울 爲籬 누·에 爲蠶 구·리 爲銅 ㅓ 如 ·브섭 爲竈 ·널 爲板 서·리 爲霜 버·들 爲柳 ㅛ 如 ·죵 爲奴 고욤

六一

되為螢口。如싣為薪ᄃᆡ為蹄口。如

삄為虎심為泉へ。如ᄶᄉ為海松ᄆᆞᆺ

為池己。如드르為月ᄞᆯ為星之類

有天地自然之聲則必有天地

自然之文。所以古人因聲制字

以通萬物之情以載三才之道

而後世不能易也。然四方風土

區別。聲氣亦隨而異焉。盖外國

六三

爲橋ㅛ為牛싣ㄷㅛ爲蒼朮菜ㅏ。如

남샹爲龜약爲鼊다야爲匜쟈

감爲蕎麥皮。뒤如

爲飯臿슈룹슳ㅡ爲雨繖즁려爲帨ㆄ

如엿爲飴餹뎔爲佛寺벼爲稻져

ㅂㅣ爲燕。終聲ㄱ。如닥爲楮독爲甕。

ㅇ。如굼벙爲蠐螬올창爲蝌蚪。ㄷ。

如갇爲笠싣爲楓。ㄴ。如신爲屨

之類

六二

讀官府民間。至今行之。然皆假

字而用。或澁或窒。非但鄙陋無

稽而已。至於言語之間。則不能

達其萬一焉。癸亥冬。我

殿下創制正音二十八字。略揭

例義以示之。名曰訓民正音。象

形而字倣古篆。因聲而音叶七

調。三極之義。二氣之妙莫不該

六五

之語有其聲而無其字假中國
之字以通其用是猶枘鑿之鉏
鋙也豈能達而無礙乎要皆各
隨所處而安不可強之使同也
吾東方禮樂文章侔擬華夏但
方言俚語不與之同學書者患
其旨趣之難曉治獄者病其曲
折之難通昔新羅薛聰始作吏

六四

命詳加解擇。以喻諸人於是。臣

與集賢殿應教臣崔恒。副校理

臣朴彭年。臣申叔舟。備撰臣成

三問敦寧府注簿臣姜希顔行

集賢殿副備撰臣李塏。臣李善

老等謹作諸解及例。以叙其梗

綮。庶使觀者不師而自悟若其

渊源精義之妙則非臣等之所

六七

括。以二十八字而轉換無窮簡

而要精而通。故智者不終朝而

會。愚者可浹旬而學。以是解書。

可以知其義。以是聽訟。可以得

其情。字韻則清濁之能辨樂歌

則律呂之克諧無所用而不備。

無所往而不達雖風聲鶴唳。雞

鳴狗吠。皆可得而書矣。遂

六六

訓民正音

曹判書集賢殿大提學知春秋
館事 世子右賓客臣鄭麟趾
拜手稽首謹書

六九

臣髮揮也。恭惟我

殿下。天縱之聖。制度施爲超越

百王。正音之作。無所祖述。而成

於自然。豈以其至理之無所不

在。而非人爲之私也。夫東方有

國不爲不久。而開物成務之

大智。蓋有待於今日也歟。正統

十一年九月上澣。資憲大夫禮

六八

후 기

왕검단군의 호적등본

왕검의 본적지는 중국 연길시이고 생년월일은 서기전 2370년인 단군탄생 원년 신묘년 5월 2일 인시寅時이다. 아버지는 단웅檀雄이며, 웅녀로 알고 있는 어머니는 열유씨의 딸 교웅蟜熊이며, 물귀신의 딸로 알려져 있는 부인은 비서갑 하백의 딸 태원太源이며, 아들은 부루, 부소, 부우, 부여이다.

『홍사한은鴻史桓殷』

지금까지 한번도 거론된 적이 없는 왕검단군의 가족관계증명서입니다. 최창록의 『한국도교문학사』 84쪽에 의하면 최면길이 서기1691년 신묘년에 『홍사한은』을 초抄한 것으로 기록되어 있습니다.[323] 이 책에는 공자의 7세손인 공자순의 서문과 발해 대조영의 아우 대야발의 서문이 실려 있습니다. 알을 깨고 나왔다는 박혁거세는 아버지가 태백선

---

323) 최면길이 『鴻史桓殷』을 抄한 신묘년은 1711년으로 보인다. 1691년은 신미년이다. 아마 『한국도교문학사』에서 신묘를 신미로 잘 못 본 듯하다.

주太白仙主 박원달朴元達이며, 어머니는 해모수의 딸 파소巴素로 기록되어 있습니다. 또 황금알에서 나왔다는 김수로왕도 마한의 9세 영왕寧王의 아들 이비가지夷毗訶之(본명-文)가 그의 아버지로 기록되어 있습니다. 또 배달국 12세 한웅 때에 무룡씨기 쇠를 녹이는 용광로를 만들고 옥을 새겨 예술품을 만든 기록이 나옵니다. 홍산 옥기문화의 기록입니다.

  우리는 우리 것을 너무나 쉽게 내다버렸습니다. 미국 미시건 대학의 잉글하트 교수는 그의 저서 『세계문화 변동론』에서 지난 50년 간 세계 각국의 가치관에 대한 변화를 조사한 결과, 미국과 유럽은 20~25%정도가 변화하였고, 중국은 30%, 러시아가 상당히 높은 45%선이며, 아프리카의 알제리는 5%미만이라고 발표하였습니다. 그런데 한국은 70% 이상 가치관의 변화를 가져왔다고 하였습니다. 그는 이것은 세계에서 그 유례를 찾아볼 수 없는 가장 높은 변화율이라고 하였습니다. 한국의 가족제도와 사회제도, 문화와 풍습, 그리고 학교교육 전반에 대한 가치관이 해방 직후에 비하여 너무나 많이 변했다는 것입니다. 요즘은 <며느리 모시기>라는 티쎄 프로까지 생겼습니다. 글쓰기에서도 '없어질까 두렵다'를 '존재가 사라질 위기에 처할까 두렵다'로, '정확하지 않을 수 있다'를 '정확성에 방해를 초래할 수 있다'로, '폭넓게 논의 할 수 있다'를 '폭넓은 논의 가능성을 배제하지 않을 수 없다'로 변하였습니다. 『한국문학전집』에 나오는 주옥같이 아름다운 우리말들이 사라지고 한글 전용시대인 데에도 우리말속의 한자 단어가 더 늘어나고 문장의 구조는 점점 영어문장의 번역내용처럼 변해가고 있습니다. 부모와 자식간의 사고는 같은 시공간에 살면서도 구석기인과 현생인류만큼이나 차이가 납니다.

잉글하트 교수는 이어 우리민족의 가치관의 변화를 두고 '한국의 가치관은 변화된 정도가 아니라 아예 가치관이 몰락한 나라이다'라는 극단적인 표현을 썼습니다. 더구나 20년 전의 통계이기에 그야말로 충격적인 표현이 아닐 수 없습니다. 그의 표현대로라면 전통이 망한 민족이라 할 수 밖에 없을 것입니다.

서글(한자)이 지금은 마치 학문의 방해자인 양 이단의 문자로 취급받고 있습니다. 그러나 청소년들이 한자를 배우지 않으므로 해서 우리말의 어원과 학술용어의 어원을 모르게 되어 학문의 또 다른 문맹자가 되어가고 있음을 알아야 합니다. 한자어를 모르기 때문에 백열등白熱燈, 형광등螢光燈, 구형求刑, 선고宣告 등 수많은 단어의 뜻을 따로 외워야 합니다. 한자어가 암호처럼 되어버린 것이지요. 한자는 은나라터에서 발견되었습니다. 하나라와 은나라는 백익伯益의 뒤를 이은 동이족이 세운 나라이고 주나라는 서이족, 화족華族이 세운 나라로 알려져 있습니다. 그 후 한나라에 와서야 모든 문물제도가 기틀을 잡았으므로 문자文字를 한자漢字라고 한 것인데 시대가 흐르고 역사가 묻히면서 한족漢族의 글자로 굳어진 것입니다.

1882년 성경을 처음 번역하고 가로쓰기와 띄어쓰기를 시도하였다고 전해지는 스코틀랜드(Scotland) 출신 존로스(John Ross) 선교사의 노력과 1891년 한글 사랑의 선구자 헐버르으트(Hulbert)가 저술한 역사상 최초의 한글 교과서 ≪스민필지≫가 신호탄이 되고 1895년에 고종황제가 조선의 법률과 칙령은 모두 국문을 기본으로 삼는다는 법을 반포하고, 1948년 미 군정청의 훈령이 한글 전용의 출발점이 되어 이제 한글 문맹자는 없습니다. 『훈민정음』 어제 서문에서 말한 '사람마다 쉽게 배워 편리하게 쓰게 하고자'한 세종의 염원은 이미 훌륭하게 달성되었습니다. 세종도 한글전용을 말하지는 않았습니다. 지금 한글 문맹자는 없지만 한자를 배우지 않으므로 해서 어휘력, 이해력, 사고력은 점점 떨어지고 있습니다.

훈민정음 학자가 어찌 이런 말을 하는가 하고 의아해 할 것입니다. 한글과 한국어는 다릅니다. 한국어(우리말)를 담는 그릇이 한글과 한자어입니다. 한자가 우리말 단어의 절반이상을 차지하고 있습니다. 신문이나 수필과 같은 일반적인 글은 당연히 한글전용을 해야 하지만 의학, 과학, 철학, 역사 등 학문의 영역에서는 좀 다르다는 말씀을 드리는 것입니다. 한글전용만이 근본해결책은 아니라는 말입니다. 또 한글사랑과 국어사랑도 다릅니다. 순수한 우리 토박이말을 가꾸고 지키는 것은 한글 사랑이 아니라 우리말사랑(국어사랑)입니다. 글꼴을 아름답게 개발하거나 사장된 옛글자나 합용병서법을 살려 세계 인류를 위한 홍익한글로 가꾸는 것은 우리글사랑(한글사랑)입니다. 언어는 의사소통의 도구입니다. 버스보다 기차를, 기차보다 비행기를 이용하는 것은 더 빠르고 시간이 절약되기 때문입니다. 의사소통의 수단도 이와 같습니다. 그렇다고 '바다野' '美親day' '너DO 나DO DA같이' '내R남不' 'NO약자석' 같은 얼간이 말을 그냥 두자는 것은 아닙니다. 더구나 정육점 간판이 훈민정육이라니! '아내'는 '와이프'로, '숟가락'이 '스푼'으로, '양념장'은 '소스'로 바뀌어가고 있는 것도 문제입니다.

우리 젊은이들이 부모세대보다 지식 면에서는 월등하지만 정신적인 내면을 들여다보면 속빈 강정입니다. 어원문맹, 조상문맹, 역사문맹시대가 되어가고 있습니다. 외국이민 1.5세들은 한국인도 아니고 외국인도 아니듯이 지금 대한민국 2세들의 가치관도 이와 비슷하다고 하겠습니다. 공자도 시대를 따르라고 했지만 이러한 가치관의 급격한 몰락은 어른들이 중심을 제대로 잡아주지 못한 책임이 큽니다.

중국은 우리 조상인 신농과 배달국의 5세 태우의太虞儀한웅의 막내아들인 복희와 14세 치우한웅을 모두 가져가고 배달국 유적인 홍산문화를 가져가고 동북3성은 고사하고 한반도가 중국의 일부였다고 말하는데도 우리나라 정치지도자들은 말이 없습니다. 이번 평창 동계올림픽 개막식에 울릉도와 독도가 없는 한반도기를 들고 입장한 것은 세계만방에 독도는 우리 땅이 아니라는 것을 시인한 꼴이 되어버렸습니다. 이 일을 우리 후세들에게 어떻게 설명해야 할까요? 과거에도 독도사수에 온 국민이 한 목소리를 내고 있을 때 대통령이 해양수산부 장관에게 지시하여 독도를 한일 어로 공동수역으로 내주어 버렸고 어부들은 땅을 치며 고기 배를 불살랐습니다. 동북아역사재단도 우리지도에 독도를 지웠습니다. 독도를 넘겨주기 위한 수순인가요?

왜 우리는 대마도 반환에 침묵하고 있나요? 1948년 8월 18일 이승만 대통령은 담화를 통해 "대마도는 우리 땅이니 속히 반환하라"는 성명을 발표하였고 또 1949년 1월 7일 이승만은 연두기자회견에서 "대마도는 오래전부터 우리나라에 조공하던 우리 땅이다."라고 발표하였습니다. 그 후 11일 후인 1949년 1월 18일에는 우리 제헌국회의원 31명의 이름으로 <대마도 반환촉구 결의안>을 국회에 제출하였습니다. 이승만은 재임기간 12년 동안 무려 60차례나 대마도의 조속한 반환을 촉구

하였습니다. 포츠담선언에서도 '일본은 그동안 불법으로 소유한 대마도를 반환하겠다'라고 기자회견에서 스스로 분명히 밝힌 바 있습니다. 일본이 대책마련에 전전긍긍하고 있을 때 1960년 4.19혁명이 일어났으며 이승만은 하야하고 하와이로 떠났고 그 일은 묻혀버렸습니다. 1806년에 일본인 하야시가 그린 일본지도에도 대마도는 한국령으로 표기되어있으며 대한해협도 대마도의 바깥으로 되어있었습니다. <태정류전>에도 독도는 한국 땅이라는 결정문이 있고 1691년의 <해산조륙도>라는 지도에도 독도가 한국령이라고 표기되어 있습니다. 또 1877년의<태정관지령문>에도 '독도와 울릉도는 일본영토와 관계가 없으니 명심하라'는 기록이 있고 1951년 6월 6일에 공포된 <총리부령 24호>에도 '독도와 울릉도와 제주도를 일본의 부속도서에서 제외한다'라고 하였습니다. 그러나 그 후 일본은 센쓰란시스코조약을 꺼내어 그것을 빌미로 자기네 땅이라고 억지를 부리고 있습니다. 지리적으로 보아도 일본 규슈에서 대마도까지는 147km인데 반하여 부산에서 대마도까지의 거리는 불과 49.5km밖에 되지 않습니다. 일본이 독도문제를 들고 나올 때 우리는 왜 대마도를 거론하지 않는지 한심한 일이지요.

사할린은 1850년대에 러시아와 일본이 회담을 통하여 일본과 러시아가 함께 섞어 살기로 합의한 땅입니다. 1875년 2차 회담 때 려시아는 사할린의 옛 이름이 '가라후토'였다는 기록을 찾아내어 일본 땅이 아니라고 빼앗아 가버렸습니다. 그 후 려시아가 그곳을 만주어인 사할린이라는 지명으로 굳혀 버렸습니다. 가라후토의 '가라'는 한국이라는 뜻입니다. 우리 땅이었는데도 남들이 나누어 먹었고 우리는 그런 일이 있었는지도 모르고 지나가 버렸습니다. 역사에 무지한 민족에게 내리는 역사의 보복이 이런 것입니다. 1875년에 일본이 이를 도로 빼앗았고 또 다시 분쟁이 일어나자 미국이 중재하여 2등분하여 나누어주었는데 일본이 이것을 억울하게 생각하여 일으킨 전쟁이 2차 세계대전이며 그 보복이 진주만 공격이라는 사실을 아는 이는 드뭅니다. 이것이 한국의 역사 현실입니다.

갈릴레이는 그의 지동설 때문에 죽은 후 장례식도 제대로 치르지 못하였으며 묘비를 세우는 일조차 허락되지 않았습니다. 그 뿐만 아니라 그의 학설이 옳았음이 곧바로 밝혀졌는데도 이단으로 낙인찍힌 체 무려 370년이라는 세월이 흐른 서기2003년에야 비로소 복권되었습니다. '지구가 큰 것 같으나 한 알의 구슬에 불과하며 창조주가 김을 불어 지구 밑까지 싸고 빛과 열로 쪼이니 만물이 번식하게 되었다'라는 「삼일신고」의 세계훈 하나만 보더라도 배달국과 단군조선의 위대한 천문관을 엿볼 수 있습니다. 지구가 둥글고 공전한다는 천문관은 세종 때까지 이어져 그때 제작된 혼천의渾天儀와 혼상渾象 등에 잘 나타나 있습니다. 우리는 한인桓因의 한국桓國과 배달국 한웅桓雄의 맥을 이어받은 한민족桓民族의 대종손입니다. 인류 역사상 처음으로 천문관을 확립하였으며 천문도를 <하도> <낙서>와 <28수천문도>로 정립한 민족입니다. 세종이 훈민정음을 창제할 때 <천문도>를 이론적인 바탕으로 삼았던 필연적인 이유입니다. 또한 지구상에 그 이상의 문자가 없게 된 이유입니다. 천문도는 한글창제원리를 푸는 열쇠입니다. 이 열쇠로 한글 창제의 자물쇠를 열어야 한글의 우수성과 한글세계화의 실마리를 풀 수 있습니다. 세종은 천문으로 이미 그 당시에 온 인류를 위한 완벽한 홍익문자를 완성해 놓았습니다. 세종만큼 홍익정신을 실천한 이가 또 있을까요?

2006년 4월 2일자 <뉴욕타임즈>에서 '한국의 정보통신 발전은 공상과학소설이 일상생활에서 이루어지고 있는 나라'라고 하였습니다. 또 유엔정보통신기구인 ITU에서도 '한국이 디지털 기회지수에서 3년 연속 1위를 차지하였다.'라고 발표하였습니다. 이처럼 우리나라는 세계 최고의 정보기술 강국임에도 <기능성한글>과 <홍익정신>이라는 한류를 펼치지 못한다면 얼마나 안타까운 일이겠습니까? 손해 보는 이는 지구촌에 자신의 문자가 없는 민족과 마지막 한류인 세종의 홍익정신을 외면하고 있는 우리나라 대한민국입니다.

지금 와서 생각해보면 예정된 길이었습니다. 큰돈아豚兒의 이름을 지어주면서 저자에게 이 길을 권유해 준 최판관님과 그 인연으로 훈민정음에 눈을 뜨게 해주신 윤덕중님과 『역주풀이 훈민정음』으로 연구에 이정표가 되어주신 이정호님에게 감사드립니다. 형제와 가족, 부모님, 조부모님, 그 윗대의 멀고 먼 선조님, 그리고 모든 인연에게 감사드립니다. 41년 동안의 연구를 열매 맺는 마지막 작업이기에 세종께 보고 드리는 심정으로 이글을 맺습니다. 고맙습니다.

개천5915년, 단기4351년(2018). 무술년 8. 11.

반재원 · 허정윤 씀.

찾아보기

ㄱ

가슴 234

가슴 234

가라후토 455

가륵嘉勒 단군 53

가림토문자 77

간의 187

갈관자 42

갈릴레이 456

감성관 황보덕 175

강유 364

개천경 176

거성 369

검님 134

게ㄹ에(r)레드아ㄹ으(r)드 15

경세훈민정음도설 42, 240

계몽산 215

고대화자 70

고분벽화에 바탕한 천문도 193

고양성 173

고조선 사기 56, 60

고쳐 불러야할 첫소리의 이름 243

곤괘 352

공자순 450

관상감 40

관성대 187

관자 42

괴·ㅇㅕ 371

괴·여 371

교웅 450

쿠텐 랙 그 283

쿠텐 모ㄹ으 겐 283

국력 175

국문정음 61

굼뭃닝 271

굼벙 376

귀신 100

규표 187

그력 375

금강경 삼가해 237, 239

금성 102

기능성 한글 19

기에따노 70

김담 18

김대중 97

김빈 185

김용운 99

김응수　97
꺄-담ㅎ해　286
게 뗍뽀 쌰　335
꼬망 딸레쒀　279
꾸안또 쌜-레?　331

ㄴ

나마스 떼, 나마쓰 까르　286
나이쓰　250
낙대약폭　74
낙서　105
낙서천문도　33, 186
남샹　376
남방주작　207
너ㅅ0　375
노록크!　312
뉴욕타임즈　457

ㄷ

다이Q0부데스　267
단군세기　56
단기고사　61
단서대강　80
단웅　450
담-씨 삐쏟　319
대마도　454
대야발　450
대작갑사　73
더벗　241

더러벗　242
도　137
또브리-뗀!　324
또브ㄹ어-뗀!　318
도서선천상수　179
독도　454
독일어 발음　281
돕삐오쒀　334
동방청룡　207
둥이　138
드·뵈　374
등극　182
등단필구　42
뛰 야 례롸 뽀　301

ㄹ

라 쮀쌔뗘례!　311
롸-뜨롸-싸왓 카　296
러·울　374
러시아어 발음　273
레드야드　15
레오날드 다쎈치　16
롸Q0(r)버트 렘(r)지　16

ㅁ

마슬　232
마한세가 상　171
많　238
멍멍　242

메ㄹ에(r)랜드 16
메ㄹ으하바 314
명덕 134
목성 102
몽산화상 법어약록언해 234
무극 136
무늬 128
무룡씨 451
무리 375
무예제보 211
미륵 134
미추왕릉 72

ㅂ

박연 185
박원달 451
배필 184
백익 452
백전伯佺노인 176
백홍준 38
버서 235
베르너 삿세 16
변음 82
볿 238
병와집 198
보통학교용 언문철자법 217
복괘 352
복희 454
본국역 186
부서 240

부섭 232, 235
부헝 375
부녀 쎠우아! 311
부도지 184
부루 450
부에노쓰 띠－아쓰 330
부여 450
부우 450
북극성 182
북두칠성 174
북방현무 207
불삽 174
비육 375

ㅅ

쌰이팅 250
사·빙 374
사·솝 375
사답칠두락 184
사성 184
산수가림다刪修加臨多 32, 86
산스크리트문자 63
산스크리트어 32
삼극 139
삼극지의 이기지묘 139
삼랑을보록 53
삼병명 173, 174
삼일신고 176
삼재 111
삼태극은 138

삼한관경본기 184

삽됴 376

상성 369

생신 184

서·에 374

서글 452

서상륜과 38

서운관 188

석보상절 233

선기옥형 183

선원전 183

선위자음 시차적 경음설 247

성경도 172

성문 128

성삼문 34

쩨이스 250

세이쎄 250

소·다 371

소강절 179

소도경전 본훈 171

속삼강행실도 233

손ᄼᅩ 233

수서령 59

수성 101

수와 천간이 배속된 하도 120

순우천문도 183

슈룹 376

쓰(f)리츠 ᄾᅟᅭᆫ(v)스 16

쯔랜스 250

슬ᄙ아만 빠ᄋᆡ 321

슬ᄙ아만 딸란 321

시생 116

시쓴 270

신숙주 34

신전神篆 53

심당전서 60

싸왓띠－ᄏ랍 296

쏘·다 371

씬 로이 안 290

시생 116

ㅇ

아ᄉᆞ 233

아뗴우스! 327

  • 와 초성과의 관계 225

  • 와 초성 중성과의 관계 225

아미타경 240

아바ᄉᆡ 233

아쯔완 339

아히루문자 67

야무지다 228

야산 151

야옹 242

양도 206

양의문 182

어록해 234

어마ᄉᆡ 233

어버ᄉᆡ 233

언문지 42

언서운해 59

A·M 벨 15

에카르ᄋᆞ(r)트 15

여수 235
여러가지 228
여러분 228
여린 시옷 232, 236
역어유해 233
연병지남 211
염통 228
예의편 35
옛글자 살려 쓰기 운동 341
5행방위도의 설음의 위치 160
5행방위도의 치음의 위치 161
오꾸라신뻬이 20
오하요· 오&이마쓰 266
오행방위도의 후음의 위치 161
올창 376
왕긍당 의학전서 42
용자례 36
운섭 174
울대 230
웅녀 450
월인석보 233
월인천강지곡 237
유경도익 42
유례왕 71
육조법보단경 언해 211
율믜 376
윷놀이 171
은왕봉 74
음도 206
음몌 242
음양 중성도 118

음양 364
음양중성도 116
ㅣ가 포함된 중성도 119
이두吏讀 32
이비가지 451
이사나기노미꼬도 74
이서국 71
이세국 76
이세신궁 67, 68
이소국 76
이순지, 18
28수 천문 방각도 213
28수천문도 33, 186
28자 천문정음 횡도 209
28자 천문정음도 209
이용준 96
이원 83
이종일 36
이한걸 96
이호중국 89
일성정시의 18
일룽어 333
입성 369
잉글하트 교수 451

ㅈ

자방고전 55, 79
자연문자 168
자질(資質, feature system) 168
장수경 언해 211

재출 115

전문篆文 53

전비 59

전서체 55

전욱고양 173

전청 362

전탁 363

전형필 96

정속언해 211

정인지 서 36

정인지 36

정초 185

제쓰(f)러(r) 샘슨 15

제럴(r)드 다이어몬드 16

제임스 멕콜리 17

제자해 36

져비 376

조대기 57

조선의 천문문자 345

조선의 하늘 18

조선총독부 217

조양가 172

조일기 173

조일을 173

조화로운 창조주의 힘 128

존로스 38

종성해 36

죠·희 374

주구산 72

주비산경 42

주시경 36

죽엽군 72

준쭉 256

중국 의역학 42

中國 349

중국사전사화 173

중국어 발음 260

중국역 186

중성과 천간, 수의 배속표 168

중성도 50

중성도형도 50

중성방도 114

중성천문도 200

중성평면도 50

중성해 36

쥭 376

지륙성수 204

지십성토 203

지이생화 203

지장경언해 211

지지 214

지지가 배속된 5행 방위낙서 166

지지가 배속된 5행 방위도 159

지팔성목 202

지호 203, 210

직성 175

진역유기 57

짜오 안? 290

ㅊ

차청 363

창조주의 표상 태극도 133
천간 214
천구성금 203
천기 183
천문 203, 210, 214
천문도에 배치된 ㅋ ㅌ, 大, ㅎ의 위치도
   212
천문문자 169
천문비기 185
천문유초 42, 195
천삼생목 202
천상열차분야지도 183
천선 183
천연문자 168
천오생토 203
천일생수 204
천조대신 74
천지귀신 204
천지인 삼재사상 153
천칠성 203
초, 중성 천문도 201
초성 5행 방위낙서 164
초성 5행 방위도 163, 165
초성과 지지, 수의 배속표 168
초성천문도 199
초성해 36
초출 115
최남선 36
최석정 190
추수 181
칠정산내외편 18, 186

큰할날뱀 174
큰할아범 174

ㅌ

태극 136, 352
태극중성도 127
태미원 105
태우의太虞儀한웅 454
태원 450
태일문 182
태정류전 455
토성 102
토착 82
토착吐着 32

ㅍ

파소 451
파스파문자 65
팔괘상중론 176
퍼엌(r)벅 16
평성 369
폐성 72
폴크스바겐 281
프성귀 233
프랑스어 발음 278
프리츠 포스 16

ㅎ

하도 오행상생도 50
하도낙서 천문도 128
하도천문도 33, 186
한국도교문학사 450
한국의 초상화 107
한글 맞춤법 통일안 218
한글날 37
한민족 456
한알 어머니 352
한얼 아버지 352
한인 456
할날몸 174
할멈 174
합자해 36
해례편 36
해산조륙도 455
행촌 이암 83
행촌이암 60
혀 371
호·미 375
호 빠 래 301
혼의 18
혼천의 175
홍사한은 172
홍양호 190
홍익문자 457
화동정음 통석운고 234
화성 102
황극경세 178

황극경세서 179
황제내경운기해석 42
후후드 나흐트 307
후후드 아쏜드 307
훈몽자회 42
훈민정음 모음도 50
훈민정음운해 42

기타

ㅊ 252
ㅉ 252
ㄹㅅ 252
뷁(v)스 쌔(w)겐 / 252
랑허 261
치려 261
언ㅅ니 흰까오싱 262
짜녱 269
넁큐 269
웨떙 269
랴으 가쏘르 275
뿅엥 275
화 랴랐어 276
뿅주랴흐 모니꿔 278
뷁스쌔겐 281
호흐랴흐오트 305
ㅆㅏ흐흐 305
쌰브르으 16

참고문헌

단행본

『어제 훈민정음』.
『어제 훈민정음언해본』.
『고금운해거요』.
『홍무정운』.
이정호, 『역주풀이훈민정음』, 한국도서관 연구회, 1972.
국립국어원편, 『알기쉽게 풀어쓴 훈민정음』, 생각의나무, 2008.
이정호, 『훈민정음의 구조원리』, 아세아 문화사, 1978.
양주동, 『증정고가연구』, 일조각, 1997.
최현배, 『고친한글갈』, 정음문화사, 1982.
최현배, 『우리말존중의 근본 뜻』, 정음문화사, 1984.
허 웅, 『언어학 개론』, 정음사, 1972.
허 웅, 『국어음운학』, 샘문화사, 2008,
손보기, 『세종대왕과 집현전』, 세종대왕기념사업회, 1984.
김윤경, 『한결김윤경전집 I , II』, 연세대학교 출판부, 1985.
김석득, 『우리말 연구사』, 정음문화사, 1990.
고영근, 『국어학연구사』, 학연사, 1985.
강신항, 『훈민정음창제와 연구사』 도서출판 경진, 2010.
강신항, 『운해훈민정음』, 형설출판사, 1978.
홍기문, 『정음발달사』, 서울신문사 출판국, 1946.
방종현, 『훈민정음통사』, 일성당서점, 단기4281(1948).
유창균, 『훈민정음역주』, 형설출판사, 1993.
정호완, 『우리말로 본 단군신화』, 명문당, 1994.
권재선, 『국어학발전사』, 우골탑, 1988.
이성구, 『훈민정음연구』, 애플기획, 1998.
박지홍, 『풀이한훈민정음』, 과학사, 1984.
서정범, 『음운의 국어사적연구』, 집문당, 1990.
김두봉, 『조선말본』, 서울 새글집 박음, 1916.

이숭녕, 『신라시대의 표기법 체계에관한 시론』, 탑출판사, 1978.

김수길·윤상철, 『천문유초』 대유학당, 1998.

박석재, 『개천기』, 과학동아북스, 2011.

김일권, 『고구려별자리와 신화』, 사계절, 2008,

김일권, 『우리역사의 하늘과 별자리』, 고즈윈, 2008,

나일성, 『한국천문학사』, 서울대학교 출판부, 2000,

박창범, 『하늘에새긴 우리역사』, 김영사, 2002,

박창범, 『동아시아 일식도』, 서울대학교 출판부, 1999.

박창범, 『천문학』, 이화여자대학교 출판부, 2007.

한홍섭, 『아악혁명과 문화영웅 세종』, 소나무, 2010.

박석재, 『하늘을 잊은 하늘의자손』, 동아 사이언스, 2008.

성주덕편저, 『서운관지』, 소명출판, 2003.

정성희, 『우리조상은 하늘을 어떻게 이해했는가』, 책세상, 2009.

한태동, 『세종대의음성학』, 연세대학교 출판부, 1998.

정 광, 『훈민정음의 사람들』, 제이엔씨, 2006.

김민수, 『주해훈민정음』, 통문관, 1985.

김민수, 『북한의 조선어연구사』, 녹진, 1991.

김차균, 『음운론의원리』, 창학사, 1983.

김승곤, 『음성학』, 정음사, 1983.

김석연, 『THE KOREAN ALPHABET Of 1446 훈민정음』, 아세아문화사 2002.

홍기문, 『정음발달사(초)』, 현대실학사, 1997.

동양학연구소, 『훈몽자회』, 단대출판부. 1971.

최석정, 『經世訓民正音 圖說』, 한국학 연구원, 1985.

김슬옹, 『세종대왕과 훈민정음학』, 지식산업사, 2010.

김슬옹, 『훈민정음 해례본 입체 강독본』, (주)박이정, 2018.

이상혁, 『훈민정음과 국어연구』, 도서출판역락, 2004.

김석진, 『대산 주역강의』, 한길사, 2001.

아 산, 『주역강의』, 1986.

박양춘, 『한글을 세계문자로만들자』, 지식산업사, 1995.

윤덕중·반재원, 『훈민정음기원론』, 국문사, 1983.

반재원, 『한글과 천문』, 도서출판 한배달, 4344(2001).

반재원·허정윤, 『한글창제원리와 옛글자 살려쓰기』, 도서출판역락, 2007.

반재원·허정윤, 『옛글자를 사용한 21개 외국어회화표기예』, 도서출판한배달, 2008.

반재원, 『한글세계화 이대로 좋은가?』, 도서출판 한배달, 4345(2002)

이호형 역, 『병와집』, 한국정신문화연구원, 1990.

이태영 역, 『역주捷解新語』, 태학사, 1997.

노마히데끼지음. 김진아, 김기연 박수진옮김, 『한글의탄생』, 돌베개, 2011.

한동석, 『우주변화의 원리』, 행림출판사, 1977.

북애노인저, 신학균 번역, 『규원사화』,명지대출판부, 1983.

풍우란, 『중국철학사』, 정인재역, 형설출판사, 1979.

김우재·심재열, 『卜筮正宗 精解』, 명문당, 1972.

김필수외 3인, 『管子』, 소나무, 2006.

김종수 역, 『역주증보문헌비고』, 악고, 국립국악원, 1994.

이동림 역, 『주해석보상절』, 권6, 동국대출판부, 단기4292.

김기정 역, 『화어유초』, 선문대학교 중한번역문헌 연구소, 2004.

동양학 연구소편, 『훈몽자회』, 단국대학교출판부, 1971.

이응문, 『주역과 천도변화』, 동방문화진흥회, 2002.

백윤기 역, 『황제내경운기해석』, 고문사, 1972.

조선미, 『한국의 초상화』, 돌베개, 2009.

이 탁, 『國語學論攷』, 정음사, 1958.

최태영, 『한국상고사』, 유풍출판사, 1999.

남성우, 『15세기국어의 동의어연구』, 탑출판사, 1988.

전병훈, 『정신철학 통편』, 1919.

여증동, 『고조선사기』, 문음사, 1997.

송호수, 『위대한민족』, 보림출판사, 1989.

박종국, 『한국어발달사』, 문지사, 1996.

김민수외 공저, 『외국인의 한글연구』, 태학사, 1997.

김용운외 1인, 『한국수학사』, 살림출판사, 2012.

『한글』, 105호, 한글학회, 1949,

조선어학 연구회, 「정음5호」, 1934.

가나자와 쇼오자부로우, 『한일양국어 동계론』, 1910.

『금강경 삼가해』, 금강반야바라밀경, 제2.

『譯語類解』 상, 아세아문화사, 1974.

『석보상절』 권9, 1447.

『번역소학』 권8, 홍문각, 1984.

『사서율곡언해 중 논어 율곡언해』 권2, 홍문각, 1984.

『어록해』 초간본, 홍문각, 2005.

『몽산화상 법어약록언해』, 세종대왕기념사업회, 2002.

『노걸대・박통사언해』, 아세아문화사, 1973.

벽산한인, 『正音增補觀音文字』, 갑호, 운문도장, 불기 2659.

나철, 『신리대전』, 대종교, 1923.

오대영, 『鳳西集』, 봉서선생 문집간행회, 1978.

兪莘煥, 『鳳棲集』,

성삼문 문집, 『六先生文集』.

반우형, 『玉溪文集』, 1592.

신경준, 『운해훈민정음』.

최석정, 『경세훈민정음 도설』.

『同文類解』.

『삼역총해』.

『월인천강지곡』, 1447.

『월인석보』 권7, 1459.

『성리대전』 권1 9, 14, 15, 24-27

金澤庄三郞, 『日韓兩國語 同系論』, 三省堂, 명치 43.

헐버르트(Homer B. Hulbert), 『한국어와 인도 드라비디언 방언의 비교문법』, 『A comparative grammar of The korean language and The Dravidian languages of India)』, 1905.

북한자료

김영황, 『조선어사』, 도서출판 역락(김일성종합대학 출판사), 주체 86(1997),

고영근 편, 『조선어 연구 1』, 도서출판 역락 (평양 조선어문 연구회, 1949), 2001.

리득춘 편, 『조선어력사 언어학연구』, 도서출판역락(연변대 동방문화연구원, 2001), 2001.

리득춘・리승자・김광수, 『조선어 발달사』, 도서출판역락(연변대출판사 2006), 2006.

리득춘・임형재・김철준, 『광복후 조선어논저목록 지침서』, 도서출 판역락(연변대동방문화 연구원, 2001), 2001.

안성득, 『수리언어학』,도서출판역락(김일성종합대학출판사, 주체86 (1997)), 2001.

오희복, 『리두』, 도서출판역락(김일성 종합대학출판사, 주체88(1999), 2002.

허동진, 『조선어학사』, 한글학회, 1998.

허동진, 『중국에서의 조선어연구』, 한국학술정보(주), 2007.

허동진외 3인, 『조선말 동의어사전』, 연변인민출판사, 1988.

김광수, 『해방전 중국에서의 조선어변화 발전연구』, 도서출판역락, 2009.

김진용, 『현대조선어 문법연구 방법론탐구』, 도서출판역락, 2009.

문창덕, 『현대조선어 연구』, 한국학술정보(주), 2006.

전병선, 『중국조선어 연구』, 집문당, 2004.

김영수, 『조선중세 한문번역본의 언어사적연구』, 도서출판역락(과학백과사전 종합출판사 주체90(2001)), 2001.

이민덕, 『조선어교수와 연구』, 도서출판역락, 2004.

김종수, 『조선어계칭의 역사적고찰』, 도서출판역락, 2001.

현종호, 『조선문화사(고대중세편)』,도서출판 역락(김일성종합대학 출판사 1990), 2002.

김병제, 『조선어학사』, (평양과학 백과사전 출판사, 1984), 출판사, 1984.

전학석외 10인, 『조선어연구Ⅰ』, 흑룡강 조선민족출판사, 1988.

중국 자료

張淸華외 1인, 『道經精華』하권 『鶡冠子』, 馬振獻譯註, 時文藝出版社, 1995.

李學勤외 1인, 『解讀 鶡冠子』, 遼寧敎育出版社, 2000.

姜曉原, 『天學外史』, 上海人民出版社,

鄭慧生, 『星學寶典』, 河南大學出版社, 1998.

劉韶軍, 『中華 占星術』, 文津出版社, 民國 84.(1995).

姜啓原, 『天學眞原』, 遼寧敎育出版社, 1997.

張介賓, 『類經図翼』, 文光圖書有限公司行印.

成元慶, 『十五世紀 韓國字音與中國聲韻之關係』, 槿域書齊, 1976.

王鳴鶴撰, 『登壇必究』, 1599.

郭學熹외 1인, 『中國醫易學』, 四川科學技術出版社, 1988.

李志庸, 『張景岳醫學全書』, 中國中醫出版社, 2002.

孫國中, 『河圖洛書解析』, 學苑出版社, 1990.

黃元柄, 『河圖象說』, 臺北集文局, 1977.

陸　拯, 『왕긍당의學全書』, 中國中醫藥出版社, 1999.

孫國中主編, 『河圖洛書解析』, 學苑出版社. 1990.

『周脾算經』.

학위 논문

강창석, 「15세기 음운이론의 연구-차자 표기전통과의 관련성을 중심으로-」, 서울대, 박사
　　학위 논문, 1992.
김무식, 「훈민정음의 음운체계 연구」, 경북대, 박사학위논문, 1993.
김성열, 「중세국어모음 연구」, 성균관대, 박사학위논문, 1987.
김슬옹, 「〈조선왕조실록〉의 한글 관련기사를 통해본 문자생활연구」, 상명대대학원. 국어
　　국문학과 국어학전공, 박사학위문, 2005.
이근수, 「조선조의 어문정책연구」, 고려대, 박사학위논문, 1978.
이상혁, 「조선후기 훈민정음연구의 역사적 변천 - 문자의식을 중심으로-」, 고려대, 박사학
　　위논문, 1999.
이재철, 「世宗朝 집현전의 기능에관한 연구」, 성균관대, 박사학위논문, 1978.
임용기, 「훈민정음의 삼분법형성과정」, 연세대, 박사학위논문, 1991.
정경일, 「〈華東正音 通釋韻考〉 漢字音 聲母研究」, 고려대대학원, 국어국문학과 박사학위
　　논문, 1989.
최병선, 「중세국어의 모음 연구」, 한양대, 박사학위논문, 1998.
최세화, 「15세기 국어의 重母音 연구」, 동국대, 박사학위논문, 1975.
최종민, 「훈민정음과 세종악보의 상관성 연구」, 상명대, 박사학위논문, 2003.
이성구, 「훈민정음의 철학적고찰」, 성균관대, 석사학위논문, 1983.
김일권, 「古代中國과 韓國의 天文思想研究」, 서울대 철학박사학위 논문, 1992.
박동규, 「△음 연구」, 중앙대, 석사학위논문, 1981.
조승구, 「조선토기 서운관의 기능변천」, 연세대, 석사학위논문, 1998.

일반 논문

박창범 · 양홍진, 「고구려 고분벽화별자리와 천문체계」, 한국과학사학회지, 31권 1호, 2009,
이상규, 「잔본 상주본 훈민정음 연구」, 한글, 한글학회, 2012.
이상규, 「훈민정음 영인이본의 권점분석」, 어문학 100호, 형설출판사, 2008.
최기호, 「훈민정음창제에 관한연구:집현전과 언문반대상소」, 동방학지36호 37호, 연세대
　　학교, 1983.
정달영, 「세종시대의 어문정책과 훈민정음 창제목적」, 한민족 문화연구, 2007.
강규선, 「훈민정음 창제배경」, 청주대 인문과학연구소, 인문과학논총 5집, 1986
강규선, 「훈민정음 기원설연구」, 청주대 인문과학연구소, 인문과학논총 19집, 1999.

강길운, 「최만리 반대상소의 동기에대하여」, 덕성여대, 운현 3집, 1971.

강신항, 「훈민정음 창제동기의일면」, 한국언어학회, 언어학 2집, 1977.

강신항, 「〈훈민정음〉 해례이론과 〈성리대전〉과의 연관성」, 국어국문학 제26집, 1963.

강옥미, 「한글은 자질문자인가」, 한국어학회, 46차 한국어학회 전국학술대회 자료집, 2008.

고성익, 「원문의분석을 통해서본 '상형이자방고전'의 의미」, 국어사학회, 국어사학회 2007
　　　년 겨울연구회 발표자료집, 2008.

공재석, 「한글 고전기원설에대한 고찰」, 한국중국학회, 중국학보7호, 1967.

권덕규, 「잘못 考證된 정음創造者」, 조선어학회, 한글동인지 4호, 1928.

권재선, 「각자병서의 음가고」, 한글학회, 『한글』 제160호, 1977.

김계곤, 「훈민정음 원본발견경위에 대하여」, 보성고등학교, 보성3호, 1964. 한글새소식
　　　398호(2005년), 재수록.

김동소, 「한국어 변천사연구의 문제점 - 시대구분문제와 비음소적과잉 문자 아래아(·)문
　　　제에 한정하여-」, 배달말학회, 배달말39호, 2006.

김두루한, 「훈민정음을 제대로 알자」, 외솔회, 나라사랑111호, 2006.

김석득, 「經世訓民正音圖說 易理的 구조」, 연세대 국학연구원, 동방학지36·37호, 1983.

김슬옹, 「훈민정음과 한글 과학성에 대한 교육 전략」, 한글학회, 교육한글 14집, 2001.

김종택, 「한글은 문자구실을 어떻게 해왔나」, 형설출판사, 冕南 金一 根 박사 華甲기념어
　　　문학논총, 1985.

김차균, 「15세기국어의 음운체계」, 충남대 인문과학연구소, 논문집11 권2호, 1984.

박대종, www.hanja.co.kr〈凝과 鷹의 의미〉

류 렬, 「우리민족은 고조선시기부터 고유한 문자를 가진 슬기로운 민족」, 중국조선어문
　　　잡지사, 중국조선어문 1호, 1994.

류 렬, 「훈민정음 원본의 발견및 유래」, 홍익대학교, 홍익1집, 1950.

리득춘, 「훈민정음창제설과 비창제설」, 중국 조선어문잡지사, 중국조선어문 2집, 1999.

문효근, 「훈민정음의 '終聲復用初聲'의 이해 -'종성해'와의 관련에서-」, 한글학회. 한글193
　　　호, 1986.

박승빈, 「훈민정음原書의 考究」, 조선어학연구회, 정음4호, 1934.

박종덕, 「훈민정음 해례본의 유출과정 연구 - 학계에서 바라본 '발견'에 대한 반론의 입장
　　　에서-」, 한국어학회, 한국어학 31호, 2006.

박지홍, 「원본 훈민정음의연구-어제 훈민정음 편-」, 연세대 국학연구원, 동방학지36·37
　　　호, 1983.

박지홍, 「훈민정음창제와 정의공주」, 세종대왕기념사업회, 세종성왕육백돌, 1999.

샘슨/서재철 옮김, 「자질문자 체계 -한국의 한글-」, 강원초등국어교육학회, 초등국어 교육
　　　논문집1호, 1995.

성낙수, 「훈민정음의 창제동기에 대하여」, 회솔회, 나라사랑111호, 2006.

시정곤, 「훈민정음의 보급과 교육에대하여」, 우리어문연구 28호, 2007.

심재기, 「최만리의 언문관계 반대상소문의 추이」, 우리문화연구회, 우리문화5집, 1974.

송호수, 「한글의뿌리.한글은 세종이전에도 있었다」, 세계평화교수협의회, 광장125호, 1984.

유정기, 「훈민정음의 철학적관계」, 영남대학교 동양문화연구소, 동양문화, 제6.7집, 1974.

이기문, 「훈민정음 新制論」, 서울대 한국문화연구소, 한국문화13집, 1992.

이성구, 「〈훈민정음 해례〉에 나타난 하도원리와 중성」, 국어국문학회, 국어국문학 95호, 1986.

이은정, 「중세국어에 있어서의 병서자의 소리값에 대하여」, 한글학회, 한글 제156호, 1975.

이정호, 「훈민정음의 역학적연구」, 충남대학교논문집, 제11집, 1972.

이 탁, 「ㆆ, △, ◇를 다시 쓰자」, 한글학회, 한글4호, 1932.

정 광, 「16·17세기 훈민정음의 음운변화에 대하여」, 국어국문학회, 국어국문학78호, 1978.

정재도, 「한글이전의 글자」, 관훈클럽, 신문연구20호, 1974.

조영진, 「훈민정음 자형의기원에 대하여」, 국어국문학 제44. 45호 합병호, 1969.

한태동, 「훈민정음의 음성구조」, 세종대왕 기념사업회, 537돌 한글날 기념 학술강연회자료집, 1983.

허 웅, 「훈민정음 창제의동기와 그 역사적 의의」, 서울시교육연구원, 수도교육29호, 1977.

황경수, 「훈민정음 제자해와 초성의 역학사상」, 새 국어교육 72집, 2006.

Gari Ledyard, 「The International Linguistic Background of the Correct Sounds for the Instruction of the People」, Eited by YOUNG-KEY KIM-RENAUD.THE KOREAN ALPHABET. University of Hawaii Press, 1977.

Gari Ledyard, 「The Problem of the ʹImitatio of the Old Sealʹ : Hunmimjoung and hPags-pa script」, 2008.

Hulbet .H. B, 「The Korean Alphabet」, The Korean Repository Vol.1(1~9), March, 1892.

J. D. McCawley, 「Review of Yammagiwa」, 1964, Language 42.1, 1966.

Jared Diamond. 「Writing Right」, Discover. June 1994.

간노 히로미(管野裕臣), 「〈훈민정음〉과 다른 문자체계의 비교」, 『국어사 자료와 국어학 연구』, (안병희 선생 회갑기념논총), 문학과 지성사, 1993.

고노 로쿠로(河野六郎), 「新發見訓民正音 に就いて」, 『동양학보』, 31권 2호, 1947.

오꾸라신뻬이(小倉進平), 「訓民正音 に就いて」, 『藝文』, 10권 8호, 1919.

저자
소개

반재원

현) 훈민정음연구소장 / 〈사〉한배달 부회장 / 한글문화단체 모두모임 이사 / 한국땅이름학회 명예회장 / 한글학회 회원 / 수필가 / 국학박사. 여주 영릉 한글날기념식. 훈민정음 반포문 낭독 〈세종 때의 발음 재연 낭독〉 (2008. 10. 9 ~ 2018 현재)

전) 〈사〉한국어 정보 학회 이사 / 〈사〉한국 어원학회 회원 / 개천학회 간사 / 〈사〉단군봉찬회 사무국장 / 제 9회 동아방송 전국 학생방송 콩쿨. 연기부분수상(최우수 개인연기상 수상. 드라마 〈논〉의 황노인 역). 1972 / 제1회 전국 소인극경연대회 경북대표로 공연(알젖는 소리. 연출 김태유 명동 국립극장). 1972 / 극회〈스프랑수아〉 창립회장(창립공연 – 대머리 여가수. 연출-반재원) 1974 / 민중극단 창단 단원 (공연작품-미운 오리새끼 연출-이효영). 1975 / 녹조근정훈장 2009/

〈저서〉
· 한글관련 – 훈민정음기원론 / 한글과 천문 / 한글세계화 이대로 좋은가 / 한글창제 원리와 옛글자 살려쓰기 / 옛글자를 사용한 21개 외국어회화 표기 예.
· 상고사관련 – 쥐뿔이야기 / 씨아시말(단군역사. 태극기. 훈민정음) / 주해 홍사한은 (단군의 고향, 단군의 호적등본) / 단군과 교웅(단군왕검의 호적등본. 역사수필)
· 건강관련 – 돍씨약초 이야기(토종약초의 효능과 재배법) / 으뜸요법(침, 뜸).

허정윤

태극원리연구소장 / 전) 〈사〉한국어 정보 학회 연구위원 / 행정학석사

〈저서〉
하나님의 표상 태극기 / 세계가 잃어버린 영혼 한국 / 한글창제 원리와 옛글자 살려쓰기 / 돍씨약초 이야기(토종약초의 효능과 재배법)

훈민정홈 창제원리와 기능성한글

초판 1쇄 발행 2007년 음 8월 11일
증보판1쇄 발행 2018년 양 8월 11일

지 은 이 반재원 · 허정윤
펴 낸 이 이대현

책임편집 이태곤
편   집 권분옥 홍혜정 박윤정 임애정 백초혜
디 자 인 안혜진 홍성권
마 케 팅 박태훈 안현진

펴 낸 곳 도서출판 역락 / 서울시 서초구 동광로46길 6-6 문창빌딩 2층(우 06589)
전   화 02-3409-2058 FAX 02-3409-2059
홈페이지 www.youkrackbooks.com
이 메 일 youkrack@hanmail.net
블 로 그 blog.naver.com/youkrack3888
등   록 1999년 4월 19일 제303-2002-000014호

I S B N 979-11-6244-256-2 93710

정 가 35,000원

* 이 도서의 국립중앙도서관 출판예정도서목록(CIP)은 서지정보유통지원시스템 홈페이지(http://seoji.nl.go.kr)와
  국가자료공동목록시스템(http://www.nl.go.kr/kolisnet)에서 이용하실 수 있습니다. (CIP제어번호: CIP2018024355)